Die Story
der deutschen Formel I

Heinz Prüller

Die Story der deutschen Formel I

Von Rosemeyer bis Schumacher
Alle Fahrer, alle Autos, alle Motoren

Orak WIEN • MÜNCHEN • ZÜRICH

Bildquellennachweis:

Skill: Mag. Michael Glöckner, St. Gallen: S. 65, 68/69, 71 (oben und unten), 192 (1, Mitte), **Werek**, Gröbenzell: S. 66 (3), 70 (Mitte, unten), 71, 185 (2, links oben, unten), 190 (5), 191 (2, links), **Votava**, Wien: S. 67 (2), 72 (unten), 146 (2), 147 (1, Mitte links), 148 (3), 149 (2, oben, Mitte), 150 (oben), 151 (unten) 152 (4), 191 (2, rechts, unten), **Ferrari-Präsentation,** J. Mayerhofer: S. 70 (oben), Opel: S. 72, **Sven Simon:** S. 72 (rechts oben), 186 (3), 187 (3), **Auto Union:** S. 105, 107 (unten), **Archiv Elly Beinhorn:** S. 06 (4), **Mercedes Werkfoto:** S. 107 (2), 108/109, 110 (2), 111 (oben), 112 (2), 192 (1, oben), **Bernard Cahier, Evian-les-Baines:** 111 (Mitte, unten), 145 (2), 146 (oben), 147 (1), 151 (oben), **Porsche:** S. 147 (1, unten), 150 (2, Mitte, unten), **BMW München:** S. 188, 189, **Archiv:** S. 147 (1, Mitte rechts), 149 (unten), **A. Thill,** Louxembourg: S. 185 (rechts oben), **Marlboro McLaren:** 192 (1, unten).

ISBN 3-7015-0352-4

Copyright © 1996 by Heinz Prüller
Alle Rechte vorbehalten
Schutzumschlag: Rudolf Kasparek-Koschatko
Gestaltung des Bildteils: Ernst Feigl
Lithos: Repro Wohlmuth Ges. m. b. H., Wien
Satz: Zehetner Ges. m. b. H., A-2105 Oberrohrbach
Druck und Bindung: Wiener Verlag, Himberg bei Wien

Inhalt

Vorwort von Niki Lauda 7
Das neue Abenteuer 9
Schumis Geheimnisse 12
Giganten im Rückspiegel 23
Frau Rosemeyer erzählt 39
Comeback der Silberpfeile 49
Phil Hill: Tribut an Trips 64
Porsche-Power 83
Wie kalt es weitergeht 90
Bellof: Ein Komet verglüht 96
Grüne Hölle Nürburgring 103
Neue Arena: Hockenheim 127
Die „Formel Deutsch" 132
BMW und Raketensprit 153
Kunstwerk Turbo 169
„Scharf wie ein Wachhund" 180
Elefanten-Hochzeit 193
Formel I mit Dach 202
Ferrarissimo! 209
Die deutschen Europameister 219
Der deutsche Weltmeister 219
Die Chronik der „Silberpfeile" 220

Statistik: Alle deutschen Siege 1908 bis 1939 224

Alle GP-Siege deutscher Fahrer 226

Alle GP-Siege deutscher Autos 226

Alle GP-Siege deutscher Motoren 227

Großer Preis von Deutschland: Alle Sieger 228

Die deutschen Fahrer 230

Die deutschen Autos 245

Die deutschen Motoren 249

Vorwort von Niki Lauda

„Die größte Autonation, Deutschland, hat sicher immer die qualitativ besten Autos der Welt gebaut, aber lange keinen Weltmeister hervorgebracht. Um so mehr freue ich mich für die deutschen Freunde, daß dank Michael Schumacher jetzt auch ihr menschliches Problem des Formel-I-Weltmeisters gelöst ist", schrieb ich schon 1994 in meinem Vorwort zu Heinz Prüllers großem Schumacher-Buch „Wunderkind und Weltmeister".
Ich sagte auch, daß Schumacher erst am Anfang seiner Karriere steht. Und gratuliere ihm deshalb heute dazu, wie er sich weiterentwickelt hat.
Und ich freue mich, daß er jetzt für Ferrari fährt – woran ich ja nicht ganz unbeteiligt war: Ich bin derjenige, der zu Saisonbeginn 1995 die ersten Kontakte zu Schumacher und seinem Manager Willi Weber geknüpft hat.
Und wir haben ja schon in Michaels erstem Ferrari-Rennen 1996 gesehen, was ein Rennfahrer mit viel Herz und immensem Einsatz aus einem Auto herausholen kann – auch wenn es noch Probleme aufwirft.
Aber Schumacher hat ganz genau gewußt, was bei Ferrari auf ihn zukommt. Er macht seine Arbeit absolut perfekt, ist fahrerisch in Hochform – und er wird Ferrari und seinen deutschen Fans, hoffe ich, noch sehr viel Freude machen.
Und 1997, hoffen wir alle bei Ferarri, geht Michael Schumacher dann auf den Weltmeistertitel los. Und wenn er es schafft, hätte er viele von uns eingeholt: Jack Brabham, Jackie Stewart, Nelson Piquet, Ayrton Senna und auch ich waren alle je dreimal Weltmeitser – aber als Doppelweltmeister war Michael der jüngste von uns allen. Das haben wir also nicht geschafft.
Ferrari ist für Schumacher eine tolle Herausforderung, ähnlich wie für mich vor mehr als einem Jahrzehnt der Porsche-TAG-Turbo von 1984. Das waren lauter Vollblutleute von Porsche damals, und der Motor wurde in kürzester Zeit zu einem Siegermotor – wirklich eine tolle Zeit. Vielleicht meine schönste Erinnerung überhaupt an Deutschland – aber lange nicht meine einzige.
Mein ganzes Motorsportleben hat ja mit einem Besuch am Nürburgring begonnen, vor mehr als 30 Jahren beim typischen Eifel-Wetter. Dann kamen bald die ersten Tourenwagenerfolge mit dem BMW-Coupé, irrsinnig schwer zu fahren, aber eine Riesenhetz.
Burkhard Bovensiepen hatte neben seiner BMW-Alpina ja auch immer andere Geschäfte, etwa Riesenweinsammlungen. Als wir beim 24-Stunden-Rennen am Nürburgring in Führung lagen, hat er entschieden: Beide Autos müssen jetzt hereingeholt werden zum Waschen, weil er will, daß beide Autos sauber durchs Ziel fahren.
Ich hab' ihn Gott sei Dank davon abgehalten, wir sind dann schmutzig durchs Ziel gefahren und haben schmutzig gewonnen.

Die Möglichkeiten in Deutschland waren damals wesentlich besser als in anderen Ländern. Darum sind wir auch alle nach Deutschland gegangen, um Rennen zu fahren. Erfolg oder Mißerfolg ist dann, was man selber daraus macht. Aber Breitensport und Unterstützung sind in Deutschland natürlich wesentlich besser.
Es gibt keinen Rennfahrer, der von seiner Nationalität her geeignet ist. Es gibt Typen, die es zustande bringen und andere wieder nicht.
Michael Schumacher, das Jahrhunderttalent, ist halt der richtige Mann mit dem richtigen Paß. Und der bringt's.
Stefan Bellof hätte es auch bringen können. Er war sicher schnell und gut, nur leider zu schnell und gut.
Von Wolfgang Berghe von Trips habe ich nachträglich viel erfahren – großer Respekt. Einer, den ich besonders gern mochte: Juan Manuel Fangio, der Mercedes-Weltmeister von 1954/55. Und ich glaub' mich hat er auch mögen. Italienisch konnte er nur recht mühsam, aber so haben wir eben kommuniziert.
Die „Silberpfeile" haben mich immer fasziniert. Zur damaligen Zeit tolle Autos, die eine Performance brachten, die damals das Beste war, das die Welt gesehen hat. Eine Faszination, der sich auch heute keiner entziehen kann – nur haben sie leider aufgehört zu fahren.
Meine Beziehung zu Mercedes gibt es seit eh und je. Ich bin immer dem Haus und seiner Tradition treu geblieben.
Den Hans Herrmann kenn' ich, das ist ein lustiger Kerl. Hans-Joachim Stuck auch – zu seiner großen Zeit sicher ein Supermann im Tourenwagen.
Ich freue mich, daß der Motorsport in Deutschland wieder eine so große Rolle spielt, gratuliere Michael Schumacher zu seinem tollen Erfolg und wünsche Ihnen viele spannende Stunden mit diesem Buch über die deutsche Formel I.

Niki Lauda

Das neue Abenteuer

Melbourne, 10. März 1996. In Deutschland ist es vier Uhr früh, als in Australien die größte Herausforderung der modernen Grand-Prix-Geschichte beginnt.
The biggest challenge: Michael Schumachers Zweijahresprogramm, nach zwei WM-Titeln für Benetton den ersten Titel für Ferrari seit 1979 zu gewinnen.
„Noch nicht im ersten Jahr. Aber 1997 gehen wir voll auf den Weltmeistertitel los", haben Giovanni Agnelli (75), Italiens heimlicher Fürst, und Ferrari-Präsident Luca di Montezemolo ihrem 50-Millionen-Dollar-Mann befohlen.
Ferrari hat den besten und teuersten Piloten der Welt eingekauft, den ersten Deutschen seit Wolfgang Graf Berghe von Trips, der auf dem Weg zum WM-Titel 1961 in Monza verunglückt.
Eine andere, erfolgverheißende Kombination zwischen der großen Autonation Deutschland, die für viele die besten Autos baut, und dem klassischen italienischen Rennstall mit der größten Tradition ist durch Schicksalsfügung geplatzt: Stefan Bellof (damals Tyrrell) hatte für 1986/87 einen geheimen Vorvertrag mit Ferrari, als er im Sportwagenrennen von Spa verunglückte – wo 1991 der Stern Schumachers aufging.
Jetzt fährt Michael für Ferrari. „Weil ohne Ferrari keine Rennfahrerkarriere komplett ist", hat schon Ayrton Senna gewußt. Und 1994 in Imola, zwei Tage vor seinem Todessturz, beim privaten Abendessen mit Montezemolo vereinbart: Ja, ich komme zu Ferrari. Was Montezemolo bis jetzt geheimhielt.
Wenn du zweimal Weltmeister warst, gibt es nur noch eine Möglichkeit, dich zu steigern: wenn du auf Ferrari Weltmeister wirst.
„Aber dann", lächelt Schumi-Manager Willi Weber, „kann der Michael getrost seinen Paß wegwerfen. Weil er dann in Italien populärer ist als der Papst."
Aber bevor er den Asphalt von Imola, Monza usw. küßt, sagt Michael Schumacher: „Ja, das hört sich nach meinem Manager an."
Schumacher geht relativ illusionslos in seinen ersten Ferrari-Grand-Prix: Auto viel zu spät fertig, kaum Testfahrten, abgebrochen wegen Regen und Defekten.
„Wenn ich unter die ersten fünf komme, bin ich schon happy."
Im Training ist er Vierter, geschlagen nur von den beiden Williams-Renault-Raketen zweier Rennfahrersöhne in starker zweiter Generation, Jacques Villeneuve und Damon Hill.
Und von seinem Ferrari-Stallkollegen Eddie Irvine, was in seiner Formel-I-Karriere erst zum drittenmal passiert: 1991 in Suzuka von Nelson Piquet, um das berühmte Tausendstel, 1994 in der Wetterhölle von Spa von Johnny Herbert.
Erst zweimal haben Ferrari-Fahrer ihren ersten Grand Prix fürs springende Pferd gewonnen: einer mit Bluff, einer mit Tränen. Nigel Mansell und Alain Prost, beide in Rio.

Jetzt sind viele Superstars von früher nach Australien geflogen. Teils, um den neuen Formel-I-Hit Schumacher auf Ferrari mitzuerleben, teils, um „Sir Jack" Brabham, dem dreifachen Weltmeister, zum 70. Geburtstag zu gratulieren:
Stirling Moss, der grandiose Teamkollege von Juan Manuel Fangio im Mercedes-Benz 1955, ist vor allem vom neuen Star Villeneuve hingerissen:
„Also den hätte ich mir zu meiner Zeit nicht als Teamkollege gewünscht. Kommt neu zu Williams und schifft die Nummer 1 des Teams glatt an ...", ist sein deftiger Kommentar.
Phil Hill, Weltmeister 1961 im tragischen Saisonduell mit Graf Trips, wartet voll Spannung, wie Schumacher „seinen 50-Millionen-Dollar-Job bei Ferrari angeht. Wir verdienten damals bei Ferrari 150.000 Lire im Monat ..."
John Surtees, der ehemalige Nürburgring-Spezialist, immer noch der einzige Weltmeister auf zwei und auf vier Rädern, schwärmt unverändert von der „grünen Hölle in der Eifel".
Und Jackie Stewart, dreifacher Weltmeister, der jetzt dem Sauber-Team die Ford-V-10-Motoren für 1997 wegangeln will, sieht Schumacher ganz cool: „Er ist heute einfach der Beste der Welt, hat Herz und Hirn!"
Wie Niki Lauda, der 1996, wie er selber sarkastisch sagt, das 20-Jahr-Jubiläum seines „Grillfestes" feiert: den Unfall am Nürburgring. Lauda kam zurück und wurde 1984 der erste Porsche-Weltmeister mit dem TAG-Turbo im McLaren-Chassis, gefolgt die nächsten zwei Jahre von Alain Prost.
Heute ist der kleine „Napoleon"-Franzose eine Art „Rennfahrer-Ingenieur" bei McLaren-Mercedes.
Zum erstenmal seit 1989/90 – Alain Prost – hat ein Pilot die Nummer 1 des Weltmeisters zu Ferrari mitgebracht. Der sensationelle Doppeltausch Schumacher/Berger, von Ferrari zu Benetton, hat das Formel-I-Interesse in der ganzen Welt gewaltig angeheizt.
Nicht nur in Deutschland, wo mir eine reizende alte Dame von 89 Jahren auf die Frage „Schauen Sie Formel I im Fernsehen?" gesteht:
„Ja, jetzt wieder, nachdem der Schumacher drin ist. Eine ganze Weile hat's mich nicht so interessiert, weil mir die Leute kein Begriff waren. Jetzt, da wieder ein Deutscher eine führende Rolle spielt – ja! Schumacher ist ein hervorragender Fahrer, gar kein Zweifel. Ich bin sehr gespannt. Und ich finde auch interessant, daß er dieses Risiko mit Ferrari eingegangen ist, nachdem er da jederzeit einen Vertrag hätte haben können, wie er wollte."
Die Dame weiß, wovon sie spricht: „Seine sportliche Leistung ist großartig. Aber wie Sie da schreiben: Das Rennfahren ist ja doch im großen und ganzen sicherer geworden. Was natürlich nicht heißen will, daß nicht von einer Sekunde auf die andere jedem Fahrer irgendwas passieren kann – wegen der Geschwindigkeiten. Aber daß die Männer mit 300 km/h in die Bande fahren – das hat's natürlich früher nicht gegeben."
Ihr Name: Elly Beinhorn, die berühmte Fliegerin, die drei Jahre mit Bernd Rose-

meyer verheiratet war. Jenem Rennfahreridol, von dem viele schwärmen: Er war der schnellste aller Zeiten.

„Sie wissen ja, daß Bernd – theoretisch – der erste Weltmeister war? Weil er 1936, als Europameister, die Großen Preise gewonnen hat – und außerdem noch den Vanderbilt-Cup, das Rennen in Amerika. Und mehr gab es ja damals nicht."

Recht hat die Dame. Und als ich mit Manfred von Brauchitsch, dem letzten der Titanen, telefoniere, erinnert ihn Schumacher „weniger an Rosemeyer, sondern mehr an den Engländer Dick Seaman".

So viele „German Connections" hatte die Formel I noch nie. Und noch nie wurde im Grand-Prix-Zirkus so viel deutsch gesprochen.

Jochen Mass, der erste deutsche Grand-Prix-Sieger nach Graf Trips 1975 in Barcelona, sitzt in der RTL-Übertragungskabine vor dem TV-Mikro. Und sieht, wie 500 Millionen TV-Fernsehzuschauer, das Drama in der dritten Kurve, an dem drei Piloten beteiligt sind:

David Coulthard, der neue Mann bei McLaren-Mercedes, Johnny Herbert, der letztjährige Benetton-Stallkollege von Schumacher, jetzt auf Red-Bull-Sauber-Ford; und Martin Brundle, der in Imola die ersten WM-Punkte für Zakspeed erkämpft hat – außerdem Stallgefährte von Bellof (bei Tyrrell) und Schumacher (bei Benetton).

Coulthard, angerempelt, kracht gegen Herbert. Für Brundle ist kein Platz, als er mit 290 km/h ankommt. Sein Jordan prallt auf, überschlägt sich, kracht gegen die Barriere und zerbricht in zwei Teile.

Noch vor 10, 15 Jahren hätte der Pilot keine Überlebenschance gehabt. „Aber ich hab' nur den Kopf eingezogen, ganz tief, und gehofft, daß ich überlebe."

Alle sind schreckensstarr, Brundle aber rennt zweimal die Boxenstraße entlang, sucht den Formel-I-Arzt Prof. Sid Watkins und klettert ins Ersatzauto.

Im Journalistentoto: „Wir lange hält Schumachers Auto?" tippt sogar ein Ferrari-Mann: 25 Runden. „Schumi" fährt acht Runden länger, hält das Williams-Tempo mit, ist sicherer Dritter, bis zum Boxenstopp knapp hinter Villeneuve/Hill. „Ich frag' mich schon: Wann müssen die Williams endlich tanken, Reifen wechseln?"

Leider reißt Schumachers Getriebe. Und weil der Bremsschlauch durchs Getriebe führt, muß Michael wegen Bremsdefekts aufgeben. Im zweiten Ferrari von Eddie Irvine bahnt sich der gleiche Defekt an, aber der Ire kommt durch: Dritter. Schumacher gratuliert ihm herzlich. Und lang diskutieren die Formel-I-Fans: Ist Villeneuves Ölleitung vor oder nach seinem Ausrutscher über die Randsteine gebrochen? Hat er nicht gewinnen können – oder nicht gewinnen dürfen?

Grand Prix, die Story der tausend Gesichter und hundert Wahrheiten. Aber manche Siege vergilben nie in der Statistik, und viele Gesichter bleiben scharf in der Erinnerung.

Von Rosemeyer und Caracciola über Graf Trips zu Schumacher: vom Silberpfeil zum rot-weißen Mercedes von heute, dazwischen der BMW-Turbo, der Porsche-Turbo: die deutsche Formel I.

Schumis Geheimnisse

Auch wenn die Deutschen gerade nicht wirklich mitrannten – weit weg von der Formel I waren sie nie.
BMW organisierte 1979/80 im Grand-Prix-Rahmenprogramm die Pro-Car-Rennen mit dem M 1 – Mercedes ließ schon immer allen Formel-I-Piloten echten VIP-Service angedeihen, verkaufte Luxuskarossen mit 30 Prozent Rabatt – und Pursche würzte die Formel-I-Wochenenden mit seinen Supercup-Rennen.
Aber als RTL 1991 groß in die Formel-I-TV-Übertragungen einsteigt, gibt es im Grand-Prix-Sport „nur deutsche Zündkerzen, sonst nichts", erinnert sich Helmuth Thoma heute lächelnd. Die damalige 27-Millionen-Mark-Entscheidung basiert auf einem Gespräch mit den Mercedes-Chefs.
„Wir haben auf Mercedes gehofft – und gekommen ist dann Michael Schumacher..." Wie man weiß: ganz sensationell in Spa.
Alle glauben: Jordan muß 1991 für Schumacher eine Menge Geld bekommen haben – vielleicht regnet es heute noch Geld?
Jordan: „1991 ist lang her. Michael hat seither zwei WM-Titel gewonnen. Der Fall ist zwar immer noch aktuell, geht aber eigentlich nur die Anwälte und die Leute von Jordan Grand Prix Racing etwas an – heute nicht mehr wichtig."
Ein anderes erstes Rendezvous: Jochen Mass hatte ein Opel-Lotus-Team und machte einen Sichtungslehrgang in Albi, Südfrankreich. „Da lern' ich Michael zum ersten Mal kennen, Frentzen auch – den nehm' ich."
Wieso nicht Schumacher?
„Weil da Willi Weber schon seine Finger drauf hat und auch Michael selber sagt: ‚Das ist mir noch zu schnell, ich fahr' erst meine Formel Ford zu Ende.'"
Mass gefällt, daß Michael so ehrlich ist – aber er ist auch längst perfekt beraten. Willi Weber hat schon Formel-III-Pläne im Kopf: ganz normal. „Aber die Offenheit beeindruckt mich."
Auch später, als „Fahrlehrer" im Sauber-Mercedes?
„Ich wollte nicht der gute Onkel sein. Es war Neerpaschs Idee, die drei Junioren Schumacher, Frentzen, Wendlinger ins Team reinzubringen. Weniger mich als Fahrlehrer, sondern zusätzlich als charakterbildendes Element. Wenn du eingebunden bist in ein Werkteam wie Mercedes, ist die Verantwortung anders, als wenn du in einem Formel-3000-Team nebenher schuftest. Das hat den Jungs sicher ganz gutgetan. Fahren konnten sie ja alle ...
Aber wir geben ihnen die Ruhe, und sie können sich an uns messen. Das ist wichtig. Ich bin offen zu ihnen, halt' nicht hinter dem Berg, wenn einer zu mir kommt, weil er mit ewas nicht zurechtkommt. Wir reden ganz offen darüber. Nicht, indem ich jetzt versuch', meine Position als älterer Fahrer zu verteidigen, ihnen das Leben schwerzumachen. Ich bin ganz offen, das spüren sie auch."

Schumacher heute?
„Ich mag ihn sehr gern. Wir sind auch privat oft zusammen."
Natürlich hat Mass eine zwiespältige Position, die wir ja kennen.
„Einerseits red' ich viel mit ihm, andererseits kann und darf und will ich das gar nicht beim Kommentieren verwenden."
Also muß er einen Mittelweg suchen: „Wenn wir privat zusammen sind, reden wir über alles, wenig über die Rennerei, aber wenn, dann alles über die Autos und Handlingprobleme. Das macht mir Spaß."
Mass und Schumacher fahren auch oft gemeinsam Go-Kart. Schumacher bringt Jochens Söhnen vieles bei.
„Ich mag ihn gern. Der Junge ist auch wirklich okay. Der hat keine versteckten Seiten, hab' ich das Gefühl. Er lernt sehr rasch und viel – und was das Leben ihn lehrt, ist immens. Was da auf ihn zukommt: In diesem Alter vielfacher Millionär – da mußt du schon irgendwie deinen Kopf behalten, das ist nicht so leicht. Da fällt dir schon arg viel in den Schoß. Jeder steckt dir ein Zuckerl rein. Das alles zu verkraften, auch umzusetzen und zu relativieren – das kann er. Und das beeindruckt mich tief."
Und Schumacher, die Lichtgestalt, als Fahrer? Darüber haben alle ihre Theorien. Auch Mass.
„Sein Erfolg spricht für ihn, logisch. Schumacher hat ein unheimliches Talent, sich auf die Fahrerei zu konzentrieren. Vor allem hat er die Gabe, Abläufe in Panikrunden noch so zu speichern, daß er sie hinterher, Kurve für Kurve, exakt wiedergeben kann. Das sind natürlich Talente, die nicht jeder hat."
Senna hatte sie: Er hat einmal für seinen Manager Domingo Piedade spät am Abend – am Telefon – eine komplette Nürburgring-Runde rekapituliert. Mit Drehzahl und Fahrverhalten in jeder Kurve!
Nochmals Mass: „Es gibt viele, die schnell fahren können, aus dem Bauch heraus – aber die in der Analyse einfach nicht mehr so stark sind wie Michael. Da scheiden sich dann die Wege. Da ist er natürlich ganz besonders ausgestattet – sicherlich sein stärkster Punkt."
Dazu seine unglaubliche Fitneß, die er auch in pedantischer Weise ausbaut und verfolgt, weil er genau weiß: Er braucht sie. Zum Gewinnen und zum Überleben.
Er ist wahnsinnig methodisch in seinem kompletten Verhalten, also auch in seiner Fitneß. Er rennt mit genauer Pulsfrequenz, weiß genau, wie oft und wie lang die Belastung zu sein hat – diese Dinge nötigen wirklich Bewunderung ab.
„Weil es kommt ja von irgendwo her. Man kann nur soviel lernen, der Rest kommt von tief drinnen."

Der dreifache Weltmeister Jackie Stewart – der Michael also noch um einen Titel voraus ist – sagt mir über Schumacher: „Michael ist der beste Rennfahrer der ganzen Welt. Er ist der kompletteste Rennfahrer, der fitteste, momentan auch der intelligenteste. Er ist sehr stark im Kopf, und er ist sehr gescheit." Auch außerhalb der Rennpiste.

Als Schumacher 1996 nach den sieben schnellsten Fahrern der Formel I gefragt wird, nennt er als seine größten Gegner: „Hakkinen, Alesi, Coulthard..." usw. und vergißt glatt auf Hill, Villeneuve und Berger.

„Michael liebt diese Spielchen", grinst Johnny Herbert, „weil er weiß, daß er damit Damon Hill nervös macht." Schumi dementiert lächelnd: „Kein Psychotrick. Ich kann mir nur vorstellen, was andere, junge Fahrer in besseren Autos leisten könnten – wie schnell sie über eine Runde wären. Taktik und Strategie im Rennen sind wieder etwas anderes."

Und Michael vergleicht: „Damon war doch immer langsamer als seine Stallkollegen – ob Mansell, Prost, Senna oder Coulthard. Und wer weiß, wie lang er Villeneuve im Griff hat?"

Schumacher hat alles im Griff. Aber viele seiner Fans fragen bereits: Wie lebt es sich als Weltstar mit 25 Millionen Dollar pro Jahr? Nicht immer wie im Traum. Siehe die Schlagzeilen in Interlagos 1995. „1200 brasilianische Polizisten schützen Schumacher." In Wirklichkeit: 1200 Polizisten, die den Verkehr regelten.

Oder, noch schlimmer. Die angebliche Bedrohung durch die kurdische Arbeiterpartei PKK. In einem handgeschriebenen Brief an die belgische Zeitung „De Morgen" wird Schumacher bedroht. Riesenaufregung in Deutschland, aber in Buenos Aires ein ernster Schumacher, der sachlich reagiert:

„Bevor man solche Gerüchte in die Welt setzt, die Leute nervös macht und automatisch wieder mehr Ausländerfeindlichkeit aufbringt, sollte man erst überprüfen, ob das wirklich Fakten sind. Wenn nicht, ist wieder mal viel Wirbel gemacht und eher Negatives erreicht."

Und: „Wenn etwas dran ist, muß man schauen, ob man irgendwelche Vorsichtsmaßnahmen ergreifen muß oder nicht – aber das muß alles klargestellt werden."

Prompt distanziert sich der Parlamentsvorsitzende der kurdischen Exilregierung von diesem Drohbrief. „Ich betrachte das als türkische Provokation, um die PKK in Mißkredit zu bringen."

Aber wie ist das mit der Bedrohung im Rennauto, Michael?

„Eine große Gefahr der Formel I: daß die Vorder- und Hinterräder immer noch offen sind. Keiner will aus den Formel-I-Autos Tourenwagen machen. Aber wir arbeiten soviel an Sicherheitsthemen, kämpfen um größere und größere Sturzräume, noch sicherere Autos. Aber wogegen du nie etwas wirst machen können: Wenn ein Auto anfängt zu fliegen."

Wir hatten schon genug Warnungen: als sich Patrese 1992 in Estoril – hinter Berger – überschlug. Fittipaldi 1993 in Monza, Katayama in Estoril, Brundle in Melbourne, Badoer in Buenos Aires.

„Ich bin über die Situation sehr unglücklich: Wenn du gegen ein Hinterrad fährst, kannst du jederzeit aufsteigen – und du weißt nie in welche Richtung. Das muß sich die Formel I genau anschauen – um es in Zukunft zu stoppen."

Aber wie?

„Ich bin kein Techniker, weiß nicht, was getan werden kann, damit man den Stil der Formel I behält – aber es muß etwas geschehen."

Tom Walkinshaw kennt die viele Arbeit der letzten Jahre, die vielen Komitees. „Fahrer, Konstrukteure, FIA arbeiten eng miteinander, das ist die gute Sache."

Schumacher: „Das ist eine der gefährlichsten Situationen überhaupt, die wir immer noch in der Formel I haben: Wenn du über ein Vorderrad fährst oder gegen ein Hinterrad krachst. Das muß man sehr ernst nehmen – so rasch wie möglich!"

Walkinshaw: „Alles, was Sicherheit betrifft, wird sehr ernst genomen, wie du selber weißt – du sitzt ja selber in allen möglichen Komitees. Niemand soll mit Sofortlösungen daherkommen – niemand hat sie. Wir sollten alles erst sorgfältig studieren."

Manchmal ist er unglaublich cool – am liebsten nach seinen (wenigen) bösen Trainingsstürzen wie 1995 in Adelaide in der ersten Schikane.

Prof. Sir Watkins, der Formel-I-Arzt, nimmt ihn zu sich ins „Doctor's Car", überlegt schon, wie er den armen jungen Mann mit dem angeschlagenen Knie trösten soll – aber „Schumi" sagt kein Wort vom Unfall. Sondern bloß: „Doktor, könnten Sie bitte die Air-Condition abdrehen? Die ist nicht so gut für meine Nase..."

Denn: „Früher war ich dauernd verkühlt, seit etwa zwei Jahren aber nicht mehr."

Wahrscheinlich gibt es – wie früher beim legendären Ayrton Senna – auch zwei Schumacher: am Rennwochenende den Vollprofi, der total konzentriert seine Arbeit tut, fast zu perfekt gestylt auftritt – und den lustigen Schumacher, den die wenigsten kennen.

Außer Hans Herrmann oder Jochen Mass, die ihn privat oft treffen.

Sein Karrierehelfer Jürgen Dilk, heute Präsident des Schumi-Fanclubs, berichtet stolz: „Michael besucht mich jeden August zu meinem Geburtstag in Spanien."

Und da trinkt er nicht nur Apfelscholle – wie sonst immer.

Karnevalssendung von RTL, „Köller Alaf". Schumacher tritt als „Phantom der Oper" auf, natürlich begleitet von der strahlenden Corinna, Willi Knupp als Chauffeur mit Backenbart. Er bekommt den Orden des Karnevalsprinzen, wird zum „General der Prinzengarde" ernannt und feiert bis vier Uhr früh.

Da kann es schon passieren, daß der gewissenhafte Schumi singt und tanzt, mitunter auch auf Stühle springt oder – wie bei seiner Hochzeit – als erster im Smoking in den Swimmingpool. Oder feuchtfröhlich feiert wie 1994 in Adelaide und 1995 in Aida – als Weltmeister.

Da sind die Rennfahrer alle gleich. Mario Andretti und Pedro Rodriguez fuhren einmal am Strand von Daytona ihr Leihauto bewußt ins Meer – stiegen aber rechtzeitig aus. *„We were hot und we had won."* Es war heiß, und wir haben gewonnen – Grund genug.

Und die Folgen, Mario?

„Avis gab uns zehn Jahre lang kein Auto mehr."

Könnte sich Schumacher in Deutschland nie erlauben.
„Danke schön, Herr Schumacher. Und gute Fahrt", sagt der deutsche Tankwart zum Weltmeister, der sich mit Bart, Perücke und Brillen für die Fahrt zum Norisring getarnt hat, um ganz geheim seinen Bruder Ralf zu beobachten. Das Experiment geht schief. Denn der verkleidete Superstar wird sogar auf dem Marsch zur Rennstrecke von allen erkannt.
„Darauf hab' ich die Maskerade wieder abgenommen", seufzt Michael – von seinem Manager Willi Weber schon oft genug im Kofferraum seines Mercedes ins Hockenheim-Motodrom geschmuggelt worden.
Weniger erfreulich an der Côte d'Azur sind ein Kunstmaler und ein ehemaliger BND-Mann auch Pullach. Der eine gibt sich als Schumacher-Manager aus, der andere verkauft Nachrichten und Staatsgeheimnisse.
Zum Beispiel, wann und wie oft Schumacher, seine Frau Corinna und ihr Hund den Manager Willi Weber in dessen Haus in Vence besuchen – wo früher der „normannische Kleiderschrank" Curd Jürgends gelebt hat.
„Das Haus gehört Willi. Michael hat höchstens ein paar Wochen dort verbracht. Wenn der französische Staat wirklich der Meinung ist, daß er da Steuern zahlen muß, wird man sich darüber unterhalten und eine Regelung finden", höre ich.
Aber niemand will etwas. Außer den Paparazzi, die die ganze Komödie inszenieren.
Jetzt zieht Michael von Monte Carlo in die Schweiz.
Schumis Wunschvorstellung? „Ein Haus am Strand ... und hinter dem Haus gleich ein Berg zum Schifahren." Das ist relativ am ehesten noch in der Schweiz zu finden, wahrscheinlich am Genfer See, und bald studiert Michael die ersten Angebote.
Das Monaco-Appartement muß er ja nicht aufgeben: „Das könnte einmal die Basis für den Ralf sein." Der hat 1996 in der japanischen Formel-3000-Meisterschaft toll begonnen und Appetit auf weitere Erfolge.
Schumachers Speiseplan während der Benetton-Jahre an Renntagen:
Frühstück: Müsli aus nervenstärkendem brasilianischen Amarant-Korn, das er einmal probiert und das ihm gleich geschmeckt hat. Dazu Früchtetee, dann Elektrolytgetränke.
Gleich nach dem ersten Training: Pasta oder Salat, aber nur wenig.
Nach dem zweiten Training: Vollkornlaibchen und Spinat oder Pasta oder Reis.
Abends: am liebsten Pasta mit Tomatensoße, selten Fisch, oder Reis.
Pasta mag er immer. Am liebsten beim Italiener in Monte Carlo. Sein Idealgewicht: 69 kg. Während eines Grand Prix verlieren manche, schlechter trainierte Piloten bis zu 5 kg. Michael aber nimmt normal nur 1 kg ab, bei extremen Hitzerennen vielleicht 1,5 kg. Und er schwitzt nie! Teils trainingsbedingt, teils vererbt.
Schon Ayrton Senna staunte bei einer Siegerehrung: „Ist er so fit, oder ist das seine Jugend?" Und Damon Hill, bei einer Sieger-Pressekonferenz, bei der alle

klatschnaß dasitzen: „Wieso bist du ganz trocken? Du schwitzt ja nicht einmal ..."
Weil er seit Kindheit regelmäßig trainiert, hat Schumacher gegen manche Konkurrenten einen riesigen Vorsprung. Sein Ruhepuls: niedrige 50. Seine Maximalbelastung: etwa 180.
Am Nürburgring wird in den siebziger Jahren der Puls der Rennfahrer während einer schnellen Runde aufgezeichnet. Mit den typischen Zacken – und dem Spitzenwert in der Fuchsröhre: fast 200! Heute ist die Belastung leider nicht meßbar – wegen der vielen Elektronik im Auto.
Aber nach ein, zwei Minuten hat Schumacher wieder normalen Puls.
Harry Hawelka, Physiotherapeut aus Wien, ist sechs Jahre lang der Mann hinter Schumacher: arbeitet die Trainingsprogramme aus, steigert Ausdauer und Dehnung. Aber wie?
Schumacher verlegt sein Training vom Laufen aufs Radfahren: bis zu 5 Stunden Mountainbike-Touren in Monte Carlo, danach $1^{1}/_{2}$ bis 2 Stunden in der Kraftkammer.
Dehnungsübungen: Auch bei einem volltrainierten, gelenkigen Sportler sehr wichtig für bessere Durchblutung, schnellere Reaktion – und Schlacken werden abtransportiert.
Krafttraining: Nie rein auf Muskelaufbau, sondern auch auf Ausdauer. Zuerst wird der Maximalwert ermittelt, z. B. 100 kg, davon 60 Prozent (60 kg) mit über 20 Wiederholungen.
Theoretischer Trainingsplan: für den Muskelaufbau 9–12 Wiederholungen mal drei. Für die Ausdauer: 25 Wiederholungen. Seine Trainingswerte hält er geheim, streng geheim, sogar beim Schwimmen. Aber in Australien krault er eineinhalb Stunden lang nonstop durchs Becken, während sein Coach nach einer Stunde erschöpft aufgibt.
Aber diese Fitneß rettet ihm 1995 in Bahia (Basilien) das Leben. Weil sich die Anker gelöst haben, das Tauchschiff abgetrieben ist, muß Schumacher eine Stunde lang bei hohem Wellengang schwimmen.
„Ich hab' zum erstenmal Todesangst. Und fürchte schon, jetzt ist alles vorbei."
Später, nach seinem Brasilien-Horrorerlebnis, geht Michael auch wieder tauchen: „Diesmal ist das Wasser viel klarer und schöner – und ich hab' immer das Boot gesehen."
Sein bester Sport, wäre er nicht Formel-I-Pilot geworden? Sicher Schwimmen oder Radfahren, vielleicht Fußball – hätte er nicht heute, wegen Überbelastungen als Kind, Knieprobleme. „Aber ich bin viel gelaufen, hab' Karate und Judo gemacht – das spür' ich jetzt."
Michaels größte Stärke? „Die liegt im Kopf", sagt Harry Hawelka. Und seine einzige Schwachstelle? „Seine Knie."
100.000 Flugkilometer pro Jahr: Was tut Schumacher gegen Ermüdung und Jetlag? Gegen Schlafprobleme: sehr viel trinken, vor allem im Flugzeug wegen der

hohen Radarbelastung, die das Immunsystem schädigt – und auch bei Müdigkeit am Abend wachhalten, Kondition trainieren. Gegen Schlafprobleme helfen Fußreflexzonenmassage und Baldrian.
Am Renntag hat Schumacher einen genauen Zeitplan, den er einzuhalten hat. Sagen wir: für den Start des Rennens um 14 Uhr.
6.30 bis 7 Uhr: aufstehen.
8.30 bis 10 Uhr: Teambesprechung.
10 bis 10.30 Uhr: Warm-up = Aufwärmtraining, gewissermaßen die letzte Orchesterprobe vor der Big Show.
10.30 Uhr: wieder Besprechung mit den Ingenieuren.
11 Uhr: Fahrerbesprechung, danach Paraderunde, meist mit offenen Oldtimern.
Dazwischen noch Sponsorverpflichtungen, technische Besprechungen. „Ich bin also rundum ausgefüllt. Ich hab' maximal eine Viertelstunde Zeit, um mich hinzulegen und ein bißchen auszuruhen. Wie vorm Qualifikationstraining – da kann ich manchmal im Mobilhome sogar noch ein paar Minuten schlafen."
13.30 Uhr: Die Boxenstraße ist offen, Schumacher steigt ein und fährt zum Vorstart. Da schauen bereits viele Millionen zu.

Manchmal reden Schumacher und Mass auch übers Fernsehen.
„Sag mal, wie ich das jetzt so seh', bist du relaxt beim Rennen, kannst essen und trinken, was du willst, siehst das alles aus der Entfernung – oder willst du lieber noch fahren? Was ist besser?" lacht Schumacher.
Mass lächelt: „Da kann ich nur sagen: fahren. Aber hundertmal besser! Was du als Rennfahrer empfindest, diese innere Befriedigung, auch wenn es schlecht läuft, gibt dir viel – aber das weißt du erst hinterher richtig zu schätzen. Nicht, weil du wichtiger bist oder dich die Leute anders behandeln, sondern einfach von innen heraus."
Und, noch präziser: „Das Gefühl, deine Richtung genau im Blickfeld zu haben, ist sensationell. Das Auseinandersetzen mit der Gefahr – bei uns vordergründiger – war für mich im Kopf wertvoll, als Lebenserziehung, lebensformende Eigenschaften –"
Wie lange wirst du noch fahren? frage ich Schumi.
„Ich schätze, noch fünf Jahre, vielleicht auch vier oder sechs – aber ich bin ganz sicher, ich werde nicht im Motorsport alt werden, da bin ich ganz sicher", sagt er 1995.
Bernie Ecclestone sagte früher einmal: „Kein Rennfahrer ist mehr wert als 60.000 Pfund im Jahr." Jetzt sagt Bernie: „Keiner ist 25 Millionen Dollar wert."
Was ist Ecclestone wert? wird Schumacher gefragt.
„Jeder ist das Geld wert, das er verdient. Hätte Bernie nicht so hart dran gearbeitet und die Formel I so aufgebaut, würde er nicht soviel Geld verdienen. Wenn man zurückschaut, ist erstaunlich, was die Formel I heute ist. Das war Bernies Arbeit – also warum sollte er nicht soviel Geld verdienen?"

Hat das viele Geld dein Leben geändert? Deine jetzige Sicherheit?
„Nichts hat sich geändert. Die Sicherheit hatte ich schon vorher. Aber Geld macht mich sicher und unabhängig, das bin ich. Vor allem die Rennerei. Ich fahr' nur so lange ich Spaß dran habe."
Reduzieren Geld, Siege und WM-Titel deine Bereitschaft zum Risiko?
„Sicher nicht! Wenn, dann hätte das 1995 sein müssen. Aber wenn nicht alles perfekt läuft, bin ich noch mehr motiviert. Unnötiges Risiko geh' ich nicht ein. Nur wenn ich überzeugt bin – zur richtigen Zeit."
Auch beim Geldanlegen, Michael?
„Ich achte auf Sicherheit und würde nie spekulieren, wo ich mich nicht auskenne. Ich bin mit Geld vorsichtig und sorgfältig – genau wie beim Rennfahren, wenn ich mein Risiko kalkuliere. Nicht übers Limit gehen, dann paßt es."
Kannst du dir mit Geld Träume erfüllen?
„Nicht wirklich. Ich träumte einmal von einem Auto. Aber als es dastand, hat es lang nicht soviel Spaß gemacht. Ähnlich ist es mit dem Privatflugzeug. Du sparst damit Zeit, kannst relaxen. Aber es ist nicht das totale Vergnügen, macht Arbeit nur etwas leichter. Mit Airlines könnte ich meinen Job heute nicht mehr erledigen – Testen, PR-Auftritte, die Rennen. Also, eigentlich träum' ich von nichts mehr."
Paßt du auf dein Geld so gut auf, daß dir eine Steueraffäre wie Steffi Graf niemals drohen könnte?
„In Monte Carlo ist es etwas leichter, solche Probleme zu vermeiden. Aber ich weiß, wie kompliziert die Steuer sein kann, worauf du aufpassen mußt etc. Aber auch ich muß Steuererklärungen abgeben, Steuer zahlen und geb' gut acht, daß mit nichts Ähnliches passiert."
Schumacher paßt auch im Team genau auf. Stichwort: Benetton-Regie 1995.
Dein Teamkollege, dein größter Feind. Weil er der erste ist, an dem du gemessen wirst – der alte Spruch in der Formel 1.
Also können Stallgefährten eigentlich nie wirklich Freunde sein, kommen einander während ihres gemeinsamen Dienstes auch menschlich nicht näher und wollen das eigentlich auch gar nicht.
Typisch: die Fahrerbesprechungen im Team, genannt „Briefing" oder „Debriefing", was aus der Fliegersprache kommt.
Beispiel McLaren-Porsche 1984/85 mit Niki Lauda und Alain Prost. „Ich lüge nie", sagt Lauda. „Aber ich behalte beim technischen Briefing meine Geheimnisse für mich, sag' zur Autoabstimmung ja und amen, geh' raus und sag' dann zu meinem Ingenieur: ‚So – und jetzt bau' mir einen anderen Stabilisator ein.'"
Beispiel McLaren-Honda 1988/89 mit Alain Prost und Ayrton Senna. Der Brasilianer bleibt oft bis Mitternacht bei seine Ingenieuren – und hofft jedesmal, daß Prost schon um 17 Uhr Golfspielen geht.
Und die vieldiskutierten Computergeheimnisse, die Michael Schumacher angeblich 1995 gegen Johnny Herbert versteckt?

Laut dem blonden Engländer spielt sich alles so ab: Herbert qualifiziert sich gut in Interlagos und ist auch im ersten, inoffiziellen Training in Buenos Aires schnell.
Am Abend fragt Schumi den Engländer: „Hat das Team schon mit dir geredet?"
Herbert: „Was meinst du da speziell?"
Schumacher: „Nun ja, ich hab' da ein paar Geheimnisse, von denen ich nicht will, daß du sie siehst. Du hast sicher auch welche, die du lieber für dich behältst."
Ab sofort ist es Herbert verwehrt, Schumachers Computerausdrucke zu lesen – aber nur für zwei Rennen. Dann ist Benetton wieder „*open house*".
Herbert ist nicht böse: „Ich verstand das völlig. Das heißt, ich verstand Schumacher, aber nicht das Team. Ross Brawn, der Konstrukteur, versucht, so fair zu sein wie möglich. Aber du kommst dir natürlich ein bißchen blöd vor, wenn das Team vor dir Geheimnisse hat – dir nicht alles zugänglich ist."
Als Herbert dann die Computerausdrucke von ihm und von Schumacher flächengleich übereinanderlegt, „seh' ich kleine Unterschiede. Aber die hörte ich über Schumacher schon von anderen Fahrern. Ich weiß, was es ist."
Nämlich: „Normal bremst du vor einer Kurve, lenkst ein, beschleunigst. Schumacher hat eine andere Technik: Er bremst spät, tief in die Kurve hinein, geht aber nicht ganz weg vom Gas, sondern bleibt immer noch zu 10–20 Prozent am Gaspedal. Und lenkt dann das Auto mit dem Gaspedal, mit drei bis vier Gasstößen – bis er wieder voll aus der Kurve herausbeschleunigt."
Gut beobachtet, Johnny. Diese Gasstöße – aber nicht drei oder vier, sondern ein ganzes Stakkato – hörte man auch von Senna bei McLaren und Berger bei Ferrari: Aber weniger als Lenkhilfe, sondern um den Motor auf Touren zu halten.
„Aber wenn du das im Benetton tust – dauernd Vollgas, weg vom Gas – dann mußt du crashen! Dann fliegst du unweigerlich raus, weil du das Auto zuviel bewegst. Und extrem schlimm sind die Bodenwellen."
Auf die Frage: Welches war dein liebstes und bestes Rennauto? blödelt Schumacher mit ernstem Background: „Wahrscheinlich der Benetton von 1996 . . . weil er alle Fehler von 1995 nicht mehr haben wird."
Denn: „Wir haben Riesenprobleme mit diesem Auto. Sehr schwierig, es zum Funktionieren zu bringen – besonders unter speziellen, gewissen Umständen, zum Beispiel auf Bodenwellen. Das Auto ist sehr *tricky,* aber das Team hat viel gelernt und macht sicher Fortschritte."
Hofft auch Gerhard Berger, als er in Schumachers Weltmeister-Benetton umsteigt. Und bald registriert „wie giftig der Benetton im Grenzbereich zu fahren ist": Crash mit Totalschaden gleich am ersten Testtag.
„Ich weiß", lächelte Schumacher, „der Benetton von 1995 war von allen meinen Rennautos das kritischste, wenn es ans Limit ging."
Und könntest du Berger deine geheimen Tricks verraten?
„Wenn der Gerhard einmal aufgehört hat mit der Formel I, kann er gern kom-

men. Dann könnte ich ihm schon einiges über den Benetton erzählen . . . Aber vorher nicht."
Flavio Briatore sagt mir über den sensationellen Doppeltausch Berger gegen Schumacher, Ferrari gegen Benetton:
„Die Bühne ist gleichgeblieben, der Regisseur ist derselbe. Wir haben nur die Hauptdarsteller ausgewechselt. Aber tausch du Robert de Niro gegen Syvester Stallone oder Al Pacino – der Film ist genauso gut."
Allerdings: „Das Gute an Schumachers Weggang ist, daß wir jetzt in der Benetton-Box kein Sauerkraut mehr essen müssen . . ."
Michael, wann hast du Flavio Briatore wirklich gesagt, daß du zu Ferrari wechselst?
„Bei meiner Hochzeit!" verrät Schumacher zum ersten Mal. „Aber ich glaube, er hatte es schon geahnt – aber vielleicht nicht immer ganz ernst genommen." Ende 1995 heißt es: Tschau.
Die Tage zwischen Suzuka und Adelaide: Für Schumacher so ganz anders als 1994, ohne den Streß des WM-Duells mit Damon Hill.
In Port Douglas: die traditionell exklusiven Ferien, „abgesehen davon, daß ich Johnny jeden Tag sehen muß". Aber Schumacher spielt Fußball: Benetton-Mechaniker gegen Ferrari-Mechaniker.
Er taucht und sieht „zum erstenmal einen echten Hai: so eineinhalb Meter groß, wirklich toll".
In Adelaide hat er zwei Ziele: zum erstenmal nach seinem tollen Heimtriumph auch in Australien zu gewinnen – und den Weltrekord von zehn Saisonsiegen. Beides verpatzt ihm Jean Alesi, sein Nachfolger bei Benetton, durch Karambolage, weil er denkt: „Dir, Herr Weltmeister, mach' ich jetzt keinen Platz."
Schade. Und die Bilanz seiner zwei Weltmeisterjahre bei Benetton?
„Die Formel I hat so viele Höhenflüge, wenn du gut bist, wenn du Erfolg hast, aber auch so viele Tiefen, wenn es nicht funktioniert. Aber was ich immer am liebsten hab': drinsitzen, fahren, Resultate herausholen. In zwei Jahren haben wir mehr erreicht, als ich hätte erwarten können – also hab' ich keinen Grund, nicht zufrieden zu sein."
Erleben wir jetzt die große Schumacher-Ära in der Formel I?
„In der Formel I ändert sich alles so schnell, oft über Nacht – vielleicht sehr rasch in eine andere Ära. Wenn ich nicht im ersten Ferrari-Jahr Weltmeister werde: kein Problem, solang nur bei Ferrari etwas weitergeht. Und dann versuch' ich es halt 1997. Wessen Ära das wird, sehen wir ja . . ."
Ferrari ist für ihn auch eine ganz emotionale Kiste. Aber erst im Gespräch fällt ihm das so richtig auf. Sonst ist er natürlich beansprucht von allen Dingen, die passieren – aber wenn er mit Mass in Ruhe reflektiert, spürt er das ganz deutlich. Sagt er auch selbst.
Nach dem ersten Tag bei Ferrari fahren Mass und Schumacher mit dem 456 zurück nach Nizza. Michael, gerade von Australien zurück, ist müde, muß aber te-

sten, der Tag ist anstrengend für ihn, die vielen Spaghetti – und plötzlich sagt er: „Wenn ich mir so vorstelle, dieses Werk hinter mir!"
So empfindet er das auch. „Du gehst durch die Hallen, als Weltmeister, alle schauen, manche klatschen leise, jeder sieht dich bewundernd an, und alle erwarten viel von dir – das ist toll."
Selten, daß Michael so aus sich herausgeht.
„Wenn du 26 Jahre bist und hast das alles vor dir: Was Schöneres gibt es gar nicht!"
Sicher, es gibt kleinere Erfolgserlebnisse für viele Leute, genauso sensationell – auch wenn man es nur von außen betrachten kann.
Michael Schumacher, der wiedergeborene deutsche Mythos? Hat er die ruhmreiche Geschichte aufgearbeitet? Schon zum Teil.
Er beschäftigt sich jetzt viel mehr damit, lernt die Vergangenheit, die macht ihn wißbegierig, weil er ahnt, daß er da ein Manko hat. Er ist natürlich jetzt plötzlich die Speerspitze, und vorher war sie offenbar jemand anderer.
Jetzt schaut Schumacher zum erstenmal nach hinten und fragt: Wer war da vorher? Weil jeder erwartet, daß er auch darüber etwas zu sagen hat. Noch nicht jetzt, irgendwann.

Giganten im Rückspiegel

Ostern 1993, der verregnete Donington-Grand-Prix, Ayrton Sennas bestes Rennen – auf historischem Boden.
„Donington Grand Prix" – das war das „Duell der Titanen" vorm Zweiten Weltkrieg: Mercedes-Silberpfeile gegen Auto-Union. 1937 gewann der unvergleichliche Bernd Rosemeyer vor Manfred von Brauchitsch und Rudolf Caracciola, 1938 das „Ledergesicht" Tazio Nuvolari vor Hermann Lang und Dick Seaman – alle in deutschen Boliden. Aber die „Silberpfeile" kamen zurück nach Donington und fixierten 1990 – auf dem bereits umgebauten Kurs – mit Schlesser/Baldi vorzeitig ihren WM-Titel in der Gruppe C.
Das Donington-Museum ist das tollste Rennwagenmuseum der Welt. Aber ich versuche vergeblich, Michael Schumacher dort hinzulocken. „Ich interessier' mich nicht für alte Autos, für alte Möbel..."
Auch gut: Michael lebt so herzerfrischend aktuell nur in der Gegenwart, nicht in der glorreichen Vergangenheit.
Aber würde es dich nicht interessieren, irgendwann auch in Indianapolis zu starten – als erster Deutscher seit Caracciola?
„Caracciola, der war ja auch kein richtiger Deutscher", flachst Michael wegen des italienischen Namens – und eigentlich hat er gar nicht so unrecht.
Caracciola ist ein uraltes Rittergeschlecht aus der Nähe von Venedig. Hat schon in den Schwedenkriegen für die Deutschen gekämpft.
Später besaßen die Caracciolas ein Hotel am Rhein – als der legendäre „Carratsch" zum Rennfahren anfing: untrennbar verbunden mit dem Dreizack.
Mercedes-Benz ist nicht nur der älteste Motorhersteller der Welt, sondern hat auch von Anfang Rennsportgeschichte geschrieben. Als Mercedes-Benz und McLaren 1994 ihre Zusammenarbeit in der Formel I aufnahmen, hatte das Stuttgarter Unternehmen auch ein Jubiläum zu feiern.
Vor genau 100 Jahren gewann ein Daimler das erste Autorennen der Welt am 22. Juli 1894 von Paris nach Rouen. Die ersten vier Autos am Ziel waren mit einem 954-ccm-V2-Motor von Gottlieb Daimler ausgestattet.
Dieser Erfolg setzte eine Entwicklung in Gang, die in den folgenden hundert Jahren Siege in zahllosen Rennen nach sich zog. Bei den Rennen Nizza–Salon-de-Provence–Nizza im Jahr 1901 gingen die Autos von Daimler zum ersten Mal unter dem Namen „Mercedes" an den Start, benannt nach der Tochter des Daimler-Verkaufsleiters und -Rennfahrers Emil Jellinek. Gewonnen hat der Deutsche Wilhelm Werner auf einem Mercedes.
Im Mercedes-Museum von Stuttgart-Untertürkheim erzählen sie immer gern die Geschichte vom berühmten Herrn Jellinek: Ein Österreicher, so ein bißchen ein Schlitzohr, der in den Anfangsjahren seines Lebens ein bißchen Schwierigkeiten

hatte, aber dann doch sehr reich wurde und sich letztlich in Nizza als Generalkonsul niederlassen konnte. Herr Jellinek war ein Autonarr für damalige Verhältnisse, hatte schon mehrere Wagen besessen, konnte das also beurteilen. Und hat dann zum Daimler gesagt: Ich brauche ein Auto mit tiefliegendem Schwerpunkt und starker Motorleistung, also mit weitem Radstand, auch als reine Sicherheitsforderung, Unfälle hat es schon gegeben mit Todesfolge.
Maierbach bei Daimler baute dieses Fahrzeug, und Jellinek hatte damit sehr viele Erfolge. In der Rennwoche von Nizza gewann der Wagen fast nur die ersten Plätze. Aber er hat dann gesagt: Daimler, ich kaufe 36 Fahrzeuge von diesem Typ unter zwei Bedingungen: einmal Alleinverkauf dieses Wagens, und die zweite Bedingung ist, diesem Wagen den Namen meiner Tochter geben. Und die hieß eben Mercedes. Eigentlich ein spanischer Mädchenname und heißt „Gnade". Weil es eine Gnade ist, einen Mercedes zu fahren?
Der größte Rennfahrer aller Zeiten – wer ist das wirklich? Chebby Crombac, der Doyen von uns Formel-I-Journalisten, teilt die Zeit in Epochen ein: „Die besten Rennfahrer waren, jeder in seiner Ära, Nuvolari, Fangio, Clark und Senna – und kein anderer!"
„Wer war für Sie der Beste von allen?" frage ich Alfred Neubauer, den berühmten Rennleiter, irgendwann in den Roaring Sixties.
„Rudolf Caracciola!" schießt „Mr. Silberpfeil" spontan heraus. „Und ich sag' Ihnen auch gleich, warum: Weil Carratsch der Universellste war. Er fuhr Grand Prix, Bergrennen, Geschwindigkeits-Weltrekorde . . ."
Und wagte sich sogar in die „Hölle von Indianapolis": neben Alberto Ascari, vor Jim Clark und Graham Hill. Ein komplizierter Beinbruch beendete seine Traumkarriere.
„Carratsch", mit seinem streng zurückgekämmten Haar, wirkt auf den Fotos von seinerzeit immer fröhlich. Seine Konkurrenten bezeichnen ihn als „kühl bis ins Herz", akzeptieren aber seinen Rennfahrer-Egoismus.
Der Vorkriegsklatsch rapportiert ein ungemütliches Verhältnis bei Mercedes, als Hermann Lang aus Rudolf Caracciolas Schatten tauchte und ihn offensichtlich überflügelte. „Carraciola versuchte Lang nicht mehr zu bremsen, als es jeder andere tat. Kein Nummer-Eins-Pilot mag es, wenn ihn jemand überstrahlt", erzählt der Engländer Raymond Mayr, der den Zwiespalt aus nächster Nähe miterlebt hat.
Mays kennt das Kulissenspiel aus beiden Perspektiven. 1927, in den Brooklands-Tagen, fährt er den 2-Liter-Vierzylinder-Targa-Silberpfeil, den man den „englischen Mercedes" nennt, mit viel Erfolg. Alfred Neubauer offeriert ihm einen Dreitausend-Pfund-Werksvertrag. „Aber ich bin probritisch und lehne ab", erinnert sich Mays.
Die Chance geht über auf Richard Seaman, „der mit seinem schwarzen Overall, den hellblauen Augen und der kühlen Startkonzentration auch viel besser zu den Deutschen paßt". Mays klemmt sich hinter das allenglische Projekt: BRM.
Dick Seaman heiratet – gegen den strengen Wunsch seiner Eltern – eine Münch-

nerin aus Generaldirektorenfamilie. Worauf die Eltern allen Kontakt zu ihrem Sohn abbrachen, wie Alfred Neubauer später erzählt.
Seaman verunglückt wenig später in Spa. Und Manfred von Brauchitsch hat mir berichtet, wie verzweifelt ein französischer Leutnant noch versucht hat, das Feuer zu löschen.
Seine drei Mercedes-Teamkollegen überleben die Vorkriegszeit 1954, im großen Comeback-Jahr, ist Caracciola Ehrengast auf dem Nürburgring. 1959 stirbt er in Lugano an einem Leberleiden.
Als 1970 Jochen Rindt in Monza verunglückt ist, flattert Nina ein herzlicher, tiefempfundener Brief ins Haus – mit vielen Zeitungsausschnitten und Nachrufen. Absender: Alice Caracciola. „Weil auch ich dankbar war, weil jemand für mich die Nachrufe sammelte. Damals, als ich Rudi verlor."
„Frau Caracciola", erinnert sich Raymond Mays, „war die unglaublichste Boxenlady, die es je gegeben hat. Sie stoppte und wußte jede Rundenzeit jedes Fahrers in jedem Grand Prix!" Heute ersetzen längst die Computer den Lippenstift und die Stoppuhr in der Box.
Der „geistige Vater" der Zeichensprache war Alfred Neubauer. „Er rechnet alle Siege im vorhinein aus", sagten die Gegner über den 250-Pfund-Koloß mit den Falstaff-Bauch, und aus ihren Worten klang eine Spur von Neid.
Vor dem Krieg war es einfach: Neubauer wies jeden Fahrer an, in welcher Runde er an die Box zu fahren habe, um nachzutanken und Reifen zu wechseln.
Neubauer konnte also während des Rennens mit seinen Fahrern neue Pläne schmieden, falls sich die Situation geändert hatte. Nach dem Krieg verlor er diese Möglichkeit. Für die hubraumkleineren Wagen reichte eine Tankfüllung; die Reifenindustrie hatte solche Fortschritte gemacht, daß auch ein Radwechsel nicht mehr erforderlich war.
So mußte Neubauer seine Signalsprache verfeinern. Für Fangio, mit dem er sich nur in brüchigem Italienisch unterhalten konnte, erfand Neubauer die Zeichen „RG" = regulare, gleichmäßig, und „V" = veloce, schneller. Von Neubauer meisterhaft ferngelenkt, fuhr Fangio den „Silberpfeil" von Sieg zu Sieg.
Wie denken die späteren Asse über Boxensignale?
„Colin Chapman", sagte Clark, „zeigt mir nur trockene Ziffern und mahnt mich nie, schneller oder langsamer zu fahren. Ein einziges Mal wurde ich auf sein Geheiß langsamer. Wir verloren."
Mercedes hat seine glorreiche „Silberpfeil"-Vergangenheit immer gepflegt – Audi besinnt sich erst jetzt wieder auf die Rosemeyer-Ära. Heraus kommen Fotos wie nach der tragischen Expedition des Captain Scott. Aber auch die Heldentaten werden wieder lebendig.
Heute ist Zwickau (früher DDR) bereits mehr Museum als Automobilfabrik. Teilweise wird noch gearbeitet, aber nicht mehr so viel wie früher. Vieles geriet, politisch bedingt, in Vergessenheit.
Aber Audi fährt mit Vollgas in die Vergangenheit: fängt an, seine Tradition auf-

zuarbeiten, geht mehr auf die Schiene „Auto-Union", trocknet alte Fotos und Filme, die in Kellern versumpfen, retouchiert alte 60-mm-Schmalfilme, Bild für Bild, mit dem Pinsel. Und rettet kostbares Material.
Dafür gebührt dem Historiker Prof. Dr. Peter Kirchberg ewiger Dank – auch für seine Hilfe zu diesem Buch.
Denn was soll ich (Jahrgang '41) über Mercedes erzählen, das nicht Alfred Neubauer tausendmal besser wußte . . .?
Die Geburtsstunde der Auto-Union schlägt 1932: der Zusammenschluß von vier Marken als der Auto-Union-Rennwagen.
„Sein Erscheinen in der Öffentlichkeit ist so sensationell wie das neue Markenzeichen: vier ineinander verschlungene Ringe. Ein dramatischer Ausdruck der sportlichen Ambitionen" – fast olympisch.
Firmensitz ist Chemnitz, später Karl-Marx-Stadt – aber die meisten Autos werden in Zwickau gebaut.
Im Werk Horch entsteht die Rennabteilung.
20 Monteure sind für den Motor, fünf für Getriebe und Achsen und zwölf für das Fahrgestell zuständig. 21 Klempner für die Karosserie und andere Fremdarbeiten, denn die Alukarosserien der „Silberpfeile aus Zwickau" werden ausnahmslos von Hand gearbeitet.
Besonders der aus hochfestem Stahl bestehende Kompressor verlangt zur Nachbearbeitung viel Fingerspitzengefühl.
Konstruiert hat den Auto-Union-Rennwagen Prof. Ferdinand Porsche. Sein Konzept: 4,4 Liter Hubraum, verteilt auf viele kleine Einheiten, ergibt 16 Zylinder in V-Anordnung. Das Zündgemisch wird durch einen Kompressor eingeblasen, pro Zylinder je ein Einlaß- und Auslaßventil. Alle 32 Ventile werden durch eine einzige zentrale Nockenwelle gesteuert.
Beim ersten Motor besteht die Kurbelwelle noch aus einem einzigen Stück. Aber bei längerer Belastung sind die Schwingungs- und Elastizitätsprobleme aber nicht mehr zu beherrschen, wissen die Techniker von damals.
Porsche weiß genau: Das Schlüsselproblem der neuen Formel (750 kg Maximalgewicht) liegt nicht so sehr im Leistungsanstieg, sondern vielmehr in der Übertragung dieser gewaltigen Kräfte auf die Straße. Also Konstruktion der Schwerpunktverlagerung nach hinten – und das heißt: Motor und Getriebe HINTER dem Fahrer.
Wie teuer kommt das Sensationsprojekt Auto-Union, Prof. Kirchberg?
„Der Aufwand für den Grand-Prix-Sport beträgt bei der Auto-Union für Entwicklung, Konstruktion, Bau und Einsatz der Rennwagen zwischen 1933 und 1942, als alle Entwicklungsarbeiten eingestellt werden, exakt 14.188.460 Reichsmark – nicht nur für damalige Verhältnisse sehr viel Geld. Aber am Umsatz gemessen: nicht einmal ein Prozent!"
Für viel bedeutender hält Prof. Kirchberg den Ertrag, den der Rennsport für die Serienprodukte gebracht hat.

„Und ich weiß von Herrn Prof. Eberan-Eberhorst: Das war damals auch gar nicht beabsichtigt! Man muß dieses Verhältnis immer umgekehrt sehen: Es ist der hohe Standard in der Serien-Automobilproduktion, der den so erfolgreichen Bau und Einsatz eines absoluten Spitzenproduktes der Kfz-Technik erlaubte – was der Rennwagen der Auto-Union einmal war."
Der Motor ist am Prüfstand erstaunlich elastisch: maximale Drehzahl 4500 U/min, für einen Rennmotor beachtlich niedrig. Annähernd 300 PS, aber schon bei 2700 U/min maximales Drehmoment. Das große Abenteuer geht los.
In seinem Vertrag mit der Auto-Union stimmt Porsche der Abnahmebedingung zu, daß der Wagen zehn Runden auf der Berliner Avus fahren und dabei auf jeder Geraden mindestens 250 km/h erreichen muß!
Erste Probefahrten schon im Herbst des gleichen Jahres auf dem Nürburgring. Und am 6. März 1934 – also sage und schreibe 364 Kalendertage nach Arbeitsbeginn – dreht Hans Stuck auf der Avus die vereinbarten zehn Runden. Und stellt dabei sogar den sagenhaften Stundenweltrekord von 217,110 km/h auf – mit 270 km/h Spitze auf der Geraden.
Außer Stuck fahren noch August Momberger, Prinz Leiningen – aus der Familie jenes österreichischen Staatsanwalts, der 60 Jahre später die aufsehenerregende Untersuchung nach dem mysteriösen Untergang des Schiffes „Lucona" bei den Malediven leitet – sowie als Ersatzfahrer Wilhelm Sebastian.
1934 starten die Auto-Union-Rennwagen bei über 71 Rennen in Deutschland und Europa! Zum erstenmal auf der Avus in Berlin.
Hans Stuck führt lang, bis er aufgeben muß. In Montlhery, wenige Tage später, streikt die Wasserpumpe. Aber dann, beim Großen Preis von Deutschland auf dem Nürburgring, kommt Hans Stuck – im Stil der damaligen Zeit – endlich glanzvoll zum Zug: 500 km auf der kurvenreichen und gebirgigen Strecke als Schnellster aller Teilnehmer. Groß ist der Jubel, als Stuck als Sieger durchs Ziel geht.
Und nicht nur am „Ring". Stuck wird mit drei Grand-Prix-Siegen Europameister, deutscher Straßenmeister und deutscher Bergmeister.
Aber wie! „Die Blasen von den Schlägen gegen das Lenkrad – die spür' ich heute noch an den Händen, wenn ich nachts davon träume. Und die verbrannten Füße von diesem heißen Bremspedal – die vergess' ich nie. Es war nicht immer leicht, diese Heckschleuder unter Kontrolle zu behalten!"

Hans Stuck, Europameister 1934, der „Bergkönig", heiratet dreimal. Zuerst, als erst 19jähriger, die Ellen, mit der er das Gut in Beuerberg bei Wolfratshausen bewirtschaftet – heute ein Golfplatz. Ellen schenkt ihm vier Kinder, Halbgeschwister von „Strietzel".
Zweite Ehefrau von 1932 bis 1948 ist die Journalistin Paula von Reznicek, „ein kleines Aas", wie mir eine andere Rennfahrerfrau von damals erzählt. „Immer sehr auf den Vorteil von Stuck bedacht."

Die dritte Ehefrau, ab 1948, ist Christa Maria, „und mit mir ist er am längsten von allen verheiratet: 31 Jahre". Christa Maria ist die Mutter von Hans-Joachim, „und auf den Strietzel bin ich ganz stolz. Den lieb' ich heiß."
Ich erinnere mich oft und gern an einen langen Abend bei der Stuck-Familie in Grainau. Am berühmten Silbertisch.
Dessen spannende Geschichte?
Weil sich die Damen des Hauses, Stucks drei Ehefrauen, weigern, die echten Silberpokale zu putzen, läßt sie der „Bergkönig" in zwei Millimeter dicke Silberplatten einschmelzen, die Originalgravur der Pokale aber unverändert – und so lese ich jetzt „Masaryk-Ring" oder „Bremgarten" oder „Monza" oder „Semmering-Bergrennen" auf 800er Silber mit Silberpunzenstempel.
„Tolle Idee, schaut schön aus, ist ein Supergag – und jetzt leicht zu putzen."
Die Stuck-Silberplatten gibt es doppelt: als Schreibtisch vom berühmten Vater, den „Strietzel" heute noch benützt, und als Sofatisch für die Mama.
Hans Stuck zeigt hochinteressante Briefe, etwa von der deutschen Reichskanzlei, die Fahrergagen für Rosemeyer, Stuck usw. festgelegt hat – ich glaube 100.000 Reichsmark Jahresgage. Manche Verträge sind gerahmt in Bildern.
Der teuerste Mercedes kostete damals 300.000 Reichsmark. Also kann keiner sagen: Die Helden der Vorkriegszeit waren überbezahlt.
Hans Stuck hat einen „Traumgegner": Bernd Rosemeyer. „Kommt sehr jung und ungestüm ins Team, ein unglaubliches Fahrtalent, und bügelt alle – wie es 50 Jahre später Ayrton Senna tut", fühlt „Strietzel" noch heute mit.
„Klar, daß mein Vater darunter leidet. Trotzdem haben sie ein anderes Niveau als heute. Da wird nicht beschimpft und bekriegt, sondern der andere respektiert. Klar ist manches eine Belastung, weil die Stoppuhr ja auch zählt – aber sie können damit umgehen", glaubt „Strietzel".
Elly Beinhorn erzählt von einer Wasser- und Polsterschlacht zwischen den Ehepaaren Stuck und Rosemeyer auf einem Hotelbalkon in Afrika.
40 Jahre später werfen „Strietzel" und Bärbel nach einem Luxusfrühstück im „Loews"-Hotel von Monte Carlo das komplette Geschirr ins Meer. „Wenn das nicht Glück bringt – fürs Rennen und für die Hochzeit . . ."
Herr Stuck, sage ich, bitte die lustigste Story aus Ihrer ganzen Rennkarriere? Und der legendäre Rennfahrer erzählt.
„Rio 1935. Die Paula, meine zweite Frau, und ich haben immer einen Pudel mit. Da ist jeder Tag der Krieg, wer den Hund abends nochmals auf die Gasse führt. Wir wetten immer den ganzen Tag. Wieder mal bin ich dran, also gehen wir beide. Der Hund rennt aber an den Strand, ins Wasser, kommt klatschnaß ins Zimmer und springt in das eine Bett – natürlich gleich völlig versaut.
Also gut, soll der Hund in dem einen Bett schlafen, wir gehen ins andere. Plötzlich, nach Mitternacht, schon längst finster, jault der Hund auf, springt meterhoch in die Luft – und geht ab diesem Tag nie mehr wieder in ein Bett rein. Wir glauben: vielleicht hat ihn ein Sandfloh gebissen

Nächsten Tag, als wir zum Frühstück runterkommen, sitzen der Rosemeyer, der Brauchitsch, der Lang schon da, grinsen so komisch und fragen: ‚Na, habt ihr gut geschlafen?' Ja, wunderbar. ‚Wieso', fragen die anderen, ‚habt ihr nichts gemerkt?' Nein – nur mit dem Hund war irgendwas.
Und dann kommt's heraus: Der Rosemeyer, Brauchitsch und Lang haben aus dem Rennwagen den Gleichstromgenerator ausgebaut, mit Plus und Minus an meine Bettfedern angeschlossen, bis Mitternacht gewartet – und dann ein paar tausend Volt in die Bettfedern hineingejagt. Darum ist der Hund so aufgefahren. Aber er hat's überlebt."

Ein anderes Rendezvous mit der eigenen Geschichte:
Als der Museums-Rennwagen komplett restauriert wird, hat Vorkriegs-Rennfahrer Paul Pietsch 1981 die Chance für eine Ehrenrunde: mit dem zu seiner Zeit völlig unkonventionellen Rennwagen.
Paul Pietsch im Interview von damals, heute auf Audi-Video:
„Bis dahin hatte man ja nur Rennwagen mit Frontmotor gefahren. Das ist das völlig Neue am Auto-Union-Rennwagen: Plötzlich sitzen Sie praktisch ganz vorn. Ein vielleicht 60 bis 80 cm langes Vorderteil, die Vorderräder direkt neben Ihnen, und hinten einen riesigen 16-Zylinder-Motor.
Und Sie müssen immer nur fühlen, wie der Wagen steht. Wenn man nicht aufpaßt, wenn der hinten anfängt, wegzugehen, dann ist es nicht mehr weit, bis er sich dreht – und dann wird es ein bißchen gefährlich. Also eine kolossale Umstellung. Und das ist der große Vorteil des Bernd Rosemeyer, der nie einen anderen Rennwagen gefahren ist, der sofort auf diesen Auto-Union-Rennwagen kommt und sich damit sofort zurechtfindet – viel, viel schneller als jeder, der einen Frontmotor-Rennwagen gefahren hat."
Rosemeyer hat sich 1934 nach Probefahrten – zusammen mit Paul Pietsch – einen Platz in der Auto-Union-Werksmannschaft erobert. Nur drei Jahre sitzt er dann im Auto-Union-Cockpit – aber was für drei Jahre!
Erster Start auf der Berliner Avus, erster Triumph noch Ende 1934 in Brünn – wo jemand die zufällig anwesende berühmte Fliegerin Elly Beinhorn bittet, doch dem jungen Mann zu seinem ersten großen Sieg zu gratulieren ...
Zurück zur Auto-Union-Technik. Typ A noch mit starrer Hinterachse – Typ B aber bereits mit neuer Hinterachse: mit der von Prof. Porsche entwickelten Torsionsstabfederung. Und der Typ V C von 1936 hat sogar 520 PS aus 6 Litern Hubraum!
1936 wird das große Triumphjahr. Die Kombination Bernd Rosemeyer/Auto-Union ist fast unschlagbar. Ein Traumduo wie später Jim Clark und Lotus oder Michael Schumacher und Benetton.
Eifelrennen 1937 – und die übliche Wetterhölle Nürburgring. Von Anfang an ein Duell Rosemeyer gegen Tazio Nuvolari auf Alfa Romeo, den legendären Italiener. „Fliegender Mantovaner" oder „Ledergesicht" nennen ihn seine Fans.

Nuvolari führt bis zur 5. Runde mit 8 Sekunden, aber dann kämpft sich Rosemeyer heran, holt Nuvolari in der 6. Runde vor den Boxen ein und setzt sich auf der Gegengerade – unter prasselndem Jubel – an die Spitze.
Dann legt sich dichter Nebel über die Strecke – Sichtweite nicht einmal 50 Meter. Unfaßbar, daß Rosemeyer trotzdem fast die gleichen Rundenzeiten weiterfährt – als einziger des gesamten Feldes.
Ins Ziel kommt Rosemeyer 2,13 Minuten vor Nuvolari!
Elly Beinhorn erinnert sich an Nuvolari:
„Das war eine ganz besondere Freundschaft. Und Nuvolari einer der allerfairsten Konkurrenten. Wenn er sah, daß Rosemeyer schneller war, ließ er ihn vorbei. Freunde, obwohl sich die beiden nur brockenweise verständigen konnten.
Forward-Taste für das Auto-Union-Heldenvideo.
„Motorsport wird in den dreißiger Jahren zum Massenmagneten. Hunderttausende strömen zum Nürburgring. Der Geruch von Rennkraftstoff und heißen Reifen, die sportlichen Wettkämpfe und der Klang der Kompressormotoren versetzen die Zuschauer in Begeisterung."
Aus einer zeitgenössischen Schilderung, in den Worten von damals:
In der 3. Runde zeigen die Uhren für Rosemeyer eine Rundenzeit von 9,56 – zum erstenmal ist die Schallmauer durchbrochen. Und ein Doppelsieg für die Auto-Union: Rosemeyer gewinnt vor Stuck. Vier der ersten sechs sind deutsche Autos.
Überboten wird dieser Rekord nur noch beim Großen Preis der Schweiz, wo Rosemeyer, Varzi und Stuck die Plätze 1, 2, und 3 belegen. Nur fünf Autos kommen ins Ziel, darunter vier Auto-Union.
Im großen „staatlichen Exportinteresse" startet die Auto-Union 1937 sogar bei zwei Rennen in Südafrika, als Handicap ausgeschrieben. Um die Sache spannend zu machen, müssen Rosemeyer und Delius als letzte starten.
Trotz mörderischer Hitze und reifenfressender Strecke in Kapstadt ein Doppelsieg: Ernst von Delius vor Rosemeyer, für Delius der größte Erfolg seiner Karriere.
In Berlin ist die neue Avus-Steilkurve fertiggestellt, das Avus-Rennen formelfrei ausgeschrieben. Dafür entwickelt die Auto-Union im Windkanal eine Karosserie, die wegen ihrer vollendeten Form überall grenzenlos bewundert wird, sagt Prof. Kirchberg stolz.
Und das Sensationelle: Die Karosserie wird bereits damals mittels Druckluft angehoben! Das Auto ist zwar sehr schnell, aber mit über 1000 Kilo Masse auch sehr schwer.
Hauptproblem daher: Die Reifen müssen öfter als sonst gewechselt werden.
Den Endlauf gewinnt Hermann Lang (Mercedes) hauchdünn vor drei Auto-Union.
Hans Stuck wirbt am 6. Juli 1937 beim Grand Prix von Rio für deutsche Technik. Es regnet in Strömen. Stuck führt unangefochten, bis er sicherheitshalber nachtankt – und verschenkt den Sieg an Pintacuda.

Das internationale Eifelrennen gewinnt wieder ganz sicher Rosemeyer – wer sonst? Und die Mechaniker von damals?
Originalton deutsche Wochenschau: „Jetzt hält auch Rosemeyer . . . aber er stellt den Motor nicht ab . . . Nach 25 Sekunden: weiter!"
Im ersten Rennjahr brauchen die Mechaniker für Reifenwechsel und Tanken von 200 Litern Sprit 1 Minute 30 Sekunden. Beim Eifelrennen 1937 schaffen sie es in einem Drittel der Zeit – absoluter Rekord.
Aber einmal geht alles schief – am Nürburgring. Als Manfred von Brauchitsch aus seinem brennenden Mercedes springt.
5. Juli 1937. Sporthistorisches Datum wie die Kämpfe von Max Schmeling in den USA; gegen Joe Louis oder Sharkey. Schmeling reist mit dem Zeppelin, Bernd Rosemeyer und Elly fahren mit dem Schiff, der „Bremen".
Zum erstenmal fahren deutsche Rennwagen um den Vanderbilt-Pokal bei New York. Rosemeyer gewinnt auch dieses Rennen nach sehr hartem Kampf. Die Fotos von damals – der völlig abgekämpfte Rosemeyer mit rußgeschwärztem Gesicht, weiß nur dort, wo die Brillen waren – leben in der Erinnerung weiter.
„Und das Lachen und die triumphale Geste, mit der er den Pokal emporstreckt, erscheinen heute noch als beispielhaft für die Pose eines glückstrahlenden Siegers . . ."
Auch der Nachwuchs bekommt seine Chance: Rudolf Hasse, ein Sportwagenfahrer, gewinnt in Spa seinen ersten Grand Prix. Zweiter Stuck, Dritter Lang. Siegerschnitt: mehr als 167 km/h!
Original-Siegerinterview von damals:
Reporter: „Rudolf Hasse, 1:0 für Sie – na, wie war's denn?"
Hasse: „Ach, es war eine fabelhafte Sache, als ich da vorn wegbrauste. Ich war eigentlich gar nicht dran, zu siegen. Als ich aber dann in der zweiten Halbzeit merkte, das reicht, hab' ich noch mehr draufgetan . . . ich hoff', das bald wieder zu machen."
Unschlagbar ist die Auto-Union mit ihrem Mittelmotorwagen bei Bergrennen wie am Kesselberg. Aber das tollste Ereignis: immer der Große Bergpreis von Deutschland am Schauinsland, wo die Rennidole besonders von der Jugend bestürmt werden.
1937 fährt man mit Doppelrädern auf der Hinterachse, um mehr Leistung auf den Boden zu bekommen – haben das später auch andere probiert?
Zwillingsräder hat es in der Formel I zwar nie gegeben, aber drei verschiedene Sechsrad-Autos. Das berühmteste: der Tyrrell P 34 mit den vier Vorderrädern, mit dem Jody Scheckter 1976 den Grand Prix von Schweden in Anderstorp gewinnt.
Die Idee, die dahintersteckt: mehr Sicherheit bei einem Reifenplatzer und mehr Grip im Regen, weil das erste Paar Vorderräder die Straße trocknet. Mit 7 Millionen Stück ist der P 34 lange das meistverkaufte Modellauto – bis zu Schumachers Benetton.

March und Williams experimentieren dagegen mit je zwei Hinterachsen. Aber der March funktioniert nie, der Williams mit vier schmalen, aerodynamisch günstigen Hinterreifen scheint vielversprechend, wird aber verboten: „Wenn Williams damit Erfolg hat, wären alle anderen gezwungen, das Auto nachzubauen – und das käme zu teuer", begründet die FIA.
Aber 1995, bei der traditionellen „Speed Week" in Goodwood, gewinnt der Sechsrad-Williams das jährliche Rennen der alten Formel-I-Boliden – gefahren von Jonathan Palmer.
Auch die Auseinandersetzungen zwischen Auto-Union und Mercedes werden härter. Die Untertürkheimer Rennwagen gewinnen an Leistung und Standfestigkeit. Aber die Auto-Union siegt weiter.
Oktober 1937: der berühmte Donington-Grand-Prix. Das letzte Rennen der 750-Kilo-Formel – und der letzte Sieg für Rosemeyer.
Mehr als ein halbes Jahrhundert später:
Als 1989 die Wende kommt, stürzt sich der große Historiker Prof. Peter Kirchberg leidenschaftlich in die Aufgabe, die Vergangenheit der Auto-Union zu retten.
Im sächsischen Staatsarchiv Dresden werden die Unterlagen der Auto-Union-Rennabteilung aufbewahrt – was noch vorhanden ist.
Prof. Kirchberg hat sie jahrelang studiert:
„Die Erfolgsbilanz der Auto-Union in der Zeit der 750-kg-Formel, also von 1934 bis 1937, ist beeindruckend. Prof. Eberan-Eberhorst hat ein Tableau über alle Placierungen der deutschen Rennwagen in dieser Zeit angefertigt. Als Farben wählt er grün für Daimler-Benz, rot für die Auto-Union. Das quantitative Verhältnis ist ausgeglichen. Qualitativ aber ergibt sich deutlich ein Vorsprung für die Auto-Union.

- Bei den Großen Preisen hat Mercedes mit 12 Siegen gegenüber 7 Siegen der Auto-Union die Nase vorn.
- Bei den Rundstreckenrennen ist die Bilanz umgekehrt: 12 Siege für die Auto-Union, zehn für Mercedes.
- Aber ganz eindeutig ist die Situation bei den Bergrennen: 13 Siegen steht ein einziger von Mercedes gegenüber."

Und die historischen Erkenntnisse, Prof. Kirchberg?
„Ganz sicher haben die Rennerfolge den Absatz belebt. 1938 trägt jedes vierte in Deutschland neu zugelassene Kraftfahrzeug die vier Ringe am Kühler."
Ein besonderes Kapitel: die Geschwindigkeits-Weltrekordfahrten, damals sehr beliebt und höchst publikumswirksam. Aber auch oft genug von Tragik umwittert. So ist es keinem gelungen, gleichzeitig „schnellster Mann auf dem Land und zu Wasser" zu sein. Die beiden Campbells, Vater und Sohn, kamen mit ihren „Bluebirds" ums Leben. Und als der englische Pelzhändler John Cobb, bereits Weltrekordhalter zu Lande, auch den Weltrekord zu Wasser wollte, explodierte sein Boot.

Und Wilhelm Herz faszinierte nach dem Krieg mit seinen NSU-Weltrekordfahrten auf den sogenanntenn „Bonneville Flats", auf dem Salzsee von Utah, USA.
Mercedes und die Auto-Union duellieren sich auf der Autobahn Frankfurt–Darmstadt.
Aus damaliger Sicht:
„In diesen Wachstums- und Reifejahren des Automobils handelt es sich dabei nicht um Spektakel – auch wenn der Werbeeffekt unübersehbar ist. Sondern vor allem um die Möglichkeit, angesichts damals noch völlig ungenügender Hilfsmittel zur Simulation von Fahrzuständen die Grenzwerte im praktischen Fahrbetrieb zu testen."
1935 stellt Stuck in der Nähe der italienischen Stadt Lucca weitere Rekorde auf.
Oktober 1937: Zum erstenmal eine „Rekordwoche" in Deutschland, Auto-Union gewinnt die Prestigeschlacht gegen Mercedes, Rosemeyer sein Duell mit Caracciola jenseits von 400 km/h.
Bernd Rosemeyer ist der erste, der die 400-km/h-Grenze auf einer normalen Straße übertrifft. Mit der Vollstromlinienkarosserie, von Prof. Eberan-Eberhorst und Porsche-Aerodynamikern entwickelt.
Aber fast noch gigantischer: Rosemeyers Weltrekord über einen Kilometer mit stehendem Start, weil es dabei auf die maximale Beschleunigung und damit natürlich auf die Feinfühligkeit des Fahrers im Umgang mit dem Gaspedal und die richtige Wahl des Schaltzeitpunktes ankommt.
28. Januar 1938, der Schicksalstag. Morgens fährt Caracciola 432 km/h. Dann geht Rosemeyer auf die Meßstrecke. Rechnerisch kann sein Wagen 440 km/h erreichen. Wirklich ist er auf der Hinfahrt um einen Kilometer schneller als Caracciola.
Was auf der Rückfahrt passiert, steht in allen historischen Sportbüchern, die die Funkmeldungen der Streckenposten festhalten:
    km 0,5 – durch
    km 1   – durch
    km 1,5 – durch
    km   – der Wagen ist verunglückt
Auf der Rückfahrt kommt der Wagen von der Bahn und überschlägt sich. Rosemeyer ist auf der Stelle tot.
Danach hat sich die Auto-Union nie wieder an Rekordfahrten beteiligt.
Nach Rosemeyers Tod verpflichtet die Auto-Union den Italiener Tazio Nuvolari. Hans Stuck, Rudolf Hasse und H. P. Müller komplettieren die Mannschaft.
Dem setzt Mercedes sein größtes Team aller Zeiten entgegen: Caracciola, von Brauchitsch, Lang und den Engländer Dick Seaman.
Ohne Rosemeyer fällt Auto-Union hinter Mercedes zurück: „Zu spät hat man mit der Entwicklung des neuen Wagens begonnen", weiß man heute.
1938 gilt eine neue Formel: Erstmals wird unterschieden zwischen aufgeladenem Kompressor und Saugmotoren. Weil der Vertrag mit Porsche Ende 1937

nicht mehr erneuert wurde, ist nun Eberan-Eberhorst verantwortlich. Er baut einen 12-Zylinder-Motor, dessen Blöcke in 60 Grad angeordnet sind. Zur Ventilsteuerung dienen (statt bisher einer) drei Nockenwellen, was den Motor drehfreudiger macht.

Statt der Maximal- wird eine Minimalmarke vorgeschrieben: bei den 3-Liter-Kompressorwagen 850 kg ohne Wasser, Öl, Kraftstoff und Fahrer. Neu am Fahrwerk ist vor allem die Hinterachse: Statt der Pendelachse jetzt eine De-Dion-Achse. Der Tank ist jetzt nicht mehr hinten, sondern seitlich vom Fahrer angeordnet – womit der Wagen um 17 cm kürzer wird. Der Fahrer sitzt jetzt nicht mehr so extrem vorn, sondern mehr in Wagenmitte.

So kämpft sich die Auto-Union aus aussichtsloser Position zurück. Nach Rosemeyers Unglück hat jetzt Nuvolari das Banner gepackt – und gewinnt in der Schweiz.

Der europäische Kodak-Repräsentant George Monkhouse ermöglicht die allerersten Farbaufnahmen von Autorennen.

In Reims fängt Schorsch Meiers Auto Feuer. „Ich werde herausgezerrt, steig' aber schnell wieder ein und fahr' trotz meiner Brandwunden weiter – und werde noch Zweiter hinter H. P. Müller."

Man begreift, warum man den urwüchsigen Bayern immer „den Gußeisernen" genannt hat.

Der Typ D ist die letzte Entwicklungsstufe des sagenhaften Auto-Union-Rennwagens. Für 1939 erhält der Motor einen Doppelkompressor für noch bessere Zylinderfüllung. Die Leistung steigt auf fast 500 PS – beinahe schon wieder soviel wie 1937, als die doppelt so großen Motoren an ihre Leistungsgrenze gestoßen sind.

3. September 1939. Der letzte Start der Kompressor-Boliden, Tazio Nuvolari verwandelt ihn zum Sieg.

Der letzte Kampf der Silberpfeile. Von nun an sind sie Geschichte. Ihre Rennen sind Vergangenheit. Ihre Legende beginnt.

Prof. Kirchberg, Ihr Schlußwort:

„Im Museum kann man die Rennwagen von damals als Beispiel für Meisterwerke bewundern. Aber darin eingeschlossen ist auch unsere Achtung vor den Menschen, die diese Meisterwerke ersannen, bauten und fuhren. Auch sie vollbrachten diese Spitzenleistungen. Beides gehört zusammen – das ist heute nicht anders. Und so sind die Wagen unversehens zum Denkmal geworden, die ihren Zauber bewahrt haben. Den man besonders dann spürt, wenn sie sich wieder auf der Straße bewegen und dabei jenen Sound hören lassen, der in überraschend dunkler, aber kerniger Tonlage damals Millionen Menschen erregt hat."

Schlußmusik, Schlußinsert, the end.

Ein halbes Jahrhundert später klettert Hans-Joachim Stuck in den legendären „Silberpfeil" seines Vaters: als Audi 1990 auf die großen deutschen Renn-

strecken zurückgekehrt. „Strietzel", der Sohn, gewinnt auf einem Audi-V-8-Quattro die deutsche Tourenwagenmeisterschaft 1990.
Und blickt zurück, im Cockpit seines Vaters:
„Jetzt wird mir noch mehr bewußt, welche Helden das früher waren. Die hatten ja keine Lenkhilfen, keine Servobremsen, die Autos hatten abenteuerliche Straßenlage. Eine unglaubliche Power, man konnte ja teilweise bis zum 4. Gang kein Vollgas geben, wegen der schlechten Reifen, die sie hatten. Keine Sicherheitszone, keine Überrollbügel, keine gescheiten Helme, es gab keine Kühlweste, keine Mineraldrinks, gar nix – und trotzdem fuhren sie am Nürburgring 500-Kilometer-Distanzen. Für mich unvorstellbar!
Genausowenig, wie man mit einem Jumbo auf einer Graspiste landen kann, könnte man heute mit diesen Rennwagen fahren.
Und der Fortschritt, der da gemacht wurde, ist gewaltig. Mein Vater hat sicher immer gedacht: Nächstes Jahr kann es nicht mehr viel weitergehen, weil es das Optimum ist. Denken wir heute auch – und trotzdem geht es immer weiter."
1992, genau 53 Jahre nach dem letzten Sieg der Auto-Union-Silberpfeile, gehen die Audi-V-8-Quattro wieder in Silberfarben an den Start, verbinden Kontinuität und Tradition einer großen Rennsportgeschichte im Zeichen der vier Ringe.
Wie Mercedes im Zeichen des Dreizacks – aber in der Formel I.

Dort, wo der Motorsport schon immer am meisten Stil und Tradition hatte, feiert Manfred von Brauchitsch, der letzte der Titanen, am 15. August 1995 („wie Napoleon") seinen 90. Geburtstag: im Mercedes-Museum in Untertürkheim.
Mit einer bemerkenswerten Rede, in der er das Gestern mit dem Heute vergleicht. Und große Sprüche klopft. Ehrlich und fast poetisch.
„Erst einmal waren wir ganz andere Menschen. Denn wir stammten aus einer ganz anderen Zeit, hatten ganz andere Auffassungen vom Leben und daher auch von unserem Verhältnis zum Auto. Auch zum Kampf in diesem Auto. Und auch ein vollkommen anderes Verhältnis zu den Menschen, die diese Autos hergestellt haben.
Das war fast wie ein heiliges Land, wir hatten vor diesen Apparaten eine Hochachtung, und wir wollten uns verneigen davor. Weil das unglaublich war, daß man so etwas hergestellt hatte. Also, dieses innige Verhältnis zu dieser Firma mit dem Stern war für mich ein ungeheurer Antrieb, Leistung zu bringen. Und die Leistung kommt ja nur über den Kopf zu einer Einstellung des Mutes, mit dem Apparat etwas zu machen.
Und ich hatte von Anfang an sehr viel Mut. Ich hab' den Verstand zum Mut gefunden und später etwas erkannt: ein ganz sonderbares Gefühl zu diesem Apparat. Und so bin ich auch gefahren. So gefährlich es war, um so schöner fand ich das.
Es ist ein tolles Gefühl, das sich ein normaler Fußlatscher gar nicht vorstellen kann. In so einem kleinen Kasten zu sitzen und mit 180 km/h auf dem Nürburgring in die Fuchsröhre runterzustoßen. Und immer wieder zu versuchen, in dem

kleinen Knick, der da drin ist, bei voller Geschwindigkeit den Fuß draufzulassen – bis man es erreicht hat. Man war zwar halb draußen, aber die Selbstbefriedigung war wunderbar.
Deswegen verstehe ich auch diese Toreros, die in der großen Arena stehen und etwas erleben, was die anderen Menschen gar nicht erleben können. Diesen Sieg über sich selbst – vor dem Stier zu stehen und dann erst den Stich zum Sieg in das Herz des Stieres.
Diese Empfindung kann man nicht käuflich erwerben. Sondern das ist etwas, das über einen kommt. Denn wenn Sie ein normales Gesäß haben, wenn Sie mit einem normalen Hintern in Ihrem Auto sitzen und annähernd 400 km/h fahren – da wär Ihr kleiner, großer, breiter, starker Popo nur noch so groß wie eine Stecknadel. Da zieht sich bei Ihnen alles zusammen. Aber das Gefühl zu haben: Ich bin beschützt, denn ich sitze ja in einem Apparat, der mir jede Sicherheit gibt – das ist eine Wolke auf Rädern.
Und so habe ich mein Leben über elf Jahre lang betrieben. Und ich möchte sagen: Die Verhältnisse – ich möchte dieses häßliche Wort gar nicht erwähnen – des gegenseitigen Totschlags haben mich sicher vor dem nächsten Sturz bewahrt, indem ich eben keine Rennen mehr fahren konnte.
Aber ich weiß, wie es war. Und ich bin sehr, sehr dankbar, daß ich hier heute bei euch sitze, daß ich diesen Bombenwagen, diesen schreienden, brüllenden Kompressorwagen links neben mir stehen sehe. Und in diesem Museum stehen süße, kleine neue Apparate, die sich anbiedern. Das ist genauso, als würden Sie meine Großmutter nehmen mit ihrem langen Kleid – und heute hat jemand wirklich schicke Beine und zeigt sie bis zur Mitte des Oberschenkels. So ist das. Und deswegen freue ich mich, lache und bin immer guter Dinge. Und freue mich und danke, daß ich hier sein kann."
Alfred Neubauer war der Erfinder der Stallregie. Heute gibt es außer Boxensignalen längst den Boxenfunk. Eifersüchtig, Herr von Brauchitsch?
„Ja, das gehört zu meinen Neidmotiven unseren heutigen Rennfahrern gegenüber. Unsere kleinen Zettelchen, unsere kleinen, niedlichen Tafeln, die herausgezeigt wurden, die sind natürlich – gegen das, was man heute sieht und was heute mit den Fahrern gemacht wird – zur Unterstützung ihrer Orientierung zwei Paar Stiefel.
Und der dicke Neubauer, der aß gerne, da habe ich mich gerne angeschlossen, und der hat gerne viel getrunken und noch etwas mehr, wie seine zwei Zentner ohne Knochen ja auch beweisen. Und sogar der war irgendwie mit uns gar nicht so verbunden, wie das heute über die Technik ist.
Heute aber sitzen die Herren in ihren Boliden, in ihren wunderbaren Zementschüsseln, mit lauter Knöpfchen und Knöpfen, mit Drücken und Abdrücken und Zudrücken, und Schalten und Nichtschalten. Die haben ja auch eine ganz andere Sicht, wenn da Riesentafeln rausgehalten werden, abgesehen davon, daß sie ja verbunden sind über ihren Sturzhelm.

Denn wir hatten ja solche Apparate gar nicht: Wir hatten ein kleines Stoffläppchen auf dem Kopf mit dem kleinen Festhalter unter dem Kinn, um einigermaßen mit dem Krach fertig zu werden, haben wir uns – fast wie mit einem kleinen Meißel – wie ein Uhrmacher das Oropax in die Ohren geklopft.
Das haben Sie heute alles nicht. Die Herrschaften sind ja verbunden mit ihrer Box, und die sagen: Manfred, ein bißchen schneller, Manfred, du fährst zu schnell, Manfred, du brauchst nicht so schnell fahren, Manfred, schone den Motor, Manfred, du hast 33 Sekunden Vorsprung vor dem nächsten.
Na, meinen Sie nicht, daß das wunderbar ist? Wenn Sie da in der Klamotte drinsitzen und Sie hören von Leuten mit einer ausgeruhten, netten, freundlichen Stimme? Die werden ja nicht angebrüllt wie von einem Unteroffizier auf einem Kasernenhof.
Also, das ist ein Punkt, der überhaupt nicht vergleichbar ist mit unserer Fahrerei. Und erst die Straßen und die Reifen! Ja meinen Sie denn, da hat sich ein Unternehmer darum gekümmert, wenn irgendwie auf der Straße ein paar Rillen sind? Jetzt sagt der Ansager: ‚Oh, da poltern die Räder, die Räder poltern, die springen.' Ich hab' mir ja überlegt, ob ich nicht ein Bild herbringe, wo ich mit 170 km/h exakt schön – sogar für Halbblinde zu erkennen – so hoch mit allen vier Rädern in der Luft bin.
Und nicht eine Distanz, wo man nach eineinhalb Stunden aussteigen kann, nicht nach 300, sondern erst nach 500 km.
Große Scheiße wird es erst, wenn Sie den Rest Ihrer Kraft zusammennehmen, wenn die Fehler kommen, weil Sie kaputt, müde und schwach sind. Bis dahin sind unsere Herrschaften heute schon ausgestiegen. Und haben nicht mal ein einziges Schweißkörnchen auf der Stirn.
Aber deswegen können sie auch irgendwie rausfliegen. Und die Leistung eines Schumacher ist zu bewundern: Der fährt schnell, der fährt gut, der fährt unerhört gut. Und zu viele in dem heutigen Feld fahren wie die Nachtwächter."
Wen lassen wir Manfred von Brauchitsch antworten? Am besten Jochen Mass, der zwar nicht das Vorgestern kennt, aber das Gestern und Heute: Grand-Prix-Sieger auf McLaren, nach WM-Punkten der erfolgreichste Sportwagenpilot aller Zeiten – und „Fahrlehrer" für die Mercedes-Youngster Schumacher, Frentzen und Wendlinger im Sportwagen.
Direkter Vergleich der Autos, der Fahrer, Jochen?
„Die Leistungen kann man gar nicht hoch genug einschätzen. 500 km in diesen Autos in Monaco sind einfach unvorstellbar. Heute, durch diese enorme Querbeschleunigungen, ist die physische Belastung auch extrem hoch. $1^1/_2$ oder 2 Stunden in Monte Carlo im Grenzbereich herumzufahren mit dieser hohen Querbeschleunigung von $2^1/_2$ bis 3 G oder sogar noch höher – diese enorme Bremsverzögerung erfordert einen Grad an Fitneß, den man vielleicht früher in der Form nicht brauchte.
Aber man brauchte damals andere Voraussetzungen, eine andere Einstellung.

Das sind Sachen, die man eigentlich nur nachvollziehen kann, wenn man sie einmal selber getan hat. Wir haben ja manchmal die Möglichkeit, Leute in diesen Sportwagen mitzunehmen, die ich noch vor relativ kurzer Zeit gefahren habe. Und was die alle immer am meisten beeindruckt: gar nicht so sehr die Geschwindigkeit. Wir fuhren auch in Le Mans auf dieser Geraden, einer relativ schmalen Straße, 400 km/h, und das ist flink. Aber auch daran gewöhnt man sich relativ schnell.

Es ist diese unglaubliche Verzögerung, diese hohe Kurvengeschwindigkeit, das Anfahren der Kurven, was die Leute völlig fertigmacht, die neben dir sitzen. Die können einfach nicht glauben, daß man, wenn man die Kurve schon vor sich hat, noch einmal hochschaltet in den 6. Gang und immer noch Gas gibt. Und da werden sie schon ganz lang hinten und treten alle nach vorne, weil sie bremsen wollen. Dann kommt diese unglaubliche Verzögerung, wo es die Backen nach vorne zieht, mit diesen Kohlebremsen – und dann diese Kurven!

Das sind Dinge, die man eben mal miterleben muß. Es ist wichtig, daß man das vielleicht ein bißchen mehr rüberbringen kann. Aber Hut ab vor den Generationen damals, in der Mitte und jetzt. Die Faszination bleibt die gleiche. Die Voraussetzungen sind die gleichen, und das Auseinandersetzen mit dem, was man tut, hat sich nicht geändert.

Technisch ist natürlich vieles anders gelagert, aber schwerer hatten es die Rennfahrer damals, ohne Zweifel. Weil ihre Autos gefährlicher waren, jedes Jahr starben viele Männer – und daher hatte man eine andere Lebensphilosophie, die vielleicht sogar irgendwo ein bißchen ehrlicher war."

Frau Rosemeyer erzählt

Drei Anrufe, bei den richtigen Leuten, dann wußte ich ihre Adresse. Ein höflicher Brief, darauf ihre herzliche Antwort. Mit gedrucktem Briefkopf „Elly Beinhorn" und daneben, maschinegetippt, „Rosemeyer".
„Sie können mich gerne besuchen, vor Ostern plane ich ohnehin keine größeren Reisen."
Keine größeren Reisen: Die Dame wird 89!
„Ach, wissen Sie, was?" schlägt sie vor, als wir telefonieren. „Kommen Sie gleich morgen nach München, da ist meine Sekretärin nicht da. In meinem Alter weiß man ja nie..."
Ein helles, freundliches Wohnhaus in einem Münchner Vorort. Nachbar: ein Herr Schumacher, „der fährt auch flotte Autos".
Und Sie, gnädige Frau?
„Ja, natürlich. Und was wohl? Einen Audi 80, natürlich, gekauft, aber neulich hat man mir ein Service gratis gemacht. Mein letztes Auto. Aber ich bin jederzeit bereit, einen Reaktionstest zu machen – weil ich das weiß. Aber irgendwann kommt der Moment..."
Die sagenhafte Elly Beinhorn-Rosemeyer: Was für eine tolle Frau! Heute würde man sagen: Powerfrau. Fliegt – bald nach Charles Lindberghs Atlantiküberquerung – allein um die Welt, als die Fliegerei noch eine Macho-Angelegenheit der Männer ist. Schafft drei Kontinente an einem Tag. Fliegt mit ihrem Mann, dem berühmten Rennfahrer, mit einem einmotorigen Flugzeug zum Grand Prix nach Südafrika.
Vor 60 Jahren. Heute sind wir begeistert, wenn Piquet mit seinem Privatjet nach Kanada fliegt oder Berger nach Japan und Australien.
Ein Wandverbau mit ein paar Fliegerpokalen, Sternflug nach Wels etc. An den Wänden: Afrikasouvenirs, viele Fotos, fröhliche Zeichnungen. Elly Beinhorn und ihr Mann in Kunstflugmaschinen, sie normal, er im Rückenflug, Küßchen in der Luft.
Und die vielen Rennpokale? „Hat im Krieg ein russischer Offizier mit vorgehaltener Pistole aus dem Tresor in Berlin geholt. Und den Vanderbilt-Pokal hat Bernd junior."
Rennwagen-Europameister und berühmte Fliegerin: Was für eine perfekte Partnerschaft, eine Superbeziehung muß das gewesen sein. Harmonie, gleiche Wellenlänge, so kurz ihr Glück auch gewesen war.
Unvergessen, nicht nur in den dreißiger Jahren, sondern bis heute.
„Viele Fans, besonders ältere Menschen, schicken mir heute noch alten Kram von früher und denken, daß sie mich ungeheuer erfreuen. Tun sie gar nicht. Die Wohnung ist schon so vollgestopft, aber ich mag eben nicht nochmals umziehen."

Ein gemütliches Zuhause, aber kein Rosemeyer-Museum. Auf dem Couchtisch liegt mein Jochen-Rindt-Buch. Daneben ein Schumacher-Interview aus einer Münchner Zeitung. „Hab' ich Ihnen ausgeschnitten. Interessiert Sie vielleicht. Und Bernd junior läßt grüßen."
Dr. Bernd Rosemeyer, der Sohn des 1938 verunglückten, damals weltbesten Rennfahrers, ist leitender Chirurg in einer orthopädischen Klinik. Und hat genauso zwei Kinder wie Steffi, ihre Tochter aus zweiter Ehe: Physiotherapeutin, selber mit einem Arzt verheiratet.
Elly Beinhorn hat vier Enkelkinder, ein fünftes ist mit zwei Jahren gestorben. „Und das wird eine Mutter ja nie los. Der Rosemeyer heißt natürlich Bernd, das ist also Nummer drei."
Elly Beinhorn mit 89: eine nette Omi wie Millionen andere.
Das letzte Mal bei einem Autorennen war sie „wahrscheinlich vor 30, 40 Jahren auf dem Nürburgring. Weil das Leben ja ewig weitergeht, dauernd neue Dinge passieren. Jetzt haben wir die Dinge mit den Enkelkindern, ihre Liebesgeschichten, was weiß ich. Meine Tage sind so ausgefüllt, daß ich gar keine Zeit habe, lang in der Vergangenheit rumzuwüten."
Mit beiden Beinen in der Gegenwart: „Ich fahr' Rad, mach' drei mal dreißig Minuten Bewegung pro Tag. Früher war ich gern Ski laufen. Das ist alles ein bißchen traurig, läßt sich aber nicht ändern: daß man diese Sachen nacheinander alle ein bißchen einschränken muß. Erst habe ich die Abfahrtslauferei aufgegeben, jetzt auch das Langlaufen, weil das Krabbeln beim Aufstehen ... Alles hat seine Zeit."
Enkel Felix, ein Jusstudent, klingelt und holt sich sein Taschengeld ab – für den Ferienflug nach Mombasa.
Und für Elly Beinhorn lebt für ein paar Stunden die Vergangenheit wieder auf. Je mehr und je öfter sie von damals erzählt, um so lebhafter wird ihre Stimme, das Leuchten in ihren Augen.
Haben Sie jemals, frag' ich, einen Rennfahrer gesehen, der Sie an Bernd Rosemeyer erinnert hat? Im Aussehen, Auftreten oder im Fahren?
„Der erste, der mir so vorkommt, ist Jochen Rindt. Der hatte sehr viel Ähnlichkeit mit Bernd. Er war spontan, heiter – die waren heiter, was es ja heute kaum noch gibt, im Fahrerlager. Schlagfertig und mit sehr viel persönlichem Charisma – das schöne deutsche Wort, das ich schwer übersetzen kann. Und genauso sinnlos wie der Tod von Bernd war der Tod von Jochen Rindt."
Jochen, als Erbe der Gewürzmühle Klein & Rindt in Mainz geboren, hat bei einem Bombenangriff auf Hamburg seine Eltern verloren, ist bei der Großmutter in Graz aufgewachsen, hatte immer einen deutschen Paß – aber eine österreichische Lizenz. Er war der erste deutschsprachige Formel-I-Weltmeister und der erste posthume Champion dieses Sports: 1970, neun Jahre nach Wolfgang Graf Berghe von Trips, in Monza verunglückt.
Was hat Rosemeyer, den Rennfahrer, so gut gemacht?

Elly Beinhorn springt mühelos um 60 Jahre zurück: „Der hatte natürlich auch eine Vorgeschichte wie Schumacher: daß er aus einem Autobetrieb kam, väterlicherseits, schon in frühester Jugend ein Motorrad bekam, mit dem er da, auf dem Marktplatz, im Sattel stehend, seine Runden fuhr ... Der hatte also, genau wie Schumacher, dieses ganz feine Gefühl, das man vielleicht wirklich nur dann bekommt, wenn man es schon in der Jugend erlebt."
Wie Go-Kart oder Motorräder oder Mopedrennen oder Eisrennen – die Rennfahrer von heute werden ja immer jünger.
Und berühmt, wie Rosemeyer seinen ersten Start auf der Berliner Avus erzwungen hat: indem er seinem Rennleiter tagelang, mit Riesenbuchstaben auf einer Tafel, genervt hat: „Wird Rosemeyer auf der Avus fahren?" Nach einer Woche kapitulierte Rennleiter Dr. Feuereissen ...
„Genau wie der Jochen Rindt", vergleicht Elly Beinhorn.
In den ersten Rosemeyer-Büchern wird Ihr Mann stark heroisiert, war er wirklich so ein strahlender Held?
„Bernd? War strahlend, auf jeden Fall. Er hatte auch alles bekommen, alles erreicht. Ich komm' immer wieder auf Parallelen zurück. Ich glaub', daß er, genau wie Rindt, seinen letzten Pfennig geopfert hätte, um auf dem schnellsten Wagen der Welt zu sitzen – wenn er keinen Vertrag bekommen hätte."
Bernd Rosemeyer hatte, erfahre ich, ein Grundgehalt von 2000 Mark im Monat. Und ein Dienstauto: den 5-Liter-Horch, „die berühmte Manuela. Kostete damals 30.000 Mark. Aber ein gefährliches Auto. Fing mit 130 km/h zu schwimmen an. Da war schon der kleine Bernd unterwegs, und ich bat den großen Bernd: ‚Bitte, fahr langsam . . . mein Sohn . . .'"
„Ach ja, entschuldige." Und im Nu war Rosemeyer schon wieder auf 130.
Die Siegesprämien von damals?
„Weiß ich nicht mehr so genau. Aber eigentlich lächerliche Gelder, die wir damals eingestrichen haben." Elly Beinhorn erzählt vom berühmten Vanderbilt-Pokal in New York. „War das eine Weltaufregung! Hat sich bis zu den Frauen auf dem Markt ausgedehnt, wo ich eingekauft hab': daß der Große Preis von Amerika damals 50.000 Mark wert war. Und davon mußte Bernd 50 Prozent an die Auto-Union abliefern, weil die gesagt hatten: ‚Gut, wir übernehmen die Transportkosten – aber wenn du gewinnst, kriegen wir 25.000 Mark.'"
Das beste, spannendste, aufregendste Rennen?
„Das Eifelrennen im Nebel. Ich hab' es ja miterlebt. Und ich glaub', daß das auch Schumacher hat – und vielleicht auch Rindt gehabt hat: dieses überdurchschnittlich gute Sehen."
Angeblich hat Rudolf Caracciola seine Brillen vor dem Start immer mit Asche eingerieben, damit die Regentropfen abrinnen.
Elly Beinhorn glaubt anderes: „Der Bernd und auch der Schumacher haben irgendwie einen Winkel, die sehen bei Nebel besser und überhaupt weiter als andere Menschen."

Einmal sagt Elly zu Bernd, weil er viel zu schnell durch den Nebel rast: „Ich bin nicht lebensmüde, steig auf die Bremse."
Rosemeyer, verwundert: „Wieso, ich seh' doch alles?"
„Red keinen Blödsinn", ärgert sich Elly, „bei diesem Tempo siehst du überhaupt nichts."
„Doch", beharrt Bernd. „Ich seh' den Radfahrer dort vorne."
Elly sieht keinen – aber später kommt er doch, der Radfahrer.
Und darum glaubt sie, „daß Schumacher, über seine fahrerische Begabung und sein Training von Jugend an hinaus, auch noch die eine oder andere Naturveranlagung mitbringt: eine Art Über-Sehen."
Rosemeyers Protege war Ernst von Delius, sein bester Rennfahrerkamerad Tazio Nuvolari, sein größter Gegner Rudolf Caracciola.
„Nuvolari war der erste, der ausstieg, um Bernd sein Auto abzutreten – dabei war er selber ein Klassefahrer der allerersten Kategorie."
Von Caracciola wurde Rosemeyer beim Grand Prix der Schweiz, wo es fast um Leben oder Tod ging, immer wieder blockiert. Wie schon bei anderen Rennen – ehe dann der große Krach da war. Nachher, im Hotelfahrstuhl, prallten Bernd und „Carratsch" aufeinander.
„Mir war das schrecklich peinlich", erinnert sich Elly Beinhorn.
Und wie haben die beiden miteinander gestritten?
„Die waren per Sie . . ."
Es dauert lange, bis Elly Beinhorn über das Unglück spricht. Zuerst über Bernd Rosemeyer privat, den sie bei der Siegerehrung in Brünn kennengelernt hat. Wie war er, der berühmte Rennfahrer?
„Perfekt war es nicht von Anfang an, und ich muß sagen: Als wir geheiratet haben, war ich keineswegs überzeugt, daß es auf die Dauer ein Erfolg wird. Erstens war Bernd, damals unmöglich, nur zwei Jahre älter als ich. Aber interessant: In dem Moment, als wir verheiratet waren, er wußte, jetzt ist der Fall klar, hatte er einen so wahnsinnigen Sprung in jeder Beziehung gemacht, wie er auch soviel völlig spielerisch aufgeholt hat – bildungsmäßig und Sprachen. In kürzester Zeit konnte er wesentlich besser Italienisch als ich. Er war eben, das habe ich sofort gemerkt, eine absolut souveräne Persönlichkeit mit heiterer Selbstverständlichkeit, ohne daß es ihm überhaupt bewußt war. Und das war eben das einmalige an dieser Verbindung."
Das Tollste, das Sie je mit ihm erlebt haben? Der Afrikaflug?
„Nein, das Tollste war, wie Bernd junior auf die Welt gekommen ist. Ich war ja immerhin schon 29, als wir geheiratet haben. Und Bernds Eltern wäre ein kleines katholisches Mädchen lieber gewesen als ich – evangelisch. Wir hatten vorher ausgemacht: Ich kann keine Kinder katholisch erziehen, tu' das gerne selber – dem hat Bernd ohne weiteres zugestimmt. Obwohl es ihm am Tag der Taufe vom kleinen Bernd schwergefallen ist. Das sitzt ja sehr tief drin."
Und ihr Schwiegervater Rosemeyer hat ihr noch einen Brief hinterlassen, den sie

erst nach seinem Tod bekommen hat: „Er bat mich, Bernd junior nichts in den Weg zu legen, den Weg zum Himmel zu finden."
Es gibt viele berühmte Geschichten über Bernd Rosemeyer. Eine der besten: wie er mit einem Sportflugzeug – unmittelbar vor Trainingsbeginn – direkt auf der Start-Ziel-Geraden auf dem Nürburgring gelandet ist.
Um Ihnen, frage ich, zu imponieren?
Elly Beinhorn, fast entrüstet: „Das hat er gar nicht nötig gehabt. Nein, er war in allen persönlichen Dingen so souverän und hat auch gar nicht darüber nachgedacht. Das war alles mit heiterer Selbstverständlichkeit – und das hat mich an ihm so fasziniert. Andere Männer haben immer überlegt: ,Mach' ich das richtig, soll ich das so oder so' – das kam für Bernd von Anfang an gar nicht in Frage."
Rosemeyer als Flieger – ein halbes Jahrhundert vor Niki Lauda?
„Gut, aber für mein Gefühl nicht ungefährdet, weil er seine ganze Erfahrung und Reaktion einbringen wollte – aber unter anderen Voraussetzungen. Die Fliegerei ist anders. Aber er hatte ja dann sein eigenes Flugzeug, es sich wie ein Jagdflugzeug eingerichtet, mit Klemmzug, so alles abgedeckt, ein bißchen äußerlich frisiert."
Sport als Konditionstraining?
„Darüber mußte er gar nicht nachdenken. Er tat alles spielerisch, wie er Lust hatte, er war in allem echt souverän."
Der Star am Himmel und der Star auf der Rennbahn: das Traumpaar in Berlin und Deutschland der dreißiger Jahre. Auch für die große Propaganda? Man versucht alles, Rosemeyer in Uniform zu stecken und seine Frau in die Partei zu locken: „Es ist unmöglich, daß Sie als Elly Beinhorn nicht bei der Partei sind."
„Das müssen Sie sich jetzt aber gut überlegen", kontert die Fliegerin. „Weil man in der ganzen Welt weiß, daß ich mit nationaler Politik überhaupt nichts am Hut hab', nichts davon versteh'. Und wenn ich heute als Parteimitglied auftrete, weiß jeder Mensch da draußen, daß man mich dazu gezwungen hat!"
Auch Rosemeyer wird (vergeblich) nahegelegt, SS-Mitglied zu werden. Als Motorsportler gehört er dem Reiterverein Lingen an, daraus wird die Reitervereinigung, der Reitersturm, die Reiter-SS.
„Bernd wird nach jedem Rennen automatisch befördert, nach jedem Sieg. Zum Schluß ist er im Rang eines Majors. Aber nie in Uniform, wenn er irgendwo erscheinen muß. Darum kriegen wir immer eine auf den Deckel, können uns das aber natürlich leisten – während andere mit Rücksicht auf Familien- und Sippenhaftung endlos mitmachen müssen."
Max Schmeling, der Boxweltmeister, wird später im Krieg Fallschirmjäger. Von der Rosemeyer-Biographie sollen 300.000 Bücher an die kämpfenden Truppen verteilt werden – zur Aufmunterung.
Elly Beinhorn: „Ich hätte mich später, im Krieg, wenn es irgendwelche Ungerechtigkeiten gab, auch gern auf den Marktplatz gestellt und gesagt: ,Alles erlo-

gen.' Konnte ich aber nicht – mit Rücksicht auf meine alten Eltern. Darum halte ich dann auch den Mund."

Aber es war die Zeit der Staubkappenfahrer und Heldentode im Grand-Prix-Sport: Rennwagen zerschellten an Bäumen, fingen Feuer.

Haben Sie, frage ich, je Angst um ihn gehabt?

„Ach Gott, die Angst. Keine übertriebene. Nein, ich war überzeugt, daß der Bernd schon irgendwie durchkommt. Schon so viele Dinge waren passiert: daß er rausgeflogen, mit hoher Geschwindigkeit über eine Wiese gefahren war – er hat das immer mit leichter Hand geschafft."

Auch Bernd Rosemeyer hatte weder Angst noch Vorahnungen, erzählt Elly Beinhorn: „Wir waren eigentlich alle überzeugt, daß er so irgendwie einen Schutzengel hatte – wie immer Sie es nennen wollen. Nein, wir haben nie unter Todesahnung gestanden."

Aber genauso, wie Jochen Rindt „mit 30 aufhören wollte, bevor ich ausgebrannt bin", wie Jim Clark sich mit 32 zurückziehen wollte, hatte auch Bernd Rosemeyer mit Elly schon gewisse Pläne. „Irgendwo doch im technischen Bereich. Damit war er ja aufgewachsen. Und wir hatten auch geplant, daß er noch zwei Jahre Rennen fährt – und dann 1940 auf einen leitenden technischen Posten in der Auto-Union kommt. Vielleicht auch als Rennleiter. Oder es hätte sich eine Auslandsrepräsentation gefunden."

Hat Bernd Rosemeyer doch geahnt, daß die Uhr ablaufen, die Zeit zu kurz werden könnte? Genügten ihm seine Erfolge? Oder schien die Gefahr doch zu groß?

„Nein", dementiert Elly Beinhorn. „Alles war so irgendwie erfüllt. Und wir wollten ja dann auch ein Leben mit der Familie: noch ein oder zwei Kinder, ein geregeltes Leben, nicht jedes Wochenende in einem anderen Land, auf einem anderen Kontinent."

Denn Rosemeyer hat in kurzer Zeit sein Wissen toll erweitert: „Viel gelesen, vor allem über historische Persönlichkeiten und die Reisen von Entdeckern. Das hat ihn alles sehr interessiert."

Ein Vorstoß ins Unbekannte waren damals die Geschwindigkeits-Weltrekordfahrten auf einer ganz normalen Verkehrsstraße – der Autobahn Frankfurt–Darmstadt.

Bernd Rosemeyers Tod am 28. Februar 1938 – und das macht alles noch trauriger – hat politische Hintergründe.

„So überflüssig wie der Tod von Rindt, so sinnlos ist der Tod von Rosemeyer", weiß Elly Beinhorn nicht erst seit heute. „Weil damals von der ONS ein Abkommen getroffen war, wenn die Geschwindigkeitsweltrekorde in deutscher Hand sind, werden sie von Deutschen nicht mehr angegriffen!"

Und Rosemeyer hält seit Oktober 1937 mit 430 km/h den Weltrekord.

„Aber Mercedes hatte immer die besseren Beziehungen zur damaligen Regierung, die sie auch unterstützt – während sich die Auto-Union da zurückhält. Und Mercedes erreicht wirklich, daß dieses Abkommen durchbrochen wird."

Der Grund? Mercedes findet im Windkanal eine neue Kühlvorrichtung, die eine größere Geschwindigkeit als den Weltrekord garantiert, und will das ausnützen – noch im Jänner.

„Bernd ist sehr unglücklich darüber", berichtet Elly Beinhorn. „Erstens, weil die Auto-Union immer noch Versuche fährt, die Winterpause also gut brauchen kann. Und zweitens: Im Jänner Weltrekord zu fahren ist ja absoluter Wahnsinn. Dann ist es ja prompt passiert."

Am Vorabend des Unglücks telefoniert Elly Beinhorn – auf Vortrag in Glavitz – ein letztes Mal mit Bernd, der beim Bremsenkonstrukteur Teeves eingeladen ist. Ihr letztes Gespräch: „Gott sei Dank, bald ist alles vorüber, ich komm' morgen, du bist mit dem Vortrag fertig" – so ähnlich war es.

Tags darauf, als sie ins Hotel zurückkommt, stößt Elly Beinhorn auf eine Gruppe Menschen, „die ganz verstört herumstehen und von einem großen Unglück reden. Und mich dabei voll Mitleid ansehen. Ich ruf' sofort den Professor Eberan-Eberhorst bei der Auto-Union an. Also doch, der Bernd war sofort tot."

Die Unfallursache ist für Elly Beinhorn klar: „Diese Windböe, die aus der Waldlichtung kam, ist ja einwandfrei erwiesen. Der Wagen hat abgehoben und sich überschlagen."

Weil Warnsignale nicht beachtet wurden?

Auf diese Weltrekordfahrten ist auch Hans Stuck angesetzt. Aber der Ingenieur rät ihm: „Fahr nicht, es ist windig."

„Gut", entscheidet Stuck, „dann fahr' ich nicht" – was ihm vielleicht das Leben rettet.

Ich habe in den sechziger Jahren mit Alfred Neubauer über das Unglück gesprochen. Er hielt ein aerodynamisches Problem für möglich: daß ein Teil am Auto eingedrückt war, eine Delle – Luftspiegelung oder die Wahrheit?

„Der Herr Neubauer ist natürlich Partei", sagt Elly Beinhorn dazu. „Vollkommen klar: Der wird immer nach Gründen suchen, die in sein Programm passen. Ich will gar nichts sagen gegen die Leistung von Caracciola, überhaupt damals: 432 km/h auf einer normalen Autostrecke zu fahren, war natürlich absolute Spitze. Aber es war abzusehen, daß dann etwas passieren wird."

Hans Stuck hat eine andere Theorie, die er seinem Sohn Hans-Joachim als Vermächtnis weitergibt: „Ich glaube, daß Rosemeyer ein Hase ins Auto gelaufen ist. Der ihm die Karosserie aufschlitzte, wodurch Luft hineinkam und er von der Bahn abgekommen ist."

Stuck wußte, wovon er redet: „Zwei Tage vor dem Unglück habe ich selber auf der Autobahn mit Müh und Not einen Hasen verfehlt. Bei 400 km/h kannst du nicht ausweichen oder weglenken, keinen einzigen Millimeter, sonst fliegst du selber ab. Der Hase läuft zickzack, biegt aber im allerletzten Moment doch noch ab."

Das Geheimnis der letzten Sekunden hat Rosemeyer mit sich genommen.

Heute sieht Elly Beinhorn alles schicksalsbedingt. „Ich hab' dann nochmals den

Sarg öffnen lassen, Bernd war überhaupt nicht verändert, hatte nur die Schläfe angeschlagen. Ich legte ihm noch den Rosemeyer-Wappenring und ein Foto vom kleinen Bernd in die Hand. Er sah ganz friedlich aus."

Es gibt keine Fotos, keine Filme, nur das Denkmal auf dem großen Parkplatz zwischen Frankfurt und Darmstadt. Ein kubischer Stein, der im Wald noch sichtbar ist. Der Mann, der die Gedenkstätte vor vielen Jahren begrünt hat, heißt Schneider. Als Verehrer Rosemeyers hat er seinen Sohn auch Bernd genannt – den späteren DTM- und ITC-Champion.

Für Bernd Rosemeyer gab es nur eine bescheidene Unfallversicherung. „Davon gab ich drei Viertel meinem Schwiegervater Rosemeyer, der damals mit seinem Betrieb in Schwierigkeiten war." Die Auto-Union hat ihr nicht viel geholfen. „Aber die war ja total zerstört in Zwickau, brauchte lange, bis sie wieder Boden unter den Füßen bekam."

Ich erlaube mir die Frage: Sind Sie heute, nach fast 60 Jahren, eher traurig darüber, was passiert ist – oder dankbar für die gemeinsam erlebte Zeit?

„Es hat lang gedauert, bis ich diesen Schicksalsschlag hingenommen und eingesehen habe, was für ein glücklicher Mensch der Bernd eigentlich von Anfang bis Ende gewesen ist. Aber lange Zeit haderte ich sehr mit meinem Schicksal. Und ich weiß nicht, was ich gemacht hätte, wäre der kleine Bernd nicht schon auf der Welt gewesen."

In der Militärmaschine von Glavitz an der tschechischen Grenze nach Frankfurt, geschickt von einem Luftwaffengeneral, hat die Rennfahrerwitwe viele Gedanken: „Was haben wir getan? Wem haben wir Unrecht getan? Und warum gerade jetzt, wo alles so schön ist?"

Aber bald wurde ihr auch klar, „daß man dankbar sein muß, daß nicht beide Beine weg waren, oder Bernd lebenslang gelähmt sein mußte".

Lange Gesprächspause.

Und wenn Elly Beinhorn heute von tödlichen Rennunfällen hört, wie reagiert sie darauf?

„Ich glaube, auch die Unfälle von Rindt und Senna waren irgendwie schicksalsbedingt. Damit muß man rechnen. Aber da ich zu beiden keine persönliche Beziehungen hatte wie zu den Rennfahrern unserer Zeit – nein, nicht daß mich das aus der Bahn gerissen hätte."

Elly Beinhorn hat nochmals geheiratet: Dr. Wittmann, der im südbadischen Raum für große Industrieanlagen zuständig war. „Er starb vor einigen Jahren. Aber wir waren vorher schon eine ganze Weile auseinander."

Geflogen ist sie natürlich auch wieder, gleich nach dem Krieg. „Zuerst, da machte ich eine Weile Rundfunkreportagen von Autorennen, als Hermann Lang und H. P. Müller noch gefahren sind – das Leben geht ja weiter. Und dann habe ich wieder angefangen mit Vorträgen und Flugzeugen."

Es gab kein Geld, Aktienbesitz war wertlos, aber Elly Beinhorn wollte wieder fliegen. „Da las ich in einer Zeitung einen Artikel über einen Ort in der asiati-

schen Türkei, wo die Menschen überdurchschnittlich alt werden. Das ist immer schon der große Wunsch der Menschheit gewesen."
Elly meldet sich also beim Chefredakteur der „Quick" an und schlägt vor: „Dort möchte ich mal hinfliegen, ich kann eine ausrangierte amerikanische Kriegsmaschine chartern, die von der Schweiz gekauft wurde – aber dazu brauche ich einen Sponsor, wie man heute so schön sagt."
Vorstandssitzung einberufen, dann die Entscheidung: „Ihre alten Weihnachtsmänner in Asien in Ehren, interessiert uns aber nicht. Wir machen Ihnen einen anderen Vorschlag: Werden sie für uns fliegende Reporterin!"
Ihr Flugschein ist verfallen, aber ihn nochmals zu machen „ist ein Klacks. Den hab' ich in kurzer Zeit."
Viele ihrer früheren Flugabenteuer waren Rekordflüge, „aber die hab' ich nie angemeldet, weil mir das zu dumm war. Mir kam es nur darauf an, einen guten Titel zu suchen – das spielt eine sehr große Rolle." Ein Meisterstück: „Als ich erstmals die Messerschmitt-Taifun angeboten bekam, habe ich sofort begeistert begriffen, daß die alten Kriegsflieger mit diesen neuen Einrichtungen, Klappen und Slots und so, überhaupt nicht zurechtkamen – und bin um die ganze Welt geflogen. Aber so etwas kann man ja nicht ewig wiederholen. Darum dachte ich mir aus: Ich fliege in einem Tag von Deutschland nach Asien und dann zurück. Aber auf dem Rückflug von Istanbul: so schlechtes Wetter, daß die Lufthansa nicht reingekommen ist. Und dann sagte ich mir: ‚Jetzt also drei Erdteile an einem Tag' – und das ging auch. Die Leistung als solche hätten viele andere auch gekonnt – es ist ihnen aber einfach nicht eingefallen."
Tut es Ihnen leid, daß Sie nicht die erste Frau im Weltall, die erste Astronautin, geworden sind?
„Nicht einmal geschenkt", empört sich Elly Beinhorn. „Sie könnten mir heute einen Flug in einem Raumschiff anbieten – würde mich überhaupt nicht interessieren. Nur Knöpfe auf Anweisung von der Zentrale von unten zu drücken und nur dann selbständig handeln dürfen, wenn es um die allerletzte Lebensrettung geht – nein, danke. Ich bewundere diese Leute, aber nicht wegen ihrer fliegerischen Leistung, sondern wegen ihres Vorstudiums."
In ihrer Bücherwand: ein Buch von Chuck Yeager, dem ersten Überschallflieger. Ihr geistig nahe?
„Gar nicht so. Das sind eben Leute, die auch etwas Außergewöhnliches suchen."
Wie Reinhold Messner?
„Nie würde ich in die eiskalte Arktis gehen, mir hat die Sahara vollkommen genügt."
Elly Beinhorn sah sich nie als Weltrekordjägerin. „Ich war ja immer mehr ein Spaziergänger, ein Wanderer in der Luft. Mit soviel wunderbaren Erlebnissen, wie sie heute kaum noch ein Mensch haben kann. In der Fliegerei, in einer Großzügigkeit und Freiheit, die man gar nicht wiederholen kann. Ich lese gerade ein Buch: Es gibt sie immer wieder, viele der großen Abenteuer. Man muß sie

nur suchen, wie der Messner auf seine Art, aber es ist furchtbar schwierig, noch Außergewöhnliches zu erleben."
1979, nach 51 Flugjahren, hat sie freiwillig ihren „Flugzeugführerschein", so sagt sie, zurückgegeben. „In einem kleinen Ort mit eigenem Flugplatz hätte ich mir irgendeine kleine Maschine gehalten, Kaffeefliegerei gemacht – aber wegen der Enkel bin ich lieber schon lange in München."
Und kann ihren Enkelkindern Geschichten erzählen, wie kaum eine andere Omi.
Aus den Wolken und aus den Boxen der Autorennen?
„Im Gegensatz zu Hans Stuck, der seinen Sohn konsequent zum Rennfahrer aufgebaut hat, habe ich meinen Bernd nie zu irgendwelchen Rennen mitgenommen." Trotzdem wäre er beinahe Autorennfahrer geworden – wie der berühmte Vater. Und sehr gegen den Wunsch der Mutter.
Bernd junior ist bereits 21, studiert schon Medizin, als ihn Onkel Edu zu einem Schleuderkurs zum Nürburgring mitnimmt. Edu hat eine Fahrschule, dirigiert seine Fahrlehrer zum Ring, und die schwärmen Bernd so lange davon vor, bis er mitfährt.
Dann geht's schlagartig: Alle Instruktoren geben dem Rosemeyer-Sohn sofort ihre Autos.
„Im Kurs schlägt er natürlich alle. Darauf bietet ihm NSU einen Sportwagen an – mit dem er sich natürlich prompt überschlägt."
Worauf bei Elly Beinhorn das Telefon klingelt: „Ehe Sie es morgen in der Presse lesen: Der Bernd hat eben das Auto auf den Kopf gestellt. Aber es ist nichts passiert."
Hätte alles noch nicht geholfen: Bernd Rosemeyers Sohn freundet sich mit Deutschlands erstem großen Nachkriegs-Rennfahrerstar an – Wolfgang Graf Berghe von Trips.
Sie reisen viel zusammen, auch nach Modena, zu Ferrari-Testfahrten – obwohl Bernd schon mitten im Medizinstudium ist.
Schicksalstag 1961: Bernd begleitet seine Mutter mit der kleinen Piper zum ersten Mal zu einem Vortrag nach Wien. Während sich Elly Beinhorn die Stadthalle anguckt, kommen aufgeregte Leute mit der Nachricht: Trips in Monza tödlich verunglückt.
Bernd ist tief betroffen. Nie wieder steigt er in einen Rennwagen.
Einen zweiten Rosemeyer wird es nie wieder geben.
„Ich bin froh, daß er kein Rennfahrer geworden ist", sagt Elly Beinhorn heute: die Frau, die mehr Dimensionen von Zeit und Raum gesprengt hat, als es Menschen bisher möglich war.
In den Wolken, aber doch immer auf der Erde – 89 Jahre lang.
„Aber die Mühen des Alters", lächelt sie zum Abschied nach einem langen Nachmittag, „sind oft nur mit Humor zu ertragen."
Eine Rennfahrer-Großmutter, sage ich ihr, ist 99 Jahre alt geworden.
„Gräßlich", antwortet Elly Beinhorn – voller Pläne für die nächsten zehn Jahre.

Comeback der Silberpfeile

Daß der amerikanische „Morgenthau"-Plan – Deutschland nach 1945 nur noch als reine Agrarnation ohne Industrie – nicht verwirklicht wird, erweist sich als Segen. Nicht nur für Deutschland. Sondern auch für den großen Motorsport.
Nach 1945, als die Trümmer aufgeklaubt werden, als ganz zaghaft wieder Motorsport betrieben wird.
Einer der Männer der ersten Stunde ist Paul Pietsch, der Vorkriegsrennfahrer. Er gründet 1946 die „Motor Presse Stuttgart" mit der Zeitschrift „Das Auto", aus der später „auto, motor und sport" wird. Heute leitet seine Tochter, Patricia Scholten, den Motorbuch-Verlag Stuttgart, aber Paul Pietsch – am 20. Juni 1986 85. Geburtstag – kommt noch heute regelmäßig ins Büro.
Seine Beinverletzung – nach einem schweren Unfall – hat seine Motorsportbegeisterung nie gebremst.
Oder:
Die Abenteuer mit dem AFM-Rennwagen nach dem Krieg. AFM steht für Alexander von Falkenhausen München, den späteren Chef der BMW-Entwicklungsabteilung – und Schwiegervater von Dieter Quester – er hat später dessen Tochter Juliane geheiratet.
Das AFM-Projekt finanzieren Stuck und Falkenhausen gemeinsam. „Sehr mühsam, aber wenigstens verlieren wir kein Geld damit." Also: ein Rennen in Italien.
Damals gibt es noch Startgeld. „Aber im Training verrecken schon Motoren, dann kommt mein Chefmechaniker, der Fritz Martin, und sagt: ,Stuck, wir können morgen nicht fahren, der Motor ist nicht zu reparieren.' Aber dann überleben wir die ganze Nacht, schrauben und basteln und kriegen den Motor wirklich so hin, daß er gerade zum Start rollen kann.
Nach 500 Metern ist er endgültig kaputt – aber ich kassier' die 20.000 Mark Startgeld und kann wenigstens das nächste Rennen vorbereiten."
Legendär ist das Porsche-Projekt mit dem „Cisitalia" – mit Tazio Nuvolari, heute noch als Held verehrt.
„Als ich ihm 1948 in Genf die Hand schüttle, hab' ich mich eine Woche lang nicht gewaschen", verrät der heutige Doyen der Grand-Prix-Journalisten, Chebby Crombac.
Nuvolaris Heldentaten sind verewigt: Er gewinnt noch als todkranker Mann große Rennen, spuckt im Cockpit Blut, muß seine letzte Mille Miglia wegen Blutsturzes aufgeben und stirbt an Lungen-Tbc.
Und die Tragik: Er hat die damals tödliche Krankheit seinem Sohn vererbt.
Wie ist die Stimmung, als die Deutschen nach dem Krieg wieder anfangen, Autorennen zu fahren? Carrera Panamerika und Le Mans?

„Der erste Schock, den uns die Deutschen versetzen, ist Le Mans 1952. Deutsche Organisation, das deutsche System mit Alfred Neubauer voll Befehlsgewalt in der Mitte der Boxenstraße – als würden ihn seine Autos jeden Moment über den Haufen fahren. Aber wir spüren sofort allen Respekt, alle Bewunderung wie schon zwischen den Kriegen: in der großen Ära der Silberpfeile."
Der so erzählt, ist Rob Walker, sicher der größte, vielleicht letzte Gentleman der Formel I. Selber Brooklands-Rennfahrer, bis Ehefrau Betty in den Ehevertrag schrieb: „Keine Rundstreckenrennen mehr, nur noch Bergrennen!" RAF-Pilot im Krieg, nachher Rennstallbesitzer – Chef von Stirling Moss bis zu Jo Siffert, gab Jochen Rindt 1964 die erste Formel-I-Chance. Und befiehlt Le Mans 1952 in der Box von Aston Martin.
„Da ist unglaublich viel antideutsche Stimmung im Publikum", erinnert sich Walker. „Besonders als der führende Franzose Pierre Levegh mit Motorschaden aufgeben muß."
Die 300 SL sind 1952 nicht schneller als der Talbot, aber zuverlässiger: Lang/Riess erben den Sieg, Zweite Helfrich/Niedermayer. Kein Applaus.
Tags darauf kommt Walker zufällig ins Mercedes-Hotel, 45 km außerhalb Le Mans, keine Siegesfeier. „Die Deutschen und die Franzosen gehen einander glatt aus dem Weg...
Die Deutschen waren gut wie immer. Aber die gute, alte Zuverlässigkeit, typisch deutsch."
Der Mythos der Silberpfeile hat den Krieg überlebt – dafür sorgen schon die Traditionspfleger in Untertürkheim.
Rudi Caracciola war berühmtester Fahrer vorm Krieg, Mercedes das größte Stück Renngeschichte.
Die Berliner Avus: jahrzehntelang die schnellste Rennstrecke der Welt – mit 250 km/h sogar schneller als das Betonoval Indianapolis.
Alfred Neubauer: der Erfinder der Boxensignale und Zeichensprache – noch längst ohne Funk. Die Vollstromlinienkarosserie und viele Heldensagen.
Die Silberpfeile gewannen immer und überall – auch in Tripolis, wo die Italiener das Reglement kurzfristig ändern und Mercedes über Nacht völlig neue 1,5-Liter-Rennwagen bauen muß.
Oder die Story von Hermann Lang: vom Rennmechaniker zum Europameister.
Manfred von Brauchitsch: zwischendurch hoher Olympiafunktionär in der damaligen DDR und sein berühmter Boxenstopp am Nürburgring, als sein Wagen brennt – mit 30 Liter Kraftstoff an Bord. Vergilbte Bilder?
Nach dem Krieg dominieren die Italiener: Ferrari und Alfa Romeo. Die deutsche Rennszene sieht wagemutig, aber eher skurril aus – bis zum großen Comeback der Silberpfeile 1954 in Reims. Und Alfred Neubauer führt wieder Regie: 1. Fangio, 2. Kling!
4. Juli 1954: Was für ein historisches Datum für den deutschen Sport: das triumphale Comeback der „Silberpfeile" und der erste Fußball-WM-Titel durch

das legendäre 3:2 gegen Ungarn in Bern. Das den Magyaren noch heute bitter weh tut.

Muß man sich erst einmal vorstellen: Erst 1950 bestritt Deutschland sein erstes Nachkriegs-Länderspiel – 1:0 gegen die Schweiz in Stuttgart durch ein Burdenski-Elfertor. Erst 1952 (Oslo und Helsinki) erstmals wieder zu Olympischen Spielen zugelassen. Und jetzt Triumphe an allen Fronten!

„Unser Unglück war, daß wir zu rasch 2:0 führten. Dadurch zu selbstsicher wurden", analysiert mir Ferenc Puskas, Ungarns berühmtester Fußballer aller Zeiten, 40 Jahre später.

Und Grosics, heute fast 70 und grauhaarig: „Noch heute kann ich wegen dem 2:3 oft nachts nicht einschlafen."

1995 präsentiert Puskas den Grand Prix auf dem Hungaroring – und erinnert sich an Zandvoort 1971, seinen ersten Grand-Prix-Besuch: „Strömender Regen, Duell Ickx gegen Rodriguez. Spannend, aber viel zu naß. Darum ging ich mit meiner Mannschaft nach dem halben Rennen..."

Die Regenreifen von Zandvoort: wie die Spezialstoppeln von Adi Dassler im Regen von Bern 1954.

Jackie Stewart, damals 16, erinnert sich noch heute an Silverstone 1954: „An die ‚Silver Arrows‘ und wie der große Fangio immer die Ölkanistertonnen berührt hat – weil mit der Vollstromlinienkarosserie nicht genau zielen konnte."

Die Rennfahrer nach dem Krieg: eher reifere Charaktere. Wie Al Pacino nach dem „Heat"-Film sagte: „De Niro ist der Beste der jüngeren Garde." Pacino ist 55, de Niro 52.

In Buenos Aires 1955 ist Fangio der einzige, der eine mörderische Hitzeschlacht ohne Ablöse durchsteht – aus Pflichtgefühl gegenüber Mercedes. Hinter ihm wechseln sich bis zu vier Fahrer pro Auto ab. Kreislaufkollaps und Hitzeschlag in den Boxen, nur Fangio hält eisern durch – tags darauf stellt sein Arzt Herzrhythmusstörungen fest.

1955 in Monte Carlo fallen beide Mercedes aus. Der führende Alberto Ascari stürzt mit seinem Ferrari ins Meer, wird von Froschmännern geborgen. Der Doppelweltmeister von 1952 hat Glück – nur ein Nasenbeinbruch.

Vier Tage später ist Ascari in Monza, wo Castellotti einen neuen Sportwagen testet, steigt ein – und kehrt nicht mehr zurück.

Über Ascaris Tod werden jahrelang nur Vermutungenn verbreitet. Teils mystische wie der falsche Helm, nicht der violette, der immer Glück gebracht hat, teils unlogische wie die Krawatte, die ihm bei *full speed* vor die Augen geflattert sein soll...

Die Wahrheit sagt mir Froilan Gonzales erst 40 Jahre später in Argentinien: „Da war nichts mystisch oder geheimnisvoll. Aberto Ascari ist ein Reifen geplatzt. Aber weil die Reifenfirma soviel Geld an Ferrari zahlte, durfte es niemand wissen."

Natürlich dominiert Mercedes total, vor allem dank topprofessioneller Vorberei-

Die Technik der „Silberpfeile"

Jahr	Fahrzeugtyp	Motortyp	Zylinder				Leistung		Radstand mm	Spurweite vorne mm	Spurweite hinten mm	Leergewicht kg	Bemerkung
			Zahl	Bohrung mm	Hub mm	Gesamthubraum l	PS bei	U/min					
1934	Mercedes-Benz W 25	M 25 A	8	78	88	3,36	354	5800	2725	1473	1412	750	
1935	Mercedes-Benz W 25	M 25 AB	8	82	88	3,71	398	5800	2725	1473	1412	750	
1935	Mercedes-Benz W 25	M 25 B	8	82	94,5	3,98	430	5800	2725	1473	1412	750	
1935	Mercedes-Benz W 25	M 25 C	8	82	102	4,3	462	5800	2725	1473	1412	750	
1935	Mercedes-Benz W 25	MD 25 DA	12	77,5	88	4,98	540	5800	2725	1473	1412	750	
1935	Mercedes-Benz W 25	MD 25 DAB	12	82	88	5,57	598	5800	2725	1473	1412	922	0
1935	Mercedes-Benz W 25 R	MD 25 DABs	12	82	88	5,57	736	5800	2725	1473	1412	920	1
1935	Mercedes-Benz W 25	M 25 E	8	86	102	4,74	494	5800	2725	1473	1412	750	
1937	Mercedes-Benz W 125	M 125 F	8	94	102	5,66	592	5800	2798	1473	1412	728	
1937	Mercedes-Benz W 125 R	M 125 Fs	8	94	102	5,66	646	5800	2798	1473	1412	725	2
1938	Mercedes-Benz W 154	M 154	12	67	70	2,96	468	7800	2730	1475	1412	850	
1938	Mercedes-Benz W 154 R	M 154 G	12	67	70	2,96	483	7800	2730	1475	1412	850	3
1939	Mercedes-Benz W 154	M 163 K	12	67	70	2,96	483	7800	2730	1475	1412	895	
1939	Mercedes-Benz W 165	M 165 L	8	64	58	1,49	254	8000	2450	1340	1280	581	4
1939	Mercedes-Benz W 165	M 165 M	8	64	58	1,49	273	7800	2450	1340	1280	580	5
1954	Mercedes-Benz RW 196 2,5-l-Formel-Rennwagen Monoposto	M 196	8	76	68,8	2,5	290	8700	2350	1330	1330	680	6
1954	Mercedes-Benz RW 196 2,5-l-Formel-Rennwagen Stromlinie	M 196	8	76	68,8	2,5	290	8700	2350	1330	1330	700	7
1955	Mercedes-Benz SLR 196/110 3-l-Rennsportwagen offen	M 196	8	78	78	3,0	310	7400	2370	1330	1380	899	8
1955	Mercedes-Benz SLR 196/110 3-l-Rennsportwagen geschlossen	M 196	8	78	78	3,0	310	7400	2370	1330	1380	899	8

0 Rekord-Rennwagen, Gewicht fahrfertig mit Reifen, jedoch ohne Kraftstoff 1027 kg
1 Rekord-Rennwagen, Gewicht fahrfertig mit Reifen, jedoch ohne Kraftstoff 1027 kg, mit Schiebervergaser
2 mit Schiebervergaser
3 mit Stufenvergaser und Stufenkompressor
4 Einfachkompressor, 2 Solex-Vergaser
5 mit Stufenkompressor und DB-Doppelvergaser
6 1955 auch mittleres Fahrgestell mit 2210 mm Radstand und kurzes Fahrgestell mit 2150 mm Radstand; Gewicht, trocken mit Reifen
7 1955 auch kurzes Fahrgestell mit 2210 mm Radstand (unbefriedigend, daher auch noch langes Fahrgestell mit 2350 mm Radstand); Gewicht, trocken mit Reifen
8 Gewicht mit Wasser, Öl und 2 Reserverädern, ohne Kraftstoff

tung, vielleicht nicht aus technischer Überlegenheit, sondern dank dem Budget – das heute noch ein Geheimnis ist. Oder besser: Es gibt gar kein Budget.
Die Konkurrenz blutet. Ferrari ist finanziell erschöpft, steigt fast aus der Formel I aus, wird später von Fiat gerettet, weil Fiat Lancia kauft und Ferrari die Lancia-Autos übergibt – weil Ferrari nicht das Geld hat, selber Autos zu bauen. Lancia selber ist erst 1955 soweit, aber vielversprechend – bis das Ende kam.
Und Gordini hat überhaupt kein Budget, auch keine unabhängige Radaufhängung, sondern wechselt die Teile erst, wenn sie gebrochen sind: unkalkuliertes Risiko.
Shell-Benzin und belgische Englebert-Reifen halten Ferrari am Leben. Und der belgische König Leopold II., der ein Vermögen für Ferrari-Cabrios ausgibt.
Sie alle werden von den „Silberpfeilen" abgeschossen, von Mercedes überrollt.
Dabei ist der W 196 – von Ausländern mit heutigen Maßstäben gemessen – gar nicht so revolutionär oder innovativ, weil sich die Technik in andere Richtungen entwickelt hat. Aber wer weiß das schon 1954?
Der W 154 hat direkte Benzineinspritzung: gut mit Alkohol, aber nach dem Wechsel auf Tankstellensprit eher obsolet. Neu ist damals die desmodromische Ventilsteuerung, heute haben wir automatische.
Ein Frontmotor-Rennwagen mit einem Reihen-Achtzylinder. Darum ein sehr, sehr langes Fahrzeug mit innenliegenden Trommelbremsen.
„Wen haben die Silberpfeile schon geschlagen?" fragen eifersüchtige Ausländer heute respektlos. „Lancia fährt 1954 nicht, also nur die alten Ferrari und die schwachen Gordini."
Aber, vielleicht mehr als alles andere: Mercedes hat Fangio.
Und Stirling Moss.
Du und Mercedes, sage ich 40 Jahre danach zu Stirling Moss, ganz offensichtlich die ganz große *love-affair?*
Moss: „Yes, ich hatte ein fantastisches Jahr. 1955 ist einer meiner glücklichsten und erfolgreichsten Jahre überhaupt. Nette, herrliche Firma, herzliches Verhältnis. Wo immer ich hinkomm', krieg' ich einen Mercedes zu fahren – so macht es Freude, mit Mercedes zu arbeiten."
Wenn ich heute sage: Mercedes – was schießt dir als erstes in den Kopf?
Moss: „Als allererstes Alfred Neubauer und Juan Manuel Fangio – zwei der allergrößten Menschen in der Rennsportgeschichte.
Als zweites: daß die Silberpfeile immer absolut standfest, zuverlässig und sicher waren. Da flogen keine Räder weg.
Und als drittes: die Miglia Miglia und Aintree 1955.
Aber das wichtigste, wirklich: die Sicherheit. Die Autos sind so unglaublich verläßlich, für mich besonders wichtig, weil ich siebenmal Räder verloren hab' – in anderen Teams (er meint Lotus).
Aber wenn du einen Mercedes fährst, weißt du: Das passiert dir dort nicht."

Was hast du bei Mercedes verdient?
Moss: „20 Dollar pro Tag für meine Spesen – genug, um davon zu leben. Und 1000 Pfund als Gehalt fürs ganze Jahr. Nicht pro Monat, fürs ganze Jahr. Dazu 60 oder 70 Prozent vom Startgeld bei jedem Rennen – damals vielleicht 2000 oder 3000 Dollar pro Rennen. Und normal haben sie auch die Flugtickets bezahlt – also wirklich großzügig."
Dafür verlangte Mercedes natürlich immer tadelloses, perfektes Auftreten. Zum Beispiel blitzsauber gewaschene Dienstautos?
Moss: „Stimmt, dafür gab's pro Tag einen Dollar extra. Ich hab' mein Auto immer selber gewaschen und den Dollar eingesteckt – hat mir überhaupt nichts ausgemacht, Auto waschen. So hat's funktioniert, genauso. Mercedes wollte immer, daß seine Fahrer sauber und gepflegt daherkommen."
Dazu gehört auch der damalige Luxus in den Boxen?
Moss: „Die Mechaniker brachten warmes Wasser und Seife, damals ziemlich einmalig."
Wie war das Briefing mit Alfred Neubauer vor den Rennen? War da überhaupt eine Befehlsausgabe?
Moss: „Nicht direkt. Eher ein Meeting, um zu fragen: Willst du irgendwas am Auto verändert haben? Solche Sachen eben. Man hat mir nur ein einziges Mal gesagt: Laß heute Fangio gewinnen. Das war ein Sportwagenrennen in Schweden. Alles andere hat man uns überlassen."
Aber ihr hattet doch gewisse Spielregeln?
Moss: „Die Regel war so: Das Rennen ist komplett offen, bis ein Mercedes gegen den Rest des Feldes 30 Sekunden Vorsprung hat – *then we stop racing*. Dann kämpfen wir nicht mehr gegeneinander."
Wie schaut das in der Praxis aus?
Moss: „Ich fahr' Fangio hinterher ... also wir gehen raus, und sobald wir 30 Sekunden Vorsprung haben, halten wir Position. Aber, rein theoretisch: Wenn ich wirklich mit Fangio hätte fighten wollen, sogar versucht, ihn zu überholen – ich schätz', ich hätte es tun können. Aber Fangio war zu gut, ich konnte eine Unmenge von ihm lernen – also hab' ich es nicht getan."
Vielleicht mit einer Ausnahme: Aintree 1955, die umgebaute Pferderennbahn, Großer Preis von England?
Moss: „Aintree war anders. Vielleicht gerade deshalb, weil wir diese Freiheit hatten."
Eine Chance, auf die Moss vielleicht lang gewartet hat: Fangio beim Überrunden aufgehalten, Moss schlüpft in einem Handstreich an beiden vorbei, dem Maestro und dem Nachzügler.
Moss: „Da spür' ich: Ich hab' eine Chance, zu gewinnen. *I went like hell*."
Und die letzte Kurve, Stirling?
Moss: „Da rutsch' ich rüber, um Fangio vorbeizuwinken. Aber beide absolut voll, das Gaspedal durchgedrückt, fast nebeneinander. Ich weiß, daß mich Fan-

gio jetzt nicht mehr überholen kann – außer, er hätte einen stärkeren Motor als ich. Aber so etwas tut Mercedes nicht . . ."

Das Vorbeiwinken von Teamkollegen ist eine eigene Geschichte, besonders bei Ferrari: So wurden schon mindestens zwei WM-Titel gerettet. Phil Hill winkt 1958 in Casablanca Mike Hawthorn vorbei zum WM-Titel, Lorenzo Bandini 1964 in Mexico City John Surtees. Gilles Villeneuve greift 1979 in Monza Jody Scheckter nicht an – das ist der WM-Titel. Nelson Piquet winkt 1983 in Kyalami Riccardo Patrese (gleichfalls Brabham-WM-Turbo) vorbei zum Sieg – Platz 2 reicht ihm zum Titel.

Ein anderer Stil: Suzuka 1991, wo Ayrton Senna in der letzten Kurve demonstrativ Gerhard Berger vorbeiläßt.

Aber auch Moss ist 1955 in Aintree trickreich: „Ich kann's mir ja leisten, Fangio Signale zu geben – weil ich genau weiß, daß er mich nicht mehr überholen kann."

Die Boxensignale von damals? „Nie als Befehl, mich zurückfallen zu lassen. Da hab' ich nie ein Problem – nie mit Neubauer, nie mit einem Stallkollegen. Alles zwischen Piloten und der Teamorganisation ist fantastisch. Nie, kein einziges Mal, hab' ich mich deswegen schlecht gefühlt. Weil ich den besten Fahrer der Welt im Team habe. Und hinter Fangio Zweiter zu sein, stört mich nicht im geringsten."

Als Stirling Moss zum ersten Mal heiratet, schenkt ihm Fangio vor 500 geladenen Gästen eine goldene Uhr. „Dem nächsten Weltmeister!" ist darin eingraviert. Ein Wunsch, der unerfüllt bleiben sollte.

„Ich konnte Fangio im Sportwagen schlagen – aber nicht im Formel-I-Auto. Und die Formel I ist die schwierigere Sache: Dort geht's um den WM-Titel. Er war der Beste. Und ich durchaus happy als Nummer 2."

Und dieses Auto, der W 196, der berühmteste Formel-I-Rennwagen aller Zeiten, schlägt die Brücke zwischen gestern und morgen. Und für mich hat man ihn sogar noch einmal aus dem Museum herausgeholt. – 1987 auf der Untertürkheimer Teststrecke. Ein halber Tag in Fangios „Silberpfeil" – ein unvergeßliches Erlebnis.

Requiem für den letzten Silberpfeil. Mit dem W 196 in der Steilkurve der Teststrecke in Untertürkheim. Der Wagen ist 10 Millionen Mark wert und – für diesen Tag – auf 2 Millionen Mark versichert.

Der Sitz aus grau-blau gemustertem Stoff, das riesige Holzlenkrad mit den vier Speichen, die wenigen, aber großen Armaturen: links Öl-, rechts Benzindruck, Mitte Drehzahlmesser. Die kreisrunden Rückspiegel. Und vor allem die unglaublich weit auseinanderstehenden Pedale – mit der Kardanwelle zwischen den Beinen.

Ein 8-Zylinder, 8200 U/min, 290 PS, Spitze 275 km/h und noch Trommelbremsen. Aber ein Abenteuer, das man in Zahlen nicht beschreiben kann.

Im Cockpit riecht es bald süßlich, vom Motoröl auf pflanzlicher Basis – der Geruch von ganz leicht verwelkten Himmelschlüsseln.
Treibstoff ist ein Benzin-Methanol-Gemisch.
Für mich unfaßbar, daß Fangio, Moss, Kling noch mit Trommelbremsen gefahren sind.
Ein halber Tag in Fangios Silberpfeil ist ein Erlebnis, das man nie vergißt.
Man steigt voll Ehrfurcht ein und voll Demut wieder aus. Weil der W 196 noch Trommel- statt Scheibenbremsen hat.
Gentleman-Pilot Karl Kling, damals mit Fangio im Team der „Silberpfeile", erzählt:
„Die damalige Zeit mit der heutigen Zeit – die kann man nicht vergleichen. Schon von der Technik her: Denn die Technik bleibt nicht stehen. Deswegen muß man auch das Moderne akzeptieren.
Ob wir mehr leisten mußten wie die Heutigen? Das ist eine große Frage.
Eines behaupte ich: Es gibt Punkte bei der heutigen Rennerei, wo der Mensch zum Teil sogar noch mehr gefordert wird, physisch und psychisch. Wir wurden vielleicht rein kräftemäßig etwas mehr gefordert. Z. B. bei der Kupplung: In der Zeit nach dem Krieg muß man bis zu 50, 60 Kilo treten! Das gibt es heute nicht mehr, die haben überall Bremskraftverstärker.
Die haben eine Bremse, die ist so verblüffend, die fahren ja bis zu 20, 30 Meter von 300 km/h kommend bis praktisch auf Null!"
Die heutigen Formel-I-Bremsscheiben kommen von „Carbon industrien", einer französischen Firma aus der Nähe von Dijon, die Bremsscheiben von Brembo aus Italien.
Karl Kling über Bremsen:
„Das ist schon beachtlich, das will auch beherrscht sein. Deswegen muß man – kann man – die damalige und die heutige Zeit schwer vergleichen, weder positiv noch negativ. Ich behaupte: eher positiv."
Mercedes kann sagen: „Wir haben unsere Aufgabe erfüllt, und zwar sehr erfolgreich. Aber wir haben uns vorher schon entschlossen, aufzuhören."
Daß sich Mercedes Ende 1955 vom Rennsport zurückzieht, „wenn wir alles gewonnen haben, was es zu gewinnen gibt", ist schon anfangs 1955 beschlossene Sache. Zumindest für die Formel I – bei den Sportwagen ist es nicht ganz so klar.
Aber dann passiert der eigentliche Rücktrittsgrund. Tragischer Anlaß zum Rückzug: die Katastrophe im 24-Stunden-Rennen von Le Mans.
Die Folge: Grand-Prix-Rennen werden abgesagt, sogar der Große Preis von Deutschland 1955 fällt aus – und in der Schweiz sind heute noch Rundstreckenrennen verboten.
Fangio hat 1956 bei Ferrari ein dramatisches Jahr.
Monza 1956. Fangio ausgeschieden, die Box flaggt Castellotti und Musso herein. Aber die jungen Italiener schütteln nur die Fäuste und jagen weiter. Anders

Peter Collins: Als er nachtankt, sieht er Fangio an der Box, winkt ihn heran, steigt aus und sagt: *„Take over."* Fangio küßt ihn dankbar, steigt ein und fährt dem WM-Titel entgegen.
Collins stammt aus reicher Familie, lebt auf einer Yacht in Monte Carlo, die 5000 oder 50.000 Pfund Weltmeisterprämie sind ihm nicht so wichtig.
„Peter, bist du verrückt? Kannst selber Weltmeister werden und wirfst den Titel weg?" bestürmen ihn die Reporter.
„Ich bin jung, ich kann noch oft genug Weltmeister werden. Fangio ist unser Maestro, er verdient den Titel mehr als wir alle."
Fangio wird – in Collins Auto – prompt Zweiter und zum viertenmal Weltmeister.
Wagenwechsel: damals noch erlaubt, WM-Punkte werden geteilt.
Fangios bestes Rennen weiß jeder: Nürburgring 1957, auf Maserati. „Ich bin Risken eingegangen wie noch nie. Nie wieder werde ich soviel riskieren."
Aber die Wahrheit über den Nürburgring 1957 verschweigt Fangio aus Bescheidenheit – jahrzehntelang. Erst später verrät er: „Ich bin das halbe Rennen mit gebrochenem Sitz gefahren – der Sitz brach nach dem Boxenstopp."
Jeder andere hätte aufgegeben. Fangio aber jagt die Ferrari von Collins und Hawthorn, bricht in jeder Runde den Rundenrekord, macht allen Rückstand wett, gewinnt und wird Weltmeister.

Niki Lauda erinnert sich heute an Juan Manuel Fangio so:
„Ein wirklich netter Kerl, der immer auf beiden Füßen stehen geblieben ist und nicht angefangen hat, irgendwelche blöden Geschichten zu erzählen. Ein netter, sympathischer Herr, den hab' ich sehr gern gehabt. Er war lustig, er mochte mich, glaube ich, auch ganz gern. Also, das hat immer gepaßt – aber ich hab' ihn nur zwei-, dreimal im Jahr gesehen."
Ich meist auch, und jedes Gespräch, jedes Interview mit Fangio: ein Festmahl.
Mein erstes 1960 im italienischen Kulturinstitut in der Wiener Kärntner Straße. Draußen parkte mein allererstes Auto, ein Ford-Eifel, Baujahr 1938, schwarzgelb lackiert, ein Cabrio, noch mit Winkern statt Blinkern.
Fangio drehte eine kleine Runde. Als er ausstieg, lächelte er freundlich: „Dir geht's wie dem Stirling Moss." Wieso, Senor Fangio? „Dem fehlt zum Weltmeister auch immer nur das richtige Auto . . ."
Das größte Abenteuer seines Lebens? hab' ich ihn einmal gefragt.
Der Maestro redete von keiner mörderischen Autoschlacht. „1957 beim Sportwagenrennen um den Großen Preis von Kuba, als mich Fidel Castros Rebellen kidnappten. Im Gefängnis von Havanna war man ganz freundlich zu mir. Ich darf mir sogar im Fernsehen anschauen, wie Stirling Moss gewann."
Einmal erinnerte ich ihn in Spanien: Haben Sie hier nicht einmal wegen der Reifen ein Rennen verloren? Schon möglich, nickt er, aber man darf nicht vergessen, wie viele Rennen er wegen der Reifen gewonnen hat. Das ist Fairneß.

Fangio hat nur Bewunderer und Fans – und nur einen einzigen Feind: ausgerechnet Enzo Ferrari! Aber weder Schuld von Fangio noch Ferrari, sondern von Giambertone.

Sein sogenannter Manager schreibt das Buch: „Fangio: Meine Memoiren", in dem er Enzo Ferrari wüst attackiert, ihn als Intrigenspinner und „Richelieu des Autorennsports" bezeichnet. Natürlich reagiert Ferrari in seinen Memoiren bös: Fangio hätte ein solches Buch nie geschrieben, hat es vorher sicher nicht gelesen, sondern Giambertone vertraut. Das war sein Fehler – vielleicht sein einziger.

Giambertone ist nicht sein Manager, sondern ein Geschäftsmann. Ein Schattengewächs, sagen viele. Kauft 20 oder 25 Stanguellini-Formel-Junior-Autos, packt sie in Transporter, fährt damit zu allen Rennen und verchartert sie an Rennfahrer ohne Autos für viel Geld.

Mit all dem hat Fangio nichts zu tun. Eine total integre Persönlichkeit von unglaublichem Charisma. Mit einer Aura, die fast magnetisch ausstrahlt. Wenn er einen Raum betritt, spürt man, daß er da ist, bevor man ihn noch sieht – und alles Gerede verstummt.

Mit Fangio am Nebensitz hat Giambertone einmal auf der italienischen Autostrada eine Karambolage mit einem Lastwagen. Die Türen springen auf, der Lkw-Chauffeur brüllt Giambertone an:

„Sie bilden sich wohl ein, Sie sind Fangio?"

„Fangio liegt dort drüben", sagt Giambertone – woraufhin der Lkw-Fahrer in Ohnmacht fällt.

Fangio ist nichts passiert. Ein anderes Mal, in Monza, schon. Er reist von einem Sportwagenrennen in Dundrod, Irland, die ganze Nacht und den halben Sonntag nach Monza, kommt gerade zurecht, als die Autos schon am Start stehen, und crasht in der zweiten Runde ganz schlimm.

Langer Spitalaufenthalt, Gipskorsett, ein Halswirbel gebrochen. Fortan hat Fangio Mühe, den Kopf zu drehen. „Nie wieder werde ich übermüdet und ohne Schlaf in ein Rennen gehen!" Viele seiner Sprüche sind lebendig geblieben:

Über seine Karriere: „Ich kam 1949 für zwei Rennen nach Europa – und fuhr mit fünf WM-Titeln wieder zurück."

Über seinen Rücktritt 1958: „Auf der langen Geraden in Reims fielen mir die vielen Freunde ein, die ich im Rennsport verloren hatte – plötzlich hatte ich keine Motivation mehr."

„Ich wollte immer der Erste im Ziel sein, aber der Letzte beim Sterben. Am liebsten: 100 Jahre alt werden."

Und über sein bestes Rennen: „Da fuhr ich mit gebrochenem Sitz." Das war Nürburgring 1957 – mit Ayrton Senna 1993 in Donington und Michael Schumacher 1995 am Nürburgring sicher eine der drei größten Klassiker der Geschichte. Aber sein größter Sieg: Fangio hat die Katastrophe von Le Mans 1955 überlebt. Gibt es heute Erklärungen, neue Erkenntnisse?

Pierre Levegh, mit wirklichem Namen Pierre Bouillon: keinerlei Affinität zu Jean-Christophe Bouillon, dem Wendlinger-Ersatz bei Sauber.
Sicherlich die tragischste Figur der Renngeschichte, die ihn allgemein als reichen Industriellen verewigt.
Stimmt nicht. Levegh ist Autoverkäufer in einer großen Ford-Garage in Louvellvoir. Er hat etwas Geld, aber damals kann man noch für Pfennige Rennen fahren.
Levegh ist bereits 1947 beim französischen Grand Prix in Lyon in eine Katastrophe verwickelt – ohne seine Schuld: Die Halbachse bricht, der Motor blockiert, der Maserati schleudert seitlich in die ungeschützte Zuschauermenge.
Zwölf Tote, aber kaum Reaktionen: keine Zeitungskampagne, keine Vatikan-Drohung, keine Parlementsanfragen. Die Menschen haben gerade den Krieg überstanden, sind vertraut mit Leben und Tod. Wenn jemand Rennen fahren will, muß er damit rechnen, daß er umkommt, ist die damalige Einstellung.
Ansichten, die zum Teil noch bis in die sechziger Jahre gültig sind. „Du hattest den Krieg, Vater, ich nicht", rechtfertigt der englische Bierbrauer-Millionenerbe Piers Courage seine Formel-I-Karriere – er verunglückt 1970 in Zandvoort.
Und John Cooper, der Heckmotorpionier: „Autorennen sind der Sport der Könige. Das Risiko ist einkalkuliert. Und wenn etwas passiert – wie der Abschuß eines Fighterpiloten im Krieg. *Nice guy, bad luck.* Schade um ihn."
Levegh fährt 1950/51 sechs Grand-Prix-Rennen mit einem 4,5-Liter-Lago-Talbot, wird 7. und 8. in Spa, 9. am Nürburgring, scheidet in Reims und Monza mit Defekten aus. Wird aber beinahe weltberühmt in Le Mans 1952, als er nach 23 Stunden – ganz allein fahrend – in Führung liegt.
Natürlich hat Levegh einen Copiloten, aber er will dieses Rennen allein durchfahren – so wie Charles Lindbergh 1927 ganz allein in seinem „Spirit of St. Louis" als Erster den Atlantik überfliegen wollte. „Nur ich allein kann gewinnen."
Bis Levegh, den Sieg vor Augen, müde und erschöpft, nach der Mulsanne-Haarnadel vergißt, vom 2. in den 3. Gang zu schalten: Motorschaden.
So gewinnen die Deutschen: Hermann Lang, der Vorkriegsstar, und Curt Riess vor Helfrich/Niedermeyer, also Doppelsieg für Mercedes.
Drei Jahre später die berühmte Freundschaftsgeste von Le Mans: Levegh – mittlerweile 54jährig – wird der dritte Mercedes anvertraut. Politisch eine gute Idee, aber sonst eine unglückliche Entscheidung: einem älteren Herrn ein so schnelles Auto zu geben.
Teammitglieder von damals berichten: „Im Training ist Levegh nicht sehr schnell. Das Team macht sich bereits Sorgen und er, glauben wir, langsam auch." Vor allem ängstigt Levegh die schmale Zielgerade.
Damals, 1955, gibt es in Le Mans noch keine richtigen Boxen. Wenn ein Auto halten will, muß das nächste ausscheren.
Ist auch in der Formel I passiert: Einmal in Rouen, als Surtees an die Box will, Trintignant sehr langsam vorbeikommt, ausscheren muß und Trevor Taylor, mit

Vollgas über den Hügel, direkt von oben auf Trintignants Auto landet. Die Schutzengel flogen mit. In Le Mans leider Gottes nicht.
Es ist die unglücklichste Kettenreaktion in der Geschichte des Autorennsports: Mike Hawthorn (Jaguar), der die Boxen überschießt. Lance Macklin (Austin Healy), der als erster überhaupt in Le Mans Scheibenbremsen verwendet, noch vor Jaguar, aber sie sind für Flugzeuge konstruiert, nicht für Rennautos – und der Healy steht quer, als Macklin wegen Hawthorn bremsen muß.
In diesem Moment kommt der Mercedes von Levegh, und hinter ihm Fangio.
Zum erstenmal gibt es eine Box für Ex-Le-Mans-Piloten. Rob Walker steht mittendrin, als das Unglück passiert.
„Ich seh' Levegh durch die Luft fliegen, als Hawthorn an die Box kommt – und geh' direkt hinüber zu Jaguar."
Hawthorn überschießt die Box, was die Katastrophe ausgelöst hat, wird noch einmal herumgeschickt – und als er hereinkommt, ist die Box geisterhaft leer. Bis auf Rob Walker und eine Krankenschwester, sie hören als einzige die authentischen Worte: „Es war komplett mein Fehler, meine Schuld! Ich wollte an die Box, bevor Fangio vorbeikommt."
Louise Rolt, die Frau des Jaguar-Rennfahrers Tony Rolt, schüttet Mike eine Flasche Brandy über die Schultern und sagt: „Halt den Mund und red nicht mehr weiter so einen Blödsinn."
Hawthorn ist – erinnert sich Walker – ein schrecklicher Verfassung. „Und auch ich bin schreckerstarrt, was da alles passiert ist."
Fernsehen gibt es 1955 noch keines, nur Radio und Zeitungen. Und mitten in den verzweifelten Berichten von Blut, Tränen und Verzweiflung zwei dramatische, berührende Einzelheiten:
Wie Levegh in der letzte Sekunde seines Lebens noch den Arm hochreißt, um den dichtauf folgenden Fangio zu warnen: „Fahr nicht links, sondern rechts vorbei." Denn links ist die Straße versperrt, nur rechts führt ein Weg aus der Katastrophe. Fangio kommt durch, steigt tief erschüttert aus und schlägt, in Trauer und Respekt vor den Opfern, ein Kreuz.
Aber warum so viele Menschen sterben müssen – 82 an Ort und Stelle, etwa 30 weitere innerhalb von zwei Monaten im Krankenhaus – ist immer noch mysteriös. Es ist nicht nur der in die Tribüne geflogene Motor. Viele der Opfer sterben an zerrissenen Lungen. Und das kommt normal von einer Schockwelle, einer Explosion. Aber warum?
Die Kritik an Mercedes, daß die „Silberpfeile" weiterfahren, ist falsch und ungerecht. 1955 gibt es noch keine Rettungshubschrauber, also braucht man die Straßen für Ambulanz und Rettungswagen.
Charles Faroux, der Rennleiter, telefoniert zu Alfred Neubauer in die Box: „Wenn Sie Ihre Wagen jetzt zurückziehen, glauben die Zuschauer, das Rennen ist abgebrochen, fahren heim und blockieren alle Wege für die Rettungsmannschaften. Sie müssen weiterfahren!"

Rettungssirenen, Notlazarette und dazwischen der Lärm des Rennens. Endlich telefoniert das Krankenhaus an Faroux: „Wir haben die Situation halbwegs unter Kontrolle." Sofort ruft Faroux in der Mercedes-Box an: „Ihr könnt jetzt aufhören, eure Autos aus dem Rennen nehmen."
Vier Uhr früh. Sofort nimmt Neubauer seine Teams Fangio/Moss und Kling/Simoin aus dem Rennen. So rasch er kann, bringt er die Autos zurück nach Stuttgart. Hawthorn fährt weiter und gewinnt.
Fühlt er sich lang schuldig? „Glaub' ich nicht", sagt Rob Walker, „er wird später von jeder Schuld freigesprochen. Und er ist auch nicht der Typ Mensch, der lang darunter leidet."
Hawthorn wird auf Ferrari sogar Weltmeister – der erste englische der Geschichte. Aber innerhalb von nur zwei Jahren ist Ferraris junge, hoffnungsvolle Mannschaft ausgelöscht.
Eugenio Castellotti, der Mille-Miglia-Sieger, stirbt bei Testfahrten in Modena. Wegen privater Sorgen? Castellotti, mit seiner Freundin, einer jungen Schauspielerin, zerstritten, weil keiner von beiden seine Karriere aufgeben wollte, war umkonzentriert und nervös, als er ins Auto stieg – berichten seine Freunde.
Alfonso de Portago, der größte Abenteurer, verunglückte 1957 bei der letzten Mille Miglia. Ein Reifenplatzer reißt ihn, seinen Beifahrer Ricky Nelson und zwölf Menschen am Straßenrand in den Tod.
Vor dem Rennen in Reims 1958 bekommen, verrät mir Rob Walker, Mike Hawthorn und Luigi Musso von Enzo Ferrari ähnlich lautende Telegramme. Hawthorn wird aufgefordert, „zur Ehre Ferraris zu gewinnen", Musso „zur Ehre Italiens". Zwar gewinnt Hawthorn wirklich zur Ehre Ferraris, aber Musso stirbt zur Ehre Italiens.
Nürburgring 1958, das nächste Drama: Hawthorn sieht den Todessturz seines besten Freundes Peter Collins am Pflanzgarten im Rückspiegel. Bittere englische Rivalität als Ursache? „Collins verunglückte, weil er verzweifelt versuchte, Brooks zu folgen – der alle privaten Abmachungen mit Hawthorn vergessen hatte."
Das schreckliche Jahr 1958 geht traurig zu Ende: Beim WM-Finale in Casablanca stirbt Stuart Lewis-Evans, der hochtalentierte Ecclestone-Schützling, einen sinnlosen Tod. Bernie: „Er wäre zu retten gewesen." Bloß Motorschaden, aber das Auto fängt im Sand Feuer, der Pilot springt heraus, aber sein Overall brennt.
Moss gewinnt in Casablanca. Ferrari signalisiert Phil Hill 13 Runden vor Schluß: „Laß Hawthorn vorbei!" Der 2. Platz rettet Hawthorn den Weltmeistertitel – 42:41 gegen Moss.
„Mike war gegen Saisonende sehr labil und nervös, hat fast Angstzustände. Ich muß ihm öfter helfen, ihn aufmuntern: *let's go*", erinnert sich Phil Hill. Auch Schuldgefühle wegen Le Mans?
Als Weltmeister erklärt Hawthorn seinen Rücktritt und verunglückt am 22. Januar 1959 bei einem Verkehrsunfall außerhalb Londons tödlich.

Aber wie, blieb Jahrzehnte ein Geheimnis. Kein normaler Verkehrsunfall. Und mit einem einzigen Augenzeugen: Rob Walker, dem früheren Teamchef von Stirling Moss.

Rob Walker erzählt mir: „Regen und Nebel, eine Nebenstraße zwischen Farnham, wo Mike seine Garage hat, und Guildford. Es schüttet wie aus Kübeln. Dann ein Straßenknick, kurz, aber steil, hinunter zur Hauptstraße Guildford–London. Plötzlich seh' ich einen Jaguar im Rückspiegel. Ich bin ein schneller Fahrer. Ich hab' nie irgendwelche andere Autos im Rückspiegel, weder Jaguars noch sonstwelche. Bei der Straßeneinmündung ist der Jaguar neben mir. Ich seh' – es ist Mike. Kurzes Grinsen, kurzes Hallo, Vollgas – natürlich beschleunigen wir beide, so rasch wir nur können. Mein offener 300 SL mit Hardtop liegt im Regen viel besser als der Flügeltür-Mercedes. Wir rasen also die Gänge durch. Ich schalte in den 5. Gang, das tu' ich nie vor 160 km/h. Hawthorn neben mir schaltet auf Overdrive."

Es ist wieder Mercedes gegen Jaguar, wie so oft in den Fifties. Dann eine Rechtskurve, Walker außen, Hawthorn innen. Rob denkt gerade: „Jetzt ist es Zeit, daß ich den Herrn Weltmeister vorbeilass'", geht vom Gas.

„Aber der Jaguar räubert über den Randstein. Ich denk' noch: typisch Hawthorn, jetzt will er mich erschrecken. Er korrigiert, stellt den Jaguar wieder gerade, aber dann der nächste Anprall. Er dreht sich, direkt vor mir. Sogar jetzt noch läuft sein Motor absolut auf Vollgas."

Das Handgas steckengeblieben? Der zuständige Mechaniker verwickelt sich später in Widersprüche. Jaguar dementiert: „So etwas hatten wir überhaupt noch nie." Wirklich nicht?

Aber Rob Walker hat jetzt alle Hände voll zu tun. „Dann fliegt Hawthorns Jaguar über die Straße, verliert eine Stoßstange, verpaßt einen Lastwagen ganz knapp – dann seh' ich nur noch Staub und Schmutz: Mike ist gegen einen Baum geprallt."

Walker stoppt sofort, rennt rüber, um zu helfen: „Jetzt werd' ich's gleich sagen müssen. Mike, was für einen Blödsinn hast du da angerichtet!" Aber der Jaguarsitz ist leer, und Mike liegt auf dem Hintersitz, „als hätte er sich gerade schlafen gelegt. Er sieht mich noch kurz an – dann sieht er nichts mehr!"

Draußen: dichter Verkehr. Nach zwei Minuten stoppt ein Arzt, nach drei Minuten die Polizei.

„*You know*, wer das ist: Mike Hawthorn." Ich kenn' ihn gut, sagt der Polizist, wir haben oft im Pub ein Bier zusammen getrunken. *„And you are Rob Walker?"* – *„Yes."* – „Was habt ihr getan?"

„Ein kleines Wettrennen gemacht. Er tauchte plötzlich neben mir auf – und wir fuhren gegeneinander."

„Sagen Sie das nie wieder. Ihr ganzes Leben nicht!"

„Wieso?" fragt Rob Walker.

„Weil das Gesetz Wettfahrten auf britischen Hauptstraßen verbietet."

Später stellt sich heraus: Mike wäre nie alt geworden – er hatte kranke Nieren und nur noch wenige Jahre zu leben. „Und andere gesundheitliche Probleme auch."
Darum tat er auch nie Militärdienst, und natürlich schrie die Regenbogenpresse auf: „Wieso kann er dann Rennen fahren?"

Le Mans 1955: Vieles ist bis heute ungeklärt. Normal wird nach 25 Jahren der Tresor geöffnet, kann man in die geheimen Gendarmerie- und Gerichtsakte Einsicht nehmen.
Darum 1980 die Frage an den Polizeichef von Le Mans: „Colonel, wann darf man die Protokolle von 1955 sehen?"
Und die verblüffende Antwort: „Mein lieber Herr, wir haben gerade den Befehl erhalten, daß die Akte auf weitere 25 Jahren unter strengem Verschluß bleiben müssen. Also erst 2005."

Viele, viele Jahre später. Auf einer Schweizer Skihütte, mitten im Winter, komm' ich zufällig mit einem älteren Herrn ins Gespräch.
Arthur Käser – der Mercedes-Pressechef von 1955.
Wir reden über die „Silberpfeile", über Caracciola und Fangio – und irgendwann auch über Le Mans. Ich erwähne die Geste von Levegh, die damals Millionen ergriffen hat – mich auch.
Käser beugt sich vor: „Ich verrate Ihnen jetzt ein Geheimnis: Levegh konnte Fangio nichts mehr signalisieren – ich habe diese Rettungsgeste erfunden. Damit in diesem Meer von Verzweiflung, Blut und Tränen wenigstens eine kleine, positive menschliche Seite vorkommt."
Leveghs Geste, die Fangio das Leben rettete, gab es nie. Ich hab' lange überlegt, ob ich das schreiben darf. Hat man das Recht, die Geschichte zu korrigieren?

Phil Hill: Tribut an Trips

Seit 1994 gehört Horrem zur Kolpingstadt Kerpen. Das heißt: Michael Schumacher und Wolfgang Graf Berghe von Trips sind einander noch etwas näher gerückt. Fast unglaublich: die zwei größten Rennfahrer, die Deutschland nach 1945 hervorgebracht hat, nur wenige Kilometer auseinander.
In einem Land von wieder 356.779 Quadratkilometern und mit heute wieder fast 81 Millionen Menschen.
Der Rennfahrer, der Deutschland wirklich erst wieder auf die Formel-I-Landkarte gebracht hat, ist Graf Trips. Damals Idol für Millionen.
Einer der allerersten Grand-Prix-Piloten, die ich persönlich kennenlernte. Peter Collins und Mike Hawthron, die Engländer, 1957 im legendären „Canalegrande" von Bologna, den Deutschen bei einem Rennfahrerkurs in Kottingbrunn bei Wien.
Sehr höflich, sehr adelig, in Stiefeln und Reitmantel. Und fanatisch im Einsatz für mehr Sicherheit im Straßenverkehr – ähnlich dem legendären „Film-Tarzan" Johnny Weissmüller, den ich bei der Münchner Olympiade 1972 im TV-Studio hatte. Dessen Motto: „Kein Kind darf mehr ertrinken!"
Weissmüller verkaufte Schwimmkurse und Swimmingpools, Graf Trips auch Abenteuer und Illusionen. Kein Zufall, daß ihn der AvD später als „Fahrlehrer der Nation" gewinnen wollte.
Begonnen hat er seine Rennfahrerkarriere als „Axel Linter". Eines von vielen Pseudonymen: Jackie Stewart fuhr als „A. N. other" (= ein anderer), um seine Eltern nicht zu erschrecken; Rikki von Opel als „Giovanni Branco".
Als „Taffy" von Trips wird der Graf zum Weltstar.
Mein Wiener Kollege Helmut Zwickl schickt Graf Trips einen Brief mit fünf Fragen nach Schloß Hemmersbach. Der Schloßherr antwortet postwendend, fair und ausführlich, und Helmut hat ein tolles Interview.
Heute reagieren die meisten Formel-I-Piloten nicht einmal mehr auf Autogrammwünsche.
Trips' Gegner in einem schicksalhaften Duell wird ein Amerikaner.
Phil Hill, Sohn des Postmeisters von Santa Monica, dem Villenvorort Hollywoods. Als Zwölfjähriger kauft er ein Auto der berühmten „Blechliesl"-Serie von Ford, das Modell T, für 100 Dollar und bastelt nächtelang daran herum. Aber er liebt nicht nur Oldtimer, sondern auch klassische Musik, pfeift sämtliche großen Opernarien auswendig.
Zu Hause hat er drei Klaviere. Yehudi Menuhin bescheinigt ihm: „Phil Hill hat das feinste Gehör, das ich jemals bei einem nicht berufsmäßigen Musiker entdeckt habe." So wird erzählt.
Er wirkt im ersten wirklich guten Rennfahrerfilm mit, dem Kirk-Douglas-Strei-

Der König der Formel I: Doppelweltmeister Michael Schumacher, der höchstbezahlte Rennfahrer aller Zeiten. Die große Herausforderung Ferrari beginnt.

Eine ganze Autonation ist verrückt nach Schumi: Nürburgring 1995, der regnerische Große Preis von Europa, war sein bisher bestes Rennen – und sein schönster Sieg.

Die Traumkombination zweier Jahre: 1994 und 1995 gewann Schumacher mit Benetton 17 Grand-Prix-Rennen, zwei Fahrer-WM-Titel und einen Konstrukteur-WM-Titel. FIA-Präsident Max Mosley spricht deutsch.

Ferrarissimo! Wenn Schumacher den Ferrari fliegen läßt, sind Millionen Formel-I-Fans fasziniert. Michael fährt mit zwei Pedalen, bremst abwechselnd mit dem linken und rechten Fuß, spät und tief in

die Kurven hinein – und lenkt dann das Auto mit dem Gaspedal. Aber er hat noch viele andere Tricks.
Nur: Der WM-Titel ist erst für 1997 programmiert – oder befohlen?

So rasch ist noch keiner die Erfolgsleiter hochgeklettert: Schumacher mit Italiens heimlichem Fürst Giovanni Agnelli und Ferrari-Präsident Luca di Montezemolo (*oben*), mit Chefkonstrukteur John Barnard (*unten*). „Bitte, werde 1997 früher fertig mit dem Auto …"

„Wenn du mit Ferrari Weltmeister wirst, kannst du deinen Paß wegwerfen ..." sagt Manager Willi Weber (*Mitte*). Neue Motivation, tolle Challenge! Im zweiten Ferrari-Rennen war Schumacher schon Dritter (hier vor Hakkinen).

In Schumis Windschatten: Bruder Ralf und der frühere Kamerad im Mercedes-Junior-Team, Heinz-Harald Frentzen (*oben*). Unten: „Crazy Eddie", Stallgefährte Eddie Irvine, umgeben von Models.

fen „Der Favorit", in dem auch Alberto Ascari und Louis Chiron auftreten. Phil mimt einen jungen Rennfahrer, der in einer Szene die Freundin des großen Favoriten zum Tanz auffordert.
Kirk Douglas schickt ihn weg: „Kommen Sie wieder, wenn Sie ein großer Rennfahrer geworden sind."
Phil Hill (verbissen): „Ich werde ein großer Fahrer."
1955 ist er Amerikas erfolgreichster Rennpilot. Ferrari holt ihn nach Europa. Phil Hill kommt zur richtigen Zeit: Als beim großen Sportwagenpreis von Schweden der an der Spitze liegende Maserati von Moss/Behra in Flammen aufgeht, lenkt Hill seinen Ferrari zum Sieg und Sportwagen-Weltmeistertitel.
Als erster Amerikaner der Automobilgeschichte gewinnt Hill einen Formel-I-Grand-Prix: Monza 1960. Ein Jahr vor dem Schicksalsrennen.
„Too slow, you'll lose, too fast, you'll die" – „Bist du zu langsam, verlierst du, bist du zu schnell, stirbst du" – war immer seine Philosophie.

Phil Hill (heute 69) sieht aus wie ein älter gewordener „Indiana Jones" auf Europatrip: wenn er jährlich im September amerikanische Formel-I-Touristen im Reisebüroauftrag nach Monza karrt, Stätte von Triumph und Tragik 1961.
Mit Hill wird das Schicksalsjahr wieder lebendig, als wir es Tag für Tag, Rennen für Rennen analysieren.
„Für Ferrari zu fahren ist das größte, das dir damals passieren konnte", erinnert sich Phil. „Aber das ganze Leben war für mich sowieso schon ein Traum." Für Trips auch, trotz einer gemeinsamen Befürchtung: „Wir haben Angst, daß vielleicht doch offiziell herauskommt, daß Rennfahren gefährlich ist. Daß es uns weggenommen, durch Gesetz verboten wird. Aber heute kooperieren ja ganze Regierungen mit Bernie Ecclestone ... Wir haben Autorennen auf höchstem Niveau. Aber manche aktuellen Aspekte mögen wir nicht so. Die Formel I ist heute nur noch Busineß – hat keine Romantik mehr."
Hill – und vermutlich auch Trips – verdient bei Ferrari 1961 romantische 150.000 Lire im Monat. „75.000 davon kostet allein das Hotelzimmer in Modena."
Und das Preisgeld? „Wir bekommen Prozente, wissen aber nie genau, wie hoch die Preisgelder wirklich sind. Das finden wir erst Jahre später heraus. Selber schuld – aber wir hätten Anwälte gebraucht."
Froilan Gonzalez, Freund und Gegner von Fangio, verrät mir einmal seine Stargelder bei Ferrari: 2000 Dollar pro Rennen – aber bereits in den „Roaring Fifties".
Trips, der deutsche Edelmann – Hill der Sohn des Postmeisters von Santa Monica. Wie ist ihr Verhältnis wirklich?
Hat Wolfgang zur Moselfahrt eingeladen, dem Ami das Schloß Neuschwanstein oder den Loreleifelsen gezeigt – oder umgekehrt Phil den Deutschen durch die Hollywood-Studios geführt?

Nichts davon. „Aber wir führen viele Gespräche – wenn wir zum Beispiel zur Targa Florio fahren – stundenlang im Auto. Hochinteressant, seine Stories über den Krieg zu hören. Über das Nazisystem und den inneren Konflikt zwischen ihm und der Hitler-Jugend und seinen Eltern . . . Er redet offen drüber."
„A wonderful guy!" sagt Phil Hill heute noch und erinnert sich: „Trips ist von Amerikanern fasziniert, immer schon, seit amerikanische Truppen im Krieg das Schloß Hemmersbach okkupierten."
Nein, kein US-Headquarter, eher Onkel Toms Hütte. „Lauter farbige Soldaten. Wolfgang war sehr jung – aber die GIs haben ihn tief beeindruckt."
Über Trips hörte ich einmal: „Für ihn ist jedes Rennen das erste, einzige und wichtigste seines Lebens." Aber er ist auch ein total feinsinniger, musischer Mensch, der klassische Konzerte liebt – aber in diesem Punkt ist Hill ja genau gleich.
Also alles andere als zwei Holzhammer-Rennfahrer. Und diese beiden hetzt Ferrari – das ist nicht dramatisiert – in ein Weltmeisterduell auf Leben und Tod.

„The summer of sixty-one", der heiße Sommer 1961: für Phil Hill „still unbelievable", unglaublich, selbst heute noch im Rückspiegel. Die Schatten sind länger geworden, aber die Umrisse bleiben scharf.
Wie immer ist Ferrari am Beginn einer neuen Formel extrem stark. Was sich schon 1960 in Syracus abzeichnet. Trips gewinnt mit dem Heckmotor-Ferrari, Hill fährt noch mit Frontmotor.
Die Testfahrten macht – den ganzen Winter – der sommersprossige Amerikaner Richie Ginther. Ein „Armchair-Ingenieur" nennt ihn Hill, aber ein fabelhafter Testpilot.
Das Drama beginnt am 14. Mai in Monte Carlo. Jack Brabham dreht ein paar eilige Qualifikationsrunden, fliegt direkt nach Indianapolis zum 500-Meilen-Rennen, kehrt rechtzeitig zurück – der traditionelle Streß der Sixties. Jim Clark zaubert den kleinen Lotus mit sensationellen Zeiten um den Stadtkurs, ehe er ihn in St-Devote verstümmelt – erst drei Tage später ist er repariert.
Innes Ireland verschaltet sich im Tunnel, spielt gefährliches Leitplanken-Billard, bricht sich ein Bein.
Stirling Moss trickst Ginther um 0,2 Sekunden aus und hat Pole-position. Wieso ist Phil Hill nur 5., von Trips 6.?
„Weil Ginther als einziger von uns dreien das neue Auto hat. Mit dem weiten V – 120 statt 65 Grad Öffnungswinkel. Offiziell 190 PS bei 9500 U/min gegen 180 PS bei 9000 U/min. Vor allem: größere Haltbarkeit bei höherer Drehzahl."
Ginther schießt sofort in Front, verfolgt von Clark, der bald Kerzen wechseln muß, und Moss: nach fünf Runden schon 7 Sekunden. Dann holt Moss den Ferrari ein, überholt und nimmt Bonnier (Porsche) mit. Dahinter gewinnt Phil Hill einen Vierkampf gegen Trips, Gurney und McLaren, holt Ginther ein, ist ab der 27. Runde zweiter und jagt den führenden Moss.

„Ich lieg' lange Zeit hinter Stirling, kann aber nicht wirklich etwas gegen ihn tun. Also wink' ich wieder Richie nach vorn." Nach 75 Runden, also genau drei Viertel. Weil Bonniers Porsche-Motor spuckt, kommt Trips auf Platz 4 vor – die Ferrari also geschlossen auf Rang 2, 3, und 4.
Ginther jagt Moss bis zur Ziellinie, aber Moss gewinnt mit 3,6 Sekunden vor Ginther, Hill wird einsamer Dritter, Trips, dessen Ferrari zwei Runden vor Schluß stoppt, distanzierter Vierter.
Moss ist also erster WM-Leader mit 9 Punkten vor Ginther (6), Hill (4), Trips (3).
„Wir drei sind ein gutes, starkes Team. Aber es gibt keine amerikanische Seite im Team – und keine deutsche."
Habt ihr zu dritt eure Autoabstimmung diskutiert?
Phil Hill: „Die gleiche, alte Story in jedem Team. Wir tun es ein bißchen so wie Graham Hill und Richie Ginther später bei BRM . . ."
Und keine wichtigen technischen Infos versteckt, wie es später Schumacher bei Benetton von Johnny Herbert vorgeworfen wird?
„Damals, 1961, tut, so wie alles, das Ingenieurteam. Du mußt dir jede Änderung am Auto erbetteln, mußt um alles kämpfen. Oft genug weigern sich die Techniker, zu tun, was du willst – und ändern dein Auto ins genaue Gegenteil. Also mußt du oft das Falsche verlangen, damit du das Richtige kriegst!"
Der Ingenieur ist Carlo Chiti, Phils Mechaniker hießt Dino Pignatti. „Und der ist sehr gut."
Auf dem holländischen Dünenkurs von Zandvoort haben alle drei Ferrari den neuen 120-Grad-Motor. „Und der ist wirklich ein Vorteil – wie heute die V-10", vergleicht Hill. Also okkupieren die drei Ferrari geschlossen die erste Startreihe: Hill und Trips mit identischen 35,7, Ginther 0,2 zurück.
Hill macht einen Fehler: „Ich ändere mein Auto noch kurz vorm Start, verlang' vorn einen weicheren Stabilisator – was sich als falsch erweist: *Oversteer* die ganze Zeit!"
Trips passiert dieser Fehler nicht, macht einen Superstart, geht sofort in Führung und bleibt das ganze Rennen vorn.
Ginther ist heute kein Gegner: Gleich am Start hinter Graham Hill, Clark, Gurney und Moss zurückgefallen, nur Siebenter nach der ersten Runde. Und Hill ist „von mir selber enttäuscht. Aber ich hab' das ganze Rennen ein großes Duell mit Jim Clark: sehr aufschlußreich, weil ich sehen kann, um wieviel besser der Lotus auf der Straße liegt als unser Ferrari."
Der Lotus jagt pfeilschnell durch die Kurven, verliert aber auf den Geraden. Erst mit halbleeren Tanks wird er unruhiger. Hill überläßt Clark und Moss das Lotus-Duell.
Zandvoort 1961 ist ein merkwürdiges Rennen: Der einzige Grand Prix der ganzen Formel-I-Geschichte ohne einen einzigen Ausfall, ja sogar ohne einen einzigen Boxenstopp. Was die Überrundungen besonders wichtig macht. Als Trips –

majestätisch in Führung – nach 40 Runden die Nachzügler ein zweites Mal überrundet, macht er es offenbar so gekonnt wie später Senna oder Schumacher. Er fährt Hill auf und davon.
Zandvoort war nie ein leichtes Rennen. Der Wind treibt den feinen Dünensand auf die Strecke, die sich pausenlos verändert. Ein Rennen, das immer im Kopf gewonnen wird – und nach 2:01:52,1 reißt das Spinnennetz höllischer Konzentration für Trips: sein erster Grand-Prix-Sieg, 0,9 vor Hill.
Der erste für Deutschland seit den „Silberpfeilen", seit Caracciola und Rosemeyer und Lang. Und der erste Deutsche überhaupt, der einen Formel-I-Lauf gewinnt.
Phil Hill spürt keinerlei Rivalität aufkeimen, keine Bitternis. „Natürlich haben wir eine große Feier. Ich bin happy für Taffy – und enttäuscht von mir selber."
Die WM spitzt sich zu: Trips und Moss je 12, Hill und Ginther je 10 Punkte.
Dritte Station ist der ultraschnelle Ardennenkurs von Spa: in den sechziger Jahren ein schauriges Abenteuer: mit 300 km/h vorbei an Telegrafenmasten und Hausecken, keine Leitplanken, keine Sturzräume – dafür die atemberaubendsten Kurven der Formel I: Eau Rouge, wo der Himmel wegkippt, Stavelot, Burneville, Malmedy, Blanchimont oder der berühmte Masta-Knick mit fast 300 km/h. „Aber wenn du dort rauskommst, fühlst du dich wie der König."
Noch mehr Werkzeuge, noch mehr Autos: In Spa setzt Ferrari ein viertes Werksauto für den Belgier Olivier Gendebien ein. Die alte belgische Ferrari-Tradition: *König Leopold II. hat oft genug Ferrari finanziell geholfen – dazu kamen die belgischen Englebert-Reifen. Aber die meisten belgischen Ferrari-Piloten trifft ein grausames Schicksal: Willy Mairesse begeht nach einem schweren Unfall Selbstmord. Bianchi verunglückt. Gendebien, der Landedelmann und oftmalige Le-Mans-Sieger mit Phil Hill, gibt auf Drängen seiner Frau den Rennsport auf. Noch eine Rallye in Afrika, dann die Heimkehr. Und die Schocknews am Flugplatz: Seine Frau ist mit dem Auto tödlich verunglückt.*
In Spa hat Hill Pole-position, neben ihm Trips und Gendebien, dahinter Ginther. Aus der dritten Reihe gelingt Graham Hill ein Sensationsstart, aber noch vor Burneville holt ihn Phil ein, und noch bevor die erste Runde vorbei ist, hämmern alle vier Ferarri an BRM vorbei.
Konkurrenzlos an diesem Tag, speziell auf dieser extremen Powerstrecke. Aber in welcher Reihenfolge?
„Sie wollen uns nichts sagen", erinnert sich Hill.
Will Ferrari, daß ihr gegeneinander kämpft?
„Sie wolen, und sie wollen nicht. Da sind gewisse Anzeichen, leise Hinweise – aber niemand sagt wirklich etwas. Ferrari will nur eines nicht: daß wir uns gegenseitig von der Strecke boxen. Vor allem gegen Ende des Rennens, wenn einer die ganze harte Führungsarbeit geleistet hat – *done all the hard work*. Dann sollten wir nicht gegeneinander kämpfen. Wäre ja auch blödsinnig, wenn wir meilenweit vor dem ganzen Feld liegen."

Außer Surtees, Gurney, Bonnier und Moss überrundet das Ferrari-Geschwader in Spa das ganze Feld. Mit Hill vorn, Trips knapp dahinter. Aber dann?
Phil Hill: „Ferrari wäre schrecklich sauer gewesen, hätte Trips in Spa wirklich noch alle Reserven mobilisiert. Und die letzten vier, fünf Runden versucht, mich zu schlagen. Das hätte sie wirklich erbost."
Also doch heimliche Befehle und Stallorder?
Hill: „Bei Ferrari sagt niemand: Dieser soll hier gewinnen oder jener dafür dort – wie es heuer die Williams-Box ahnen läßt. Hätten wir Stallbefehle bekommen, jemand müsse sich zurückfallen lassen, wie der kleine Villeneuve in Melbourne hinter Damon Hill – das wäre schrecklich gewesen."
Also lockere Leine in Spa?
„Keine Stallorder. Aber ich hab' das Gefühl: Wäre Trips *crazy* gewesen, hätte er gegen Ende wirklich was Verrücktes riskiert – Ferrari wäre sehr bös gewesen."
0,7 Sekunden trennen Hill und Trips auf der Ziellinie. Dritter Ginther, Vierter Gendebien. Der Ami hat also auf 1:1 ausgeglichen: Hill 19, Trips 18, Moss 12, Ginther 12.
Was folgt, ist das heißeste Rennen des Jahres: Reims, also Staub und Champagner. Wieder walzen die Ferrari im Training alles nieder: Hill 1,5 vor Trips und 2,5 vor Ginther. Nur Moss kann halbwegs mithalten – im Windschatten des Deutschen.
Der Renntag ist so glühend heiß, daß fast alle Piloten vorm Start – samt Overall – ins Wasser springen.
Aber Ferrari hat seinen Piloten – schimpft Hill noch heute – ein Kuckucksei ins Auto gelegt. „Natürlich haben wir immer nicht die Kühler vorn, so daß die heiße Luft zu uns ins Cockpit strömt – der Heckmotor ändert nichts an der Hitze."
Was wäre nötig? „Die ganzen Rohre abdichten, daß keine Luft heraus kann. Aber Ferrari macht es auf die italienische Art: schneidet Löcher in die Rohre – so daß noch mehr heiße Luft ausströmt..."
Hill führt (und leidet) vor Ginther und Trips, die bald Positionen wechseln. Trips also knapp hinter Hill, der schon im Training so viel schneller war. „Warum, weiß ich nicht. Vielleicht hab' ich das bessere Auto." Aber Reims 1961 heißt Steinhagel. Die Strecke bricht bald auf. Auch Trips bekommt einen Stein in den Kühler. „Wahrscheinlich von mir abgeschossen", sagt Hill mitleidlos.
In der 13. Runde – stille Sensation – winkt Hill den Deutschen in Führung. „Aber ich muß in meinen Helm hineingrinsen. *Take it easy.* Dann seh' ich Rauch bei ihm rauskommen und warte nur, bis er aufgeben muß." Fünf Runden später – als aus Trips' rechtem Auspuff Wasser rinnt.
Aber auch Hill gewinnt nicht, „weil ich das blödeste Rennen meines Lebens fahr'. Sonst hätte ich schon in Reims, ganz sicher und trocken, die WM gewonnen."
Hill ist Spezialist für die Thillois-Haarnadelkurve vor der Zielgeraden. „Ich kann mich dort so blitzartig drehen, ohne Zeitverlust, daß es die Box nicht einmal merkt."

Hill hat Angst vor Steinschlag, als er auf Moss aufläuft, um ihn zu überrunden. „Besser gleich in Thillois, damit er mich nicht die ganze Runde mit Steinen bombardieren kann."
38. Runde, und Hill macht einen großen Fehler: „Weil ich zu ungeduldig bin, nicht warten kann, will ich Moss ausbremsen, rutsche dabei auf den Schotter, dreh' mich – und Moss knallt mir genau in die Seite. Dadurch wird mein Fuß vom Gas gerissen, der Motor stirbt ab."
Die Formel-I-Autos von 1961 haben Starter, aber sogar das Wasser in der Batterie kocht. Hill muß also den Ferrari anschieben, abrennen: *Push and jump, push and jump,* immer wieder. Als er endlich läuft, bin ich noch draußen, kann gerade einen Gang hineinquetschen, ehe ich hineinspring' – und dabei rollt mir noch der Ferrari über den Fuß ..."
Nach dieser Slapstick-Komödie wird Hill, weit abgeschlagen, Neunter. Ginther, nun in Führung, hat keinen Öldruck mehr. „Aber was kümmert mich das?" fragt Hill voll Frust.
Damit bleibt nur noch der Privat-Ferrari von Giancarlo Baghetti im Rennen um den Sieg – gegen die Porsche von Bonnier und Gurney. Hill ist sicher, „daß jetzt Baghetti gewinnt – in seinem allerersten Grand Prix". Er hat recht.
Baghetti gewinnt nie wieder ein Rennen, wird später Reporter und Fotograf. Im Herbst 1995 ist er, erst 60, gestorben.
Die WM 1961 ist durch die Hitzeschlacht von Reims neutralisiert: Hill – Trips steht weiter 19:18. „Ginther hat keine Chance", weiß Hill.
Klar, daß der WM-Titel nur zwischen euch beiden liegen kann. Ist die Stimmung bei Ferrari aufgeheizt? frag' ich.
Hill: „Da ist einiges Unbehagen, wie das wohl funktionieren wird."
Und Hektik und Chaos in der Ferrari-Box?
„Du wirst es nicht glauben – aber da ist große Stille. *A lot of silence.* 1961 hängen das ganze Jahr Franzosen in unserer Box herum, reden nichts, schauen nur – aber wir sehen diese Fremden das ganze Jahr um uns herum."
Taktische Besprechung? Briefing oder Debriefing?
„Nichts von alldem. Keine Strategie, kein Briefing. Nur die Facts, was passiert ist. Niemand redet über die Weltmeisterschaft. Da ist nicht viel zu sagen."
Auch nicht – vorm Start – von Ferrari-Rennleiter Tavoni?
„Nein, was sollte er sagen? Wir kriegen nie irgendwelche Instruktionen. *It's a race.* Niemand redet drüber."

Und was für ein Rennen ist das nächste! Aintree, die umgebaute Pferderennbahn bei Liverpool, wo Moss 1955 zum erstenmal Fangio geschlagen hat. Die vier Trainingsschnellsten fahren identische Rundenzeiten von 1:58,8, aber wer früher dran war, steht vorn: Hill vor Ginther, Bonnier und Trips.
Es wird, wieder einmal, eine Seeschlacht um England.
Zu Mittag strömender Regen. Zum Start um 14.30 Uhr ist die Piste über-

schwemmt. Fast alle Fahrer lassen die neuen Dunlop-Regenreifen D 12 aufziehen.
„Ein schreckliches Regenrennen", erinnert sich Hill. „Es schüttet wie aus Kübeln." Trotzdem führt Hill vor Trips und Ginther. „Aber dann mein großer Schreck: Ich rutsche in Meling Cross in einer Wasserpfütze aus, schieß' direkt auf eine Reklametafel zu, fürchte schon, ich reiß' mir den Kopf ab, ziehe ihn im letzten Moment ein und ducke unten durch."
Hill hat Glück, denn an dieser Stelle passieren alarmierende Unfälle. Ginther dreht sich. Taylor muß mit Rippenbruch ins Krankenhaus. „Und bei mir", gibt Hill zu, „ist nach der Konfrontation mit dem Reklamepfosten die ganze Luft heraus."
Schon in der siebenten Runde die ersten Überrundungen. Trips kann Hill beim Anbremsen von Tatts austricksen, drei Runden später ist auch Moss vorbei – und vermeidet in Meling Cross haarscharf den nächsten bösen Crash, verliert aber 10 Sekunden.
Vorn kommandiert Trips souverän vor Ginther und Hill, als bei Halbzeit der Regen aufhört, die Strecke sogar abgetrocknet. Mit den schokoladeweichen Regenreifen braucht Trips enormes Fahrgefühl – und beweist das eindrucksvoll. Bei wechselhaften Bedingungen zeigt sich immer der wahre Champion.
Als Trips nach 75 Runden die schwarz-weiß-karierte Flagge bekommt, liegt er 46 Sekunden (!) vor Hill.
Wie schon nach Zandvoort führt er in der WM, aber jetzt allein: Trips 27, Hill 25, Ginther 16, Moss 12. „Aber Ginther ist aus dem Titelrennen", sagt Hill. Dafür sieht Trips immer mehr wie der kommende Weltmeister aus.
Der Nürburgring ist verrückt mit dem deutschen Reichsgrafen – verrückt wie früher mit den Silberpfeilen. Oder wie 35 Jahre später mit Schumacher.
Aber da sind keine Drohbriefe wie 35 Jahre später für Damon Hill, keine Psychokriege. Und wenn Fotoreporter ein Shakehands Hill – Trips wollen – überhaupt keine Affäre.
Sie wohnen auch immer gemeinsam im Tribünenhotel oder im „Wilden Schwein" in Adenau.
Seid ihr vorsichtig, was ihr redet? Belauert ihr euch gegenseitig?
„Nein, wir sind gute Freunde."
Und redet ihr über eure Rennen?
„Nur bis zu einem gewissen Punkt, verwickeln uns aber nicht wirklich in Diskussionen."
Die Kernfrage: Glaubt jeder der beiden, daß er Weltmeister wird?
Hill wiegt heute jedes Wort, das er sagt, vorsichtig ab:
„Ich glaube, ich kann sagen: Trips glaubt, daß er auf einem gewissen Niveau auserkoren ist, die Weltmeisterschaft zu gewinnen. Nicht, daß er es direkt sagt, aber ich hör' es aus unseren Gesprächen heraus, hab' dieses *feeling*. Wegen seiner Position, seiner Familie, seinem Reichtum – ich hab' von all dem nichts.

Aber gäbe es eine Art von diskreter Bevorzugung eines Fahrers, das wäre Trips gewesen, nicht ich."
Aber ist der amerikanische Markt nicht 1961 für Ferrari viel wichtiger als der deutsche?
„Vielleicht mag Enzo Ferrari Trips mehr als mich. Könnte sein – aber dafür hab' ich keinerlei Beweise."
Am Nürburgring fährt Hill seine sensationelle Trainingsrunde von 8,54 – als erster unter neun Minuten.
„Ich weiß, daß es am Nürburgring nicht auf die PS ankommt. Sondern mehr darauf, wie das Auto fliegt. Und unser Ferrari fliegt wunderbar, landet genau in der Mitte – nicht mit der Nase oder mit dem Schwanz wie die anderen Autos."
Hill weiß, „daß Trips in Deutschland natürlich Favorit ist. Aber das stört mich nicht."
Es regnet unterschiedlich. Große Frage daher am Start: Regenreifen oder nicht? Es gibt von Dunlop nur den „Green Spot 2" (Regenreifen) oder den „Yellow Spot" (Trockenreifen). „Aber beide haben das gleiche Muster. Slicks gibt es 1961 noch keine."
Der Trick von Stirling Moss: Er nimmt die weicheren Reifen, entfernt aber heimlich den grünen Punkt von den Reifen, so daß die Dunlop-Leute nicht wissen, welche Reifen er montiert hat.
Es ist der sehr weiche, widerstandsfähige Regenreifen, der aber auch im Trockenen fantastisch hält.
„Alle reden vom großen Moss. Sicher einer der feinsten Piloten aller Zeiten", relativiert Hill. „Aber er hat am Nürburgring definitiv einen Reifenvorteil – und würde es auch als erster zugeben."
Hill und Trips haben 180 PS, Moss hat nur 140. „Aber zur Hölle mit den PS", flucht Hill. „Wer schert sich drum? Ich hätte gern mit Stirling getauscht – weil sein Lotus viel besser liegt."
Nur am Ende hängen Moss' Reifen in Fetzen, dadurch kommen Trips und Hill bis auf 20 Sekunden heran. Letzte Runde: Auf den letzten paar hundert Metern ein Regensturm. Trips und Hill stehen quer. Trips fängt sein Auto um einen Hauch früher ab und kassiert vor Hill die schwarzweiße Flagge. 300.000 jubeln. Trips 33, Hill 29, Moss 21: Jetzt sieht Trips schon wie der Weltmeister aus.
Aber die Spannung muß für beide unerträglich sein. „Nicht mehr als sonst die ganze Zeit", sagt Hill. Der Medienrummel hält sich noch in Grenzen. „Nur ein US-Magazin macht eine Titelstory mit uns, *that's all*. Wir wissen beide: Monza oder der USA-Grand-Prix muß entscheiden. Und es könnte Monza sein."

Ferrari testet die Woche vorm italienischen Grand Prix, wie oft damals, in Monza. „Wir lernen Neues über Straßenlage und Aufhängung. Aber mein Motor ist dadurch ausgeleiert, und Ferrari gibt mir keinen neuen."
Am ersten Trainingstag hat Hill Schaltdefekt, aber keine Zeit zum Reparieren.

Samstag verliert er im High-Speed-Oval, der berüchtigsten Monza-Steilwand, 1,5 Sekunden. „Also, was heißt das? Doch nur: schlechter Motor. Ich verlange und krieg' für Sonntag einen neuen Motor – und der geht wunderbar."
Der letzt Dialog Trips – Hill?
„Muß am Start gewesen sein. *Good luck, have a good race* – ich schätze, so wie immer. Wir sagen uns das oft."
Hill startet gut und glaubt, daß er schon vor der Curva Grande in Führung liegt.
„Wir kennen die Gefahr. In Monza überfüllen die meisten ihre Tanks – mit Benzin oder Öl. Das macht die ersten Runden sehr rutschig. Vor allem in der Parabolica. Dort muß man also besonders aufpassen."
Was ist wirklich 1961 in der Bremszone der Parabolica passiert? Stirling Moss sagt später vertraulich zu seinem Teamchef Rob Walker: „Ich glaube: die Kettenreaktion beginnt mit Ricardo Rodriguez. Er versucht, sich hineinzuboxen, womit er andere zur Seite drängt – als wir auf die Parabolica-Kurve zujagen."
Ob sich Moss heute noch erinnern kann? Walker jedenfalls kann sich erinnern, daß es ihm Moss gesagt hat.
Hill analysiert heute: „Trips bremst wahrscheinlich schon am letztmöglich spätesten Punkt, wie er es später im Rennen getan hätte – aber anscheinend nähert sich Jim Clark mit dem leichten Lotus, der wesentich später bremsen kann, schneller als erwartet: als Trips gerade auf die Ideallinie für die Parabolica geht."
Jim Clark überlebt die Kollision ohne Kratzer. Aber Graf Trips ist tot – und mit ihm sterben zwölf Zuschauer in der Parabolica, größtteils Schweizer aus St. Moritz. Der italienische Privatfahrer Piotti kommt mit der Schreckensnachricht an die Box. Die deutschen Radioreporter brechen mit tränenerstickter Stimme die Direktübertragung aus Monza ab.
Hill weiß, daß es Trips ist – auch ohne Boxenfunk: „Aber ich bekomme Boxensignale mit der Reihenfolge hinter mir, ohne Trips, also weiß ich: der umgestürzte Ferrari ist Trips. Aber wie oft gehen Fahrer nach einem Totalschaden zu Fuß weg", klammert sich Hill an einen Strohhalm Hoffnung. „Immerhin, der Trips-Ausfall gibt mir eine komische Art von Erleichterung und eine andere Einstellung zum Rennen."
Er gewinnt unangefochten, fährt aber nicht zur Siegerehrung, sondern direkt in die Box: „,*How is Trips?*' Ing. Carlo Chiti verdreht nur die Augen, schaut an mir vorbei und sagt nur: ,*Go, go,* rasch zur Siegerehrung.' Da weiß ich . . ."
Trips tot, Hill Weltmeister: Die Schlagzeile, die die Welt erschüttert. Ob er seinem verlorenen Stallkameraden den Titel widme oder überhaupt drauf verzichte, wird Phil Hill gefragt. „Aber zu viel stürmt auf mich ein. Ich bin verwirrt, gebe lauter konfuse Antworten. Heute weiß ich: Du kannst nichts anderes erwarten. Die Leute gehen immer an deine verletzbarste Stelle, bohren in deinen Wunden – und so sagst du immer die falschen Sachen. Macht alles nur noch schlimmer. Und mein Sieg ist sehr, sehr lang überschattet."
In Monza: natürlich keinerlei Weltmeisterfeier. Aber wie ein Soldat erfüllt Hill

seine Kameradschaftspflicht: „Ich rufe Taffys Mutter in Deutschland an. Weil ich ihr sagen muß, wie leid es mir tut. Sie weiß es bereits, aber sie klingt tapfer. Was für eine wunderbare, starke Frau."
Zum Grand Prix der USA, den Innes Ireland gewinnt, schickt Ferrari keine Autos mehr. „Heute würde man sie dazu zwingen."
Wolfgangs langjähriger Mechaniker Gerd Gentsch – heute bei Renault-Deutschland – fährt den Sarg mit einem Ferrari zur Familiengruft, als es Abschied nehmen heißt – mit Trauer, aber tiefstem Respekt.
Die Eltern überleben ihren Sohn um mehr als ein Viertljahrhundert.
Mit Wolfgang stirbt das Geschlecht der Reichsgrafen von Trips aus. Wolfgang hat acht Schwestern, aber keine Brüder, keine Kinder.

Phil Hill heiratet spät. Sein jetzt 20jähriger Sohn, Derek John Hill, fährt sehr erfolgreich die Ferrari-Challenge, besiegt 1995 in Mugello alle Europäer und Japaner. „Aber damit ihn niemand mit Damon Hill verwechselt, nennen wir ihn Derek John."
Von den 1,5-Liter-Ferraris von 1961 existiert keiner mehr. Enzo Ferrari läßt sie 1962 alle zerstören – aber nicht aus Trauer über von Trips. Eher aus Wut, weil 1962 alle seine Führungskräfte – Chiti, della Casa, auch Phil Hill – abtrünnig werden und den Rebellen-Rennstall ATS gründen. „Bilde dir auf deinen WM-Titel nur nichts ein!" schimpft ihn Enzo Ferrari noch.
Auch Hill hat sein Weltmeisterauto nicht gekauft. „Der war schon als neuer Wagen nicht gut, warum sollte ich ihn als alten wollen? Die einzigen, die so etwas mögen, sind doch die Australier und Neuseeländer..."
Und der dritte Mann?
Auch Ginther wird nicht glücklich: „Ein Mann mit ungelösten Problemen", weiß Hill. „Er lebt nicht richtig, seine Ehe zerbricht, er hat in seiner Natur negative Elemente, an denen er zerbricht – warum fängt jemand zu trinken an?"
Ginther zieht mit einem Camper in die kalifornische Wüste. Als er 1977, von Goodyear zum 100. GP-Sieg eingeladen, zum Hockenheimring kommt, erkennt ihn keiner mehr: langhaarig, total als Hippie verkleidet. Bei der 40-Jahr-Feier von BRM wirkt er zerbrechlich – 1989 stirbt er, auf Urlaub in Frankreich.
Nur Phil Hill lebt noch.

Dein Bild von Graf Trips heute, über 35 Jahre danach?
Phil Hill: *„He was a wonderful guy* – aber damals waren wir ja noch richtige boys, alle beide. Ich hätte Trips lieber 20, 30 Jahre später als Erwachsenen gekannt."
Vielleicht würden sie heute gemeinsam die Salzburger oder Bayreuther Festspiele besuchen. Und darüber diskutieren, wie 33 Jahre nach Graf Trips wieder ein Deutscher Formel-I-Weltmeister wurde – Michael Schumacher. Oder 17 Jahre nach Phil Hill wieder ein Amerikaner – Mario Andretti.

Porsche-Power

Die Porsche-Story ist die Geschichte spannender Duelle. Eines der ersten: Graf Trips gegen Jean Behra, einen temperamentvollen Südfranzosen, 1957 in Österreich. Beim Gaisbergrennen in Salzburg gewinnt der Deutsche. Worauf Behra verlangt: „In Zeltweg tauschen wir die Wagen!"
Gentleman Trips ist einverstanden und gewinnt mit jenem Porsche Spider, den am Gaisberg Behra gefahren hat.
Bei Behra sind Tränenausbrüche ebenso häufig wie Wutanfälle. Einem Ferrari-Rennleiter, der ihm „Langsamer-Signale" zeigte, hat er in den Boxen einmal einen Schraubenschlüssel nachgeworfen. Behra hat seit einem Unfall in Dundrod (Irland) ein Plastikohr, das er abnehmen kann – am liebsten in vollbesetzten Restaurants, wenn kein Tisch mehr frei ist.
Aber wenn Behra sein Ohr neben den Teller legt, wird blitzartig Platz gemacht.
Behra schreibt einen wesentlichen Teil Porsche-Geschichte, bis er auf der Berliner Avus verunglückt. Die Avus damals: zwei unendlich lange Gerade, zusammengehängt nur durch die Steilkurve. „Eine ganz normale Steilwand", erinnert sich Phil Hill. „Aber furchterregend, wenn sie naß ist: glatt wie Eis. Die heutigen Rennfahrer wissen überhaupt nicht mehr, was es heißt, auf Ziegeln im Regen zu fahren. Die kriegen ihre spezielle Reifenmischung, überall vernünftigen Grip – aber die Avus im Regen ist lebensgefährlich: der höllischste Platz der Welt."
Hans Herrmann überlebt auf der Avus einen mörderischen Bremsdefekt mit dem BRM – im Trockenen. Der holländische Graf Carel Godin de Beaufort wird über die Steilwand hinausgeschleudert, stürzt samt Auto 20 Meter tief ins Fahrerlager, landet auf allen vier Räder und biegt zurück auf die Piste. Die Zuschauer denken: hier fährt ein Geisterauto.
Beaufort wird disqualifiziert. Offieller Grund: „Weil er nicht die ganze Strecke komplettiert hat."
Behra hat bei seinem Unfall weniger Glück: Er wird, ganz hoch oben auf der Steilwand, aus seinem Cockpit geschleudert, direkt gegen einen Flaggenmast.
Porsche hat soviel Sportwagen-Image, daß man heute fast vergessen hat, wie erfolgreich die Zuffenhausener Autos in der Formel I waren. Wie großartig im Kampf mit den englischen Teams von Lotus, Brabham, BRM – und natürlich Ferrari.
Rob Walker sagt heute: „Ich war der Mann, der Porsche lehrte, wie man Formel-I-Rennen fährt." Natürlich über den Umweg Formel II. „Denn die Deutschen wissen noch so wenig davon."
Syrakus 1960: Porsche gibt Walker einen Formel II für Stirling Moss, der nach dem Training sagt: „Jetzt fahren wir noch die Reifen fürs morgige Rennen ein."

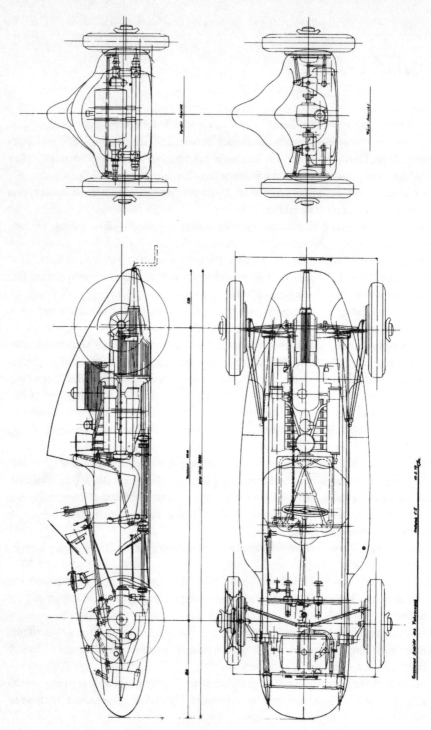

Der legendäre Porsche Typ 360, genannt „Cisitalia", den sogar Tazio Nuvolari fuhr. Porsche-Originalzeichnung vom 10. August 1947.

Das hat Porsche noch nie gehört. Rob Walker erinnert sich: „Sie montieren die Rennreifen auf einen Privat-Porsche und befehlen dem Fahrer: ‚Jetzt fahr damit die halbe Nacht durch Syrakus . . .'"

Moss führt, bis sein Motor platzt – was niemand erwartet hätte.

Aber so ungeschickt können die Deutschen wirklich nicht gewesen sein – denn bei den Sportwagen fallen ihnen genug Tricks ein. Etwa mit dem Bremslicht, das aufflackert, auch wenn man gar nicht bremst. Nach Vorbild der Rallyefahrer wird bei der „Targa Florio" auf Sizilien am Amaturenbrett ein Kippschalter eingebaut, mit dem der Fahrer die Bremslichter beliebig ein- und ausschalten kann – ohne auch nur das Bremspedal zu berühren. Man täuscht damit einen hartnäckigen Verfolger im Zweikampf: Schalter umlegen, und schon flammt das Bremslicht auf. Der Verfolger muß glauben, daß der Vordermann bremst – und bremst selber. Das kostet jedes Mal 15, 20 Meter . .

Ernst ist es Porsche 1961/62 in der Formel I. Hans Mezger – später der geniale Vater des TAG-Turbomotors – ist schon damals dabei: „Ich komm' als junger Ingenieur in die Rennentwicklung und befasse mich vor allem mit der Berechnung und Konstruktion der Ventilsteuerung."

Die Porsche-Piloten von damals: Der bärtige Schwede Joakim Bonnier, der 1959 in Zandvoort den ersten BRM-Sieg errungen hat, später am Genfer See als Nachbar von Jochen Rindt und Jackie Stewart wohnt –, und der baumlange Amerikaner Dan Gurney.

Die Autos von damals: 8 Zylinder mit 200 PS – ein Drittel von heute.

Beim berühmten Solitude-Rennen, vor gigantischen Zuschauermauern, fahren die Porsche 1961 auf den Lotus von Jim Clark schon acht Sekunden Vorsprung heraus – aber Sieger wird Innes Ireland vor Bonnier und Gurney.

Bös' ist ihm keiner: Ireland, ehemaliger Fallschirmjäger bei der UNO-Polizeiaktion am Suez-Kanal 1956, ist jahrelang eine der schillerndsten Figuren. Wie er siegt, so feiert er. Und das Solitude-Rennen hat für ihn noch eine zusätzlich, feuchtfröhliche Runde:

„Zuerst wird in der Stuttgarter Hotelbar ordentlich gefeiert. Um Mitternacht, als wir schlafen gehen wollen, muß irgendwer den falschen Aufzugsknopf gedrückt haben – weil wir plötzlich auf dem Dach des Hotelzubaus stehen." Worauf Ireland seine Luftdruckpistole zieht und „ein bißchen in der Gegend herumballert".

Der erschrockene Hotelportier alarmiert die Polizei. Der Solitude-Sieger muß diese Nacht auswärts schlafen. Daß ich ihm damals den Beinamen „Whisky-Face" gab, hat mir Ireland bald verziehen.

Nach einem Österreichring-Rennen klettert der Rennfahrer in Judenburg feuchtfröhlich den ganzen Kirchturm hinauf. Als er 30 Jahre später seine Klettertour unbedingt wiederholen will, reißen ihn englische Freunde mit Mühe zurück.

Innes Ireland, der letzte Abenteurer, stirbt im Herbst 1994 an Krebs – als Schumacher gerade um seinen ersten WM-Titel kämpft.

Porsche aber hätte schon 1961 seinen ersten Grand Prix gewinnen müssen: das K.-o.-Rennen von Reims. Baghetti im einzigen überlebenden Ferrari gegen die Porsches von Bonnier und Gurney. Ein mitreißender Dreikampf, den überraschend Baghetti gewinnt. Weil Bonnier und Gurney gegeneinander fighten? „Zusammengearbeitet haben sie jedenfalls nicht."
Der Formel-I-Porsche von 1962, erinnern sich alle Engländer, ist „a nice little car". Und gewinnt mit Gurney am Steuer den Grand Prix von Frankreich in Rouen – ein stolzer Tag.
Die magische Grenze von damals – 200 PS – ist erreicht. Warum, fragen alle, steigt man Ende 1962 aus der Formel I aus?
„Ein Fehler", gibt Hans Mezger heute zu. „Vielleicht, weil wir nicht fest genug glauben, daß wir es können."
Gurney hat später bei Brabham große Erfolge, baut wie Jack Brabham, Bruce McLaren, später auch Chris Amon und John Surtees, seinen eigenen Formel-I-Wagen: Den „All American Eagle". Am höchsten fliegt der Adler in Spa: Gurney gewinnt mit eigenem Wagen und eigenem Motor, dem Eagle-Weslake-Gurney.
Amerika ist verrückt mit seinem Rennfahrerstar, es gibt sogar Buttons mit dem Aufdruck „Gurney for President". Dann wäre freilich eine Deutsche amerikanische „First Lady" geworden:
Als der Fachjournalist und heutige Mercedes-Rennleiter Norbert Haug sich zu Hause in Stuttgart von seiner Frau verabschiedet, um nach Indianapolis zu fliegen, hört er völlig überrascht: „Dann wirst du dort in den Boxen ja meinen Schwager treffen."
Ihre Schwester, die vormalige Porsche-Pressechefin Evi Butz, hat wirklich Dan Gurney geheiratet – und sie sind bis heute mehr als happy geblieben. Derzeit kommandiert Gurney die Angriffe von Toyota auf die amerikanische Rennszene.
In Europa sind seine Stories unvergessen: In Monza tragen ihm boshafte Rennfahrerkameraden einmal einen Fiat 500 im Hotel bis in den dritten Stock hinauf. Gurney grinst und fährt den Quinquecento die drei Stockwerke wieder hinunter – trotz Wendeltreppe.
Und oft hatte er Formel-I-Reifen als Handgepäck oder einen kompletten Startermotor unter dem Regenmantel, wenn er ins Flugzeug stieg.
In den Formel-I-Boxen war Gurney seit Budapest 1986 nicht mehr. Seit Teamkamerad Bonnier ist 1972 in Le Mans verunglückt: der Mann mit dem „Gesicht wie ein Bildnis" aus reicher schwedischer Verlegerdynastie – und seine Frau Marianne eine Enkelin von Alfred Nobel.
Bis Mitte der sechziger Jahre fuhr Ingenieur Helmut Bott die Rennsportwagen auf der Nürburgring-Nordschleife noch selber ein: „War auch ein Fehler: das gleiche Auto testen und fürs Rennen umbauen. Wir hätte da ein Test-, dort ein Rennauto haben müssen."
Und Porsche allein in der Formel I? „Das wäre nie gegangen. Da wären wir von

Ecclestone abhängig, der FOCA ausgeliefert gewesen – das hätte Porsche nie akzeptiert."
Manchmal freilich muß man auch Ingenieur Mezger fragen: „Tut es Ihnen leid, daß Sie nicht ein ganzes Formel-I-Auto gebaut haben – wie seinerzeit?"
„Ein bißchen, ja." Und hätte er auch das Chassis hinbekommen? „Beim Ollon-Villars-Auto, dem Prototyp für den 910er, hat Ingenieur Piech 1963 binnen drei Wochen eine neue Radaufhängung gebastelt." Später entsteht unter Mezgers Verantwortung wirklich ein ganzes Auto: Rahmen, Chassis, Radaufhängung: Es heißt „Weißer Riese".
Als Porsche vom Typ 908 zum legendären Typ 917 wechselt, gelingt der Durchbruch zum absoluten Gesamtsiegerauto. Und das mit einer sehr konsequenten Entwicklung unter Ausnützung aller technischen und finanziellen Möglichkeiten – man muß ja damals 25 Autos bauen, damit der Typ homologiert wird.
Porsche-Power ist Ende der sechziger, Anfang der siebziger Jahre das einzige erkennbare Professionelle im deutschen Motorsport.
Aber dafür: die ganze deutsche Power, das Symbolauto für den deutschen Motorsport – denn in den anderen Fabriken tut sich zu jener Zeit nichts. Oder fast nichts.
BMW experimentiert in der Formel II und bei den Tourenwagen, brilliert aber nicht als Gesamtsieger und kaum in der Öffentlichkeit – und Sportwagenrennen haben damals ungeheuer Gewicht: fast so wie die Formel I.
Fast alle renommierten Piloten fahren sowohl Formel I als auch Sportwagenrennen: Siffert, Redman, Ickx, Peterson etc.
Es sind ja immer wieder die Einzelmänner: bei BMW Paul Rosche (heute immer noch), der die Motorentwicklung vorantreibt – und bei Porsche ist es Piech, der mit seiner ganzen Ingenieurkunst, seinem bekannten flammenden Ehrgeiz und aller diamantenen Härte vorangeht.
Und auch erstmals zeigt, daß man hier gewinnen kann – wenn man das Reglement in allen Details und in jeder, auch der kleinsten Nische ausnützt.
Die ersten Einsätze des 917 sind alles andere als erfolgversprechend. Das Auto ist äußerst kritisch im Fahrverhalten. Die Stammpiloten weigern sich daher mehr oder minder, mit diesem Auto ins Rennen zu gehen.
Piech legt in einem offenen Gespräch mit Jo Siffert seinen Wunsch dar: daß es für ihn als Techniker nur eine Richtung gibt. Und Siffert genießt das meiste Vertrauen. Im Sinn einer Klarstellung soll er beurteilen: Ist der 917 eine Fehlentwicklung – oder liegt wirklich Potential drin?
Am Österreichring sagt Piech zu Jo Siffert: „Ich kann Sie natürlich nicht zwingen, aber Sie würden mir einen großen persönlichen Gefallen tun, Herr Siffert, wenn Sie den 917 fahren . . ."
Die Chance, zu gewinnen, ist für Siffert mit dem 908 größer – ohne Risiko.
Der 917 hat Kinderkrankheiten: teils in der Aerodynamik, teils wegen der Verwindung des Rohrrahmens, der nicht genügend Festigkeit hat. Die Fehler wer-

den beseitigt. Ergebnis: das Auto ist zwei Jahre lang unschlagbar und verbreitet den Mythos von Porsche in der ganzen Sportwagenszene.
Dr. Helmut Marko, der zusammen mit dem Holländer Gijs van Lennep 1971 das 24-Stunden-Rennen von Le Mans gewinnt, erinnert sich:
„Der 917 ist, wenn er gut liegt, ein toll zu fahrendes Auto. Aber sehr kritisch in der Abstimmung. Es gibt oft Rennen, in denen der 917 mehr als schlecht liegt – und es gibt auch sehr viele Probleme, z. B. fast eine halbe Saison lang Reifenschäden: weil sich der Reifen durch den großen Druck auf der Felge bewegt – und dadurch Luft verliert."
Es gibt haarsträubende Unfälle, so daß man glauben könnte: die Piloten sind Testpuppen, die reinsten Dummies.
In Daytona packt Marko der große Schreck, als der 917 im Steiloval wie verrückt zu kreiseln anfängt: „So jung ... so schön ... und jetzt ist alles aus."
Haarsträubende Unfälle, die gottlob fast alle glimpflich ausgehen. Aber man muß sich vorstellen: Die normale Version fährt damals 370 km/h Spitze und die Langstreckenversion sogar 420 km/h!
Geschwindigkeiten, die man erst 20 Jahre später mit Mercedes wieder erreicht.
Und fast schon Erlebnisse, wie sie der erste Überschallflieger Chuck Jaeger hat, der 1947 Mach 1 durchbricht – einen Tag, nachdem er vom Pferd gefallen ist und sich zwei Rippen angeknackst, den Sturz aber verheimlicht hat: „Weil ich nicht wollte, daß der Ersatzmann fliegen darf", wie mir Jaeger selbst einmal erzählte. „Und den Knall, der unten auf der Erde alle verrückt machte, hab' ich gar nicht gehört – der passierte ja hinter mir."
Was fühlt man bei 420 km/h im rasenden Rennwagen? Nur Stille, andere Farben? Ändern sich die Farben, die Atmosphäre – oder kommt ein quasi horizontaler Tiefenrausch? Nur ein sensibler Rennprofi wie Marko kann das genau spüren, erfühlen und uns weitergeben:
„Alles fängt zu flimmern an. Man hat ein etwas abgehobenes Gefühl, nicht mehr den richtigen Bodenkontakt – gleichzeitig läuft der Motor auf seiner absolut höchsten Drehzahl – ein ganz eigenartiges Singen."
Das Marko jetzt wieder nachempfindet, als er zufällig Ausschnitte vom Steve-McQueen-Film „Le Mans" sieht.
„Da ist es wieder: ein elektrisierendes Gefühl, wenn man mit dieser Geschwindigkeit dahinrauscht. Aber gleichzeitig mußt du so konzentriert sein auf der Geraden. In Le Mans – auf der Hunaudieres-Geraden – schauen wir immer auf die Flaggenmasten: Wenn die Fahnen nur einen Hauch flattern, mußt du bei den Windschneisen bereits gegensteuern."
Das ist das eine Problem.
„Das andere sind die langsameren Autos beim Überrunden, Porsche-Carreras, die 250 km/h laufen, manche matchen sich auf der Geraden im Windschatten. Und bedenken nicht, daß jemand von hinten mit 100 km/h Überschuß heranjagt. Das geht alles so schnell."

Die Gerade ist nie zum Ausruhen da. „Im Gegenteil – du mußt voll konzentriert sein auf die ganzen Einflüsse von rundherum."
Porsche hat damals auch den Typ 917 mit Turbomotor, kommt damit erstmals über 1000 PS, stößt also in Sphären vor, die man im Motorsport für unmöglich gehalten hat. Towards the unknown: wie die Astronauten.
„Wir haben schon 1971 in unserem Auto ABS, das zwar nicht reibungslos funktioniert – aber immerhin."
Beim 100-km-Rennen auf dem Österreichring fällt die Entscheidung: Jetzt werden drei Testtage angehängt. Dann wird das Projekt gestoppt.
Aber damals steigen ja auch Ferdinand Piech und die gesamte Familie aus Führungspositionen innerhalb des Porsche-Imperiums aus – womit diese Entwicklung bei Porsche zum Stillstand kommt.
Und warum geht Porsche auf dem Höhepunkt des sportlichen Ruhms nicht direkt in die Formel I?
Für Porsche sind in erster Linie Erfolge mit Sportwagen wichtig, was ja die unmittelbare Nähe zur Serienproduktion am besten darstellt: um dort seine sportliche Überlegenheit zu demonstrieren.
Ob Piech damals ein Formel-I-Projekt im Hinterkopf hat, weiß niemand. Aber dann erfolgt aus firmenpolitischen Gründen der Rückzug von Piech – und dadurch tritt bei Porsche der Sport wieder in den Hintergrund.
Um nicht zu sagen: er schläft ein.
In jener Zeit ist Formel I für Piech kein Thema, und in der weiteren Folge geht man einen anderen Weg, ist wieder ins Konservative zurückgefallen: Was soll man mit einem 5-Liter in der Formel I?
Aber in den Langstreckenrennen hat deutscher Ingenieurgeist, deutsche Power zum ersten Mal alle überrascht und niedergerannt. Nur leider, die Zeit der großen Langstreckenrennen ist heute vorbei – und mit ihr die Ära ihrer Generäle: Colonel Ronnie Hoare, der im nordafrikanischen Wüstenkrieg als Artillerieoberst gegen Rommel gekämpft hatte. Oder Jaguar-Kommandant Lofty England, der seine Pensionistenjahre im österreichischen Salzkammergut verbracht – und Mike Hawthorn wegen Le Mans bis zuletzt verteidigt hat.
Und der vormalige Vanwall-Rennleiter David York, in seiner großen Zeit Schlachtenlenker in der Box von Gulf-Mirage beziehungsweise Gulf-Porsche, später bei Brabham, stirbt 1987, am Wochenende des letzten Österreich-Grand-Prix, in Zeltweg.
York ist ein einsamer, alter Mann, immer allein, hat bis zuletzt nur seine große Liebe Autorennen, aber sonst nichts. Keine Angehörigen, keine Familie. Bis ein Brabham-Mann in Yorks Notizbuch ganz klein die Telefonnummer eines Bruders findet – und ihn sofort anruft.
„Terrible sorry, Mister York, aber Ihr Bruder ist heute nacht verstorben."
„Und was geht micht das an?" kommt als unerwartete Antwort durchs Telefon.
„Ich hatte gerade selber einen Herzanfall."

Wie kalt es weitergeht

Das deutsche Schicksalsrennen ist Barcelona 1975: Großer Preis von Spanien auf der malerischen, aber saugefährlichen Montjuich-Strecke von Barcelona – wo schon 1969 beiden Lotus-Piloten, Jochen Rindt und Graham Hill, die Heckflügel weggebrochen sind.
Sechs Jahre später ist es die Story von Rolf Stommelen und Jochen Mass.
Stommelen, der sanfte, bebrillte Kölner Bürgersohn, und Moss, der Exmatrose, der nach seiner Rückkehr aufs Land Rennfahrer wird, „damit mich das von den Mädchen ablenkt" – glaubt er irrtümlich . . .
Rolf Stommelen ist Deutschlands erster echter Grand-Prix-Pilot seit Graf Berghe von Trips, weil seine Sponsors befunden hatten: Trotz der Porsche-Triumphe wird „die ganz große Musik nur in der Formel I gespielt". 1970 findet es Rolf bei Brabham „am nettesten, daß Ron Tauranac soviel von den Autos versteht". Finanziell findet er unter Fahrern „keinen Mittelstand, weil die einen viel, aber die anderen, wie ich, nichts verdienen". 10 Punkte und ein elfter WM-Rang im Premierenjahr sind viel mehr, als man erwarten durfte.
1971, bei Surtees, hofft Stommelen, noch besser abzuschneiden und auch etwas mehr Geld zu verdienen als im Vorjahr.
Surtees sagt heute, er habe geplant, „Rolf so aufzubauen, daß er mich als Fahrer ersetzen kann", aber das klappt nicht.
Als er in der Formel I anfing, war Rolf restlos begeistert: „Bei Porsche mußte man wie ein Soldat habtacht stehen", sagt er mir 1970 in Kyalami, „wogegen die Formel I viel freier ist, auch selbstbewußter, weil sie eigene Entscheidungen verlangt."
Später sagt er unverblümt, daß ihm seine Grand-Prix-Gegner „mehr oder minder fremd geblieben sind", daß er seine besten Rennfreunde vielmehr im Alfa-Romeo-Prototypen-Team fand, das aufgrund der vielen Brillenträger auch „die Mannschaft der Blinden" genannt wurde. „Wir sind nicht sehr schnell", lächelt Rolf noch 1970, „aber lustig." Piers Courage stand ihm sehr nahe, später auch Pescarolo und Galli.
Die Grand-Prix-Stars der Vorkriegszeit, sinniert Rolf manchmal, hätten es leichter gehabt: „Wen Mercedes oder Auto-Union auserkoren hatten, der wurde zu dem, was er später wurde, gemacht. Man fuhr damals nicht so hart und schnell, jetzt aber immer schneller und härter." Und er sieht sich so: „Initiative und Ehrgeiz kann ich nur im Rennwagen entwickeln."
Als ich 1966 in Zürs am Arlberg Jochen Rindt zum Skilaufen traf, sagte er: „Zum Abendessen kommt ein deutscher Rennfahrer zu uns, Rolf Stommelen." Ich dachte vage an einen behäbigen Fabrikanten mit Porsche-Image, amateurhaften Plänen, aber vielen Pokalen zu Hause. Und dann kam Rolf, aufrichtig und

herzlich, mit Wuschelkopf und eben vom Arzt empfohlenen 0,75-Dioptrien-Brillen. Es wurde einer der nettesten Abende.

Rolf Stommelen (geboren am 11. Juli 1943 in einem Kriegsbunker in Siegen) wuchs auf in der Geborgenheit einer wohlhabenden Kölner Bürgerfamilie: Garage, Tankstelle, Leihwagenflotte. Schule: mittelmäßig, kein Raufer, Sport: mittelmäßig. Sein Ehrgeiz erwachte erst während der Mechanikerlehre, die er bei Mercedes mit „eins" bestand. Und beim Wasserskilauf.

Zwischendurch trampte er von Köln auch die fünf oder zwei Stunden zum Nürburgring; je nachdem, ob er auf dem Fahrrad oder einem Moped saß. Später, als er bereits im Geschäft seines Vater arbeitete, fuhr er im Super 90 zum „Ring", um „ein bißchen wild zu spielen". Es folgten die Flugplatz-, Berg-, Tourenwagenrennen. Automatisch wurde Stommelen vom Amateur zum Profi.

1967 gewann er die Targa Florio, noch stolzer aber ist er auf seine Perfektionen in Le Mans: Dort wurde er 1969 – als erster Pilot – mit 380 km/h gestoppt. „Es wurde stiller im Cockpit", erinnert sich Rolf, „und ich fuhr wie auf Glatteis; mit ganz feinen Lenkbewegungen." 1967 verlor er die Bergeuropameisterschaft, weil man die Bestimmung ausschnüffelte, der Fahrer, der die meisten Rennen beendet hat, wäre der Sieger, trotz Punktegleichheit an Gerhard Mitter; 1968 verlor er sie durch einen Unfall: den Lenkungsdefekt auf dem Roßfeld, erlitten am 7. Juni, was gespenstisch anmutet, weil 1968 drei tödliche Unfälle (Clark im April, Spence im Mai und Schlesser im Juli) am Siebenten eines Monates passiert waren.

Rolf, der nur „Hosenträger-Attrappen" benützt, obwohl Haltegurten bereits vorgeschrieben sind, klettert über die Böschung zurück zum Auto, das sich rückwärts überschlagen hat. Aber Rolf hat, im Gegensatz zu seinem Teamkameraden Scarfiotti, noch bremsen können. Scarfiotti stirbt.

„Ich bin wohl einer der zwanzig", denkt Rolf realistisch, „aber eben auch nur einer der zwanzig. Und man braucht sich keine Illusionen zu machen, daß man der große König ist."

Rolf ist sensibel, „doch das sind auch andere Fahrer, und wenn sie noch so hart scheinen mögen. Aber feinfühlig zu sein, gibt erst das Gefühl fürs Rennfahren; ein Elefant ist nicht sensibel. Umgekehrt: Wenn du nachdenkst, bist du langsamer."

In Stommelens ersten zwei Formel-I-Jahren kommen fünf Grand-Prix-Fahrer ums Leben. Was ihn erschreckt, was ihm „manchmal Gänsehaut macht", sind nicht nur die Unfälle an sich, sondern – mehr noch – „die geringe Anteilnahme fast aller; die Tatsache, daß nur Außenstehende Emotionen zeigen; die Härte des Busineß und die Kälte, mit der es weitergeht. Dies alles dämpft das Erlebnis. Manchmal frage ich mich", vertraut mir Rolf an, „bei welchen Leuten bin ich denn da? Aber da ich es weiß, kann ich daraus schließen, was eines Tages vielleicht auch auf mich zukommt. Daß ich ausgebootet werde, einen Tritt bekommen kann, wenn ich einen Unfall habe; wenn ich nicht mehr gut genug bin; oder wenn ein anderer kommt."

Das droht 1975 in Barcelona, wo die Fahrer wegen der unsicheren Strecke streiken wollen, aber von den Veranstaltern – und ihren eigenen Teamchefs – erpreßt und in die Cockpits gezwungen werden. Nur Fittipaldi hat den Mut zur Feigheit: Er fliegt vorm Rennen heim nach Lausanne.
Die GPDA stiebt auseinander, ist in diesem Moment praktisch gestorben. Jochen Mass' Vorschlag von einem „Autokorso mit Überholverbot" wird kaum mehr gehört.
Mass hat freie Wahl, „aber entweder machen's alle oder keiner. Ich fahr', um Repressalien zu vermeiden."
Huschke von Hanstein versimpelt den bitteren Ernst: „Mein Junge, ist doch nicht so schlimm." Mass prallt entsetzt zurück: „Es ist noch viel schlimmer. Wir können nur hoffen, daß nichts passiert, sonst geht's euch an den Kragen."
Mass schläft in der Nacht vor dem spanischen Grand Prix schlecht. „Aber das", fürchtet Maria-Helena Fittipaldi, „ist vielen so gegangen. Ich hab' den einzigen wirklich tapferen Mann." Seine Frau plagt ein Alptraum: „Es gibt nur eine Möglichkeit, zu beweisen, daß Emerson recht hat, aber das wäre der entsetzlichste Beweis: ein Unfall."
Als die Fittipaldis um 12.20 Uhr ins Flugzeug nach Genf steigen, rollen die Wagen zum Start . . .
„Wenn etwas passiert", gibt der Spanier Soler-Roig zu, „sind wir im Herzen alle ein wenig schuld." Und der Mann aus der fünften Startreihe, Stommelen, sagt mir: „Wenn man gewisse Teamchefs, nicht meinen, brüllen hört: ‚Marsch in eure Autos!' – dann kann man nur sagen: Fittipaldi ist der einzige Tapfere. Aber ich kann mir's nicht erlauben, wie Emerson zu handeln. Und das ist die Ansicht von fast allen von uns, egal, ob sie's zugeben oder nicht. Glaub mir: Ich schäme mich dafür, daß ich starte . . . und mir ist nicht wohl in meiner Haut."
Rolf ist bedrückt und nachdenklich – wie fast alle an diesem 27. April. Dabei hat er sich so auf die europäische Saison gefreut, förmlich gespürt, „wie mein Embassy-Hill von Rennen zu Rennen konkurrenzfähiger wird". Stommelen scheint etwas zu gelingen, was ganz, ganz selten ist: eine „zweite Karriere" in einem Sport, in dem es die „zweite Chance" normal nicht gibt.
„Als mir Graham den Platz anbot, war ich gebauchpinselt." Rolfs große Herbstauftritte 1974: Schneller als Mass und Stuck, die ihn inzwischen aus vielen bundesdeutschen Herzen verdrängt hatten. Und jetzt fünfte Reihe in Spanien.
In Stommelens Box sitzt Marlene, ehemalige Chefsekretärin der Technischen Hochschule von Aachen. Rolf hat sie 1971 auf Wörthersee-Ferien kennengelernt: „Ich hatte keine Ahnung, daß Rolf Rennfahrer war. Sonst hätt' ich ihn sofort laufenlassen."
Was an Stommelen immer wieder verblüfft: Woher dieser extrem nette, hilfsbereite Mensch die Brutalität fürs Stahlgewitter der Formel I nimmt.
Barcelona beginnt unheilvoll: Mehrere Wagen touchieren. Lauda ist auf der Stelle eliminiert, Clay Regazzoni muß an die Box.

„Watson hat mich torpediert und gegen dich gestoßen. Im Pulk verteidigt jeder seine Position", sagt Andretti später.

Aber Andrettis Auto ist angeschlagen: Ein Frontflipper ist verbogen (vom Rammstoß gegen Lauda), die rechte Hinterradaufhängung ist verbogen (Gruß von Watson). Mario weiß und spürt das, „aber ich fahre, solange das Auto zusammenhält". Bis zu 20 Sekunden Vorsprung bolzt der Italo-Amerikaner heraus, dann kollabiert die Aufhängung, und Andretti stürzt in die Leitschienen.

Das ist die 15. Runde, und der neue Spitzenreiter heißt Stommelen, mit Pace und Peterson im Nacken.

Zum erstenmal seit 14 Jahren führt ein Deutscher in einem Grand Prix. Aber Rolf fährt „nicht am Limit, nicht am letzten Drücker, damit hinterher ja keiner sagen kann: Kaum führt er, fährt er wie ein Verrückter, bis er prompt sein Auto rausschmeißt."

Der Kölner kontrolliert Carlos und Ronnie immer von der Spitze. Peterson lobt nachher: „Er imponiert mir vor allem in den schnellen Bergaufkurven, die viel Herz verlangen."

Rundum ist der enge Straßenkurs längst von vielen Wracks gesäumt. Peterson weiß nie, „was die gelben Flaggen wirklich bedeuten: Ist das noch ein alter Unfall, oder ist schon der nächste passiert?" Deshalb versuchen Peterson und Pace gelegentlich, Stommelen unter gelber Flagge (strengstes Überholverbot!) auszutricksen.

Rolf aber paßt auf, ist „absolut sicher, daß ich dieses Rennen gewinnen werde". Nach der 23. Runde signalisiert er seiner Box noch mit dem Daumen: „Alles okay."

Nach der 24. beträgt sein Vorsprung auf Pace 1,1 Sekunden. Nach der 25., als Steve 1,6 schreibt, reißt es ihm beim Komma den Bleistift aus der Hand. Steve und alle in den Boxen hören den explosionsartigen Knall, auch Stommelen, der jedoch denkt: „Aufhängungsbruch, vielleicht Reifenplatzer."

„Was ist das eigentlich, Grand-Prix-Racing?" hat mich Jochen Rindt im Spätsommer 1970, wenige Tage vor seinem Tod, gefragt – plötzlich auf der Straße innehaltend, nachdenklich, fast im Selbstgespräch, nach seinem letzten Heurigenbesuch in Grinzing. „Du fährst rundherum, im Kreis, immer rundherum, und auf einmal kommst du nicht mehr vorbei."

Stommelen ist der Heckflügel weggebrochen, an der bösesten Stelle, der Bergauf-Linkskrümmung, in der sich das Auto in den Federn hochschaukelt, an der absoluten Rutschgrenze balanciert. Der Flügel fliegt vier Meter hoch. Der Embassy-Hill, außer jedweder Kontrolle, prallt links gegen die Leitplanken, wird quer über die Bahn nach rechts geschleudert, alles vor Paces Augen.

Carlos erzählt mir später: „Ich brems' sofort, danach schließ' ich die Augen und bete. Als ich sie wieder öffne, sehe ich Rolfs Auto über mir in der Luft."

Was Pace nicht mitbekommt, was aber Fotodokumente beweisen: Stommelens Auto rotiert, halb umgekippt, auf der rechten Leitplanke. Und ist gerade in je-

nem Sekundenbruchteil, als Pace unterhalb durchschlittert, in Längs-, nicht in Querrichtung – die für Pace katastrophal gewesen wäre: „Irgendwie bin ich dem Inferno entronnen. Aber das war nicht ich – das war Gott, der mir geholfen hat."
Während Paces Brabham mit demolierten Rädern die Leitplanken bis zur Haarnadel weiterschlittert, kippt Stommelens Auto über die Leitplanke, nach innen, wo Streckenposten und Fotoreporter stehen, und zerbricht.
Jochen Mass, acht Sekunden hinter dem Führungsduo gelegen, sieht Aufhängungsteile und Reifen herumliegen. „Mir ist sofort klar, daß Schreckliches passiert sein muß. Ich denk' an Pace und hab' Angst um ihn. Später erst dämmert mir: Stommelen ist über die Leitplanken – weil ich die Unterseite seines Autos sehe."
Mass bremst auf Schrittempo herab, „und da steht Wilson Fittipaldi und streckt den Daumen hoch: Gott sei Dank, Rolf lebt."
„Und Pace?" fragt der junge Brabham-Designer Murray angsterfüllt. Unverletzt, sagt man ihm. Murray bekreuzigt sich.
Graham Hill und seine Mechaniker sind die Strecke hinaufgerannt. Jetzt helfen sie bei Rolfs Bergung, die wegen der neun Beinbrüche furchtbar weh tun muß.
„Put me down", schreit der Deutsche auf englisch. Fittipaldis Privatarzt Grajales, der im Montjuich-Park geblieben ist, leistet Erste Hilfe.
Die Spanier sind völlig konfus. Einen Toten legen sie ins Rettungsauto. „Holt unser Transitauto", befiehlt Hill, „damit wir Rolf ins Spital bringen können."
Graham ist schreckgelähmt. Die das Team in diesen Minuten zusammenhält, ist seine Frau Bette.
Und die draußen den Verkehr regeln, sind die Mechaniker. „Langsam! Langsam!" warnen sie mit weit ausgestreckten Armen. Regazzoni und Reutemann bremsen so brüsk, daß ihre Autos vorn herunterkippen. Andere fahren Schlangenlinien.
Aber Ickx überholt Mass, Jarier überholt Reutemann mit Vollgas. „Bastard", ruft ihm jemand nach.
Mass erwartet jeden Moment den Abbruch, begreift aber, „daß es jetzt ja um den Sieg geht". Eine Runde später verschaltet sich Ickx, Mass geht vorbei.
Längst beschwört Lauda an Start und Ziel die Funktionäre: „Da ist eine Katastrophe passiert, ihr müßt abbrechen, bevor jemand überfahren wird." Aber die Spanier klopfen ihm nur onkelhaft auf die Schulter: „Wird schon nicht so schlimm sein." In der 29. Runde kommt endlich die Abbruchflagge heraus.
„Well done", empfängt McLaren-Chef Teddy Mayer den freudlosen Sieger Mass, „gute Arbeit." Da war ein Unglück, sagt Mass. Vier Tote, sagt Mayer, worauf Jochen derartiger Zorn packt, daß er dem CSI-Generalsekretär Le Guezec ans Kinn greift – prompt drohen die Polizisten mit Gummiknüppeln. „Halbe Punkte", sagt ein Funktionär, im Regelbuch blätternd, „aber volles Geld."
So rasch er kann fliegt Mass nach Deutschland. Nachts schreckt er aus dem Schlaf: „Ich hab' Barcelona nur geträumt", glaubt er, aber: „Dann war alles nur noch schlimmer."

Stommelen liegt in der „Clinica Soler-Roig" – wie 1969 Rindt, wie er, in Führung liegend, verunglückt, wie er wegen Flügelbruchs. „No visitas" hängt an der Schnalle von Zimmer 5.

„Das Atmen tut weh, ich kann nicht schlafen, mich nicht bewegen, das macht mich fertig", klagt Rolf leise, etwas apathisch, und gibt mir klare Schilderungen des Rennverlaufs und Unfalls. Der Satz, der oft wiederkehrt: „Ich hätte gewonnen."

Graham und Bette Hill waren schon da und waren sorry. „Immer das gleiche", sagt Rolf, „einer ist immer sorry." Professor Soler-Roig, Alex' Vater, ist überzeugt, daß alles wieder in Ordnung kommt. „Aber das haben sie bei Hailwood auch behauptet", zweifelt Rolf.

Es geht ihm schlecht, und er weiß noch nichts von den Unfallfolgen. Bis CSI-Präsident Fürst Metternich wie ein Elefant im Porzellanladen in Zimmer 5 tritt und sagt: „Tag, Rolf, hat schlimm ausgesehen, nicht wahr, hat Tote gegeben."

Von Hanstein beschwert sich am Flughafen, weil er nicht Erster Klasse fliegen kann, ist aber „nicht einmal für eine Million" bereit, bei mir in einer TV-Live-Sendung in Wien auszusagen.

Lauda und Mass verteidigen ihren Sport gegen alle Angriffe, danach gesteht der Deutsche, als wir im Stübchen zusammensitzen: „Am Montag, da hasse ich die Rennstrecken. Ich glaub', ich bin gar kein richtiger Rennfahrer."

Mit gesenktem Kopf geht er auf sein Hotelzimmer, Jochen Mass, Deutschlands erster Grand-Prix-Sieger seit 1961. „Aber ich denk' nicht dran, daß ich irgend etwas gewonnen hab', ich hab' nur das saublöde Gefühl, daß etwas falsch war."

Mir fällt der berühmte „Napoleon"-Film ein: „Das Traurige auf der Welt ist eine verlorene Schlacht. Und das Zweittraurigste: eine gewonnene Schlacht."

1982 erlebt Mass seine bittersten Monate. Im Qualifikationstraining von Zolder kollidiert er – ohne seine Schuld – mit dem Idol von Millionen Rennfans, Gilles Villeneuve. In Le Castellet mit Mauro Baldi – worauf die Flügelautos verboten werden.

Der sensible Mass kann nichts für Villeneuves Tod, macht sich auch keine direkten Vorwürfe. „Aber es fällt mir jahrelang schwer, seiner Familie gegenüberzutreten – Joanne und den Kindern Jacques und Melanie in die Augen zu schauen." Und heute, wenn du den neuen Superstar Jacques Villeneuve beobachtest, im Fernsehen kommentierst? „Kein Problem. Das ist für mich ein anderer Mensch."

Rolf Stommelen ist leider nicht mehr unter uns: 1983 verunglückt er in Riverside, Kalifornien, weil der Heckflügel weggebrochen ist – wie damals in Barcelona.

Stommelen, Winkelhock, Bellof: Damit beginnt eine unheilvolle Serie bei den Sportwagenrennen.

Bellof: Ein Komet verglüht

Aber zunächst bejubeln die Deutschen einen Fahrer, der für sie die Brücke zwischen altem und neuem Nürburgring schlägt – Stefan Bellof. Der Rennfahrer, der ganz Deutschland aufrüttelt. Und der auch die Brücke schlägt zwischen dem Gestern der „Silberpfeile" und des Grafen Trips – und dem Morgen von Schumacher und Mercedes.

Ken Tyrrell: „Jeder Formel-I-Teamchef hat immer ein Auge darauf, was in der Formel II passiert. Bellof ist sensationell und ganz offensichtlich für die Formel I reif. So kommt er zu uns, wir probieren ihn aus – und er ist auf Anhieb im Auto zu Hause. Wie später nur noch Schumacher: ein Naturtalent!"

Keiner im Formel-I-Zirkus der Technokraten kann herzlich lachen wie er, keiner so lustige Geschichten erzählen. Vom Großvater August, der Profiradrennen fuhr. Von eigenen Fußball- und Skirennerlebnissen. Wie er, Mitglied des D-Kaders des Deutschen Skiverbandes, den ganzen Zielhang der Schladminger WM-Abfahrt hinunterköpfelte, aber lachend aufstand. Oder wie er als Vierjähriger, auf Holzkisten sitzend, schon ein echtes Goggomobil über den Hof der elterlichen Autolackiererei in Giessen chauffierte.

„Weil Mittagsruhe war, hab' ich den Auspuff mit Fetzen umwickelt. Alle Arbeiter winkten mir ganz aufgeregt zu. Ich dachte, weil ich so schnell bin. Dabei stand das ganze Heck in Flammen ..."

Er ist nicht nur für Lauda oder Ken Tyrrell „das größte Talent, das vor Schumi aus Deutschland gekommen ist". Stefan Bellof, der 1983 bei seinem Eintritt ins Porsche-Werkteam so entwaffnend lacht: „Eines Tages bin ich Formel-I-Weltmeister!"

Schon bald hat er Rekorde, die ihm keiner je wegnehmen kann, Deutschlands erster Weltmeister auf der Rundstrecke – Langstrecken-Champion 1984. Der einzige, der seine beiden ersten Formel-II-Rennen gewann – Silverstone und Hokkenheim 1983. Rekordhalter auf dem alten Nürburgring – mit der unglaublichen 6,13-Runde.

Am Pflanzgarten – wo Porsche am Ring immer die interne Zeitnehmung placiert hat – fliegt Bellof 90 Meter weit (!) durch die Luft. Hat das Riesenglück, daß er auf dem Grasstreifen aufsetzt, sich nicht überschlägt.

Stefan nimmt den Helm ab und gibt spontan Autogramme. Die Menge applaudiert.

Hast du die „grüne Hölle" mit ihren über 170 Kurven auswendig gelernt? Oder bist du mit Instinkt gefahren? frag' ich Bellof 1984 in meinem „Playboy"-Interview.

„Ich kann mir den Verlauf einer Rennstrecke sehr gut und sehr schnell einprägen. Man muß ja immer wissen, was als nächstes kommt: noch eine Kurve oder

geradeaus, ob die Kurve nach außen hängt, aufmacht oder zumacht – das alles zu wissen ist Grundvoraussetzung. Wenn du versuchst, gleich die erste Kurve schnell zu fahren, kommst du vielleicht drei, vier Kilometer weit. Aber dann stehst du im Acker. Ich hatte Qualifikationsreifen drauf, eine freie Runde, keiner stand mir im Weg. An der Riesentafel hab' ich dann die Zeit abgelesen: 6:11,13. Ich hab' mich echt gefreut."
Und dein Gefühl unterwegs: gefesselt in einem Spinnennetz von Konzentration? Angst, Überwindung oder völliges Lockersein, losgelöst von allem?
Bellof: „Keine Spannung. Eine ganz lockere Runde war das. Und die lockeren Runden sind immer schneller, als wenn du versuchst, unbedingt eine ganz schnelle Runde zu fahren. Wenn du locker drinsitzt, alles paßt, das Auto gut läuft – dann kommt alles ganz einfach."
Hast du dich überwinden müssen? Etwa die Fuchsröhre runter?
Bellof: „Nee, nie."
Und das Gefühl der Angst, kennst du das?
Bellof: „Sicher kommen einem hier und da Gedanken über den Sport, den man ausübt. Über das Ganze, was man da macht. Genauso wie auf der Autobahn, wo man sich auch oft hinterher Gedanken macht: Was, wenn dir da ein Reifen platzt? Eine Schraube wegfliegt? Aber das kannst du dir im Rennauto alles nicht leisten, da könntest du nie eine schnelle Runde fahren. Gedanken über Sicherheit also manchmal ja – aber nie während des Fahrens."
Als er sich im Frühjahr beim Tennismatch mit seinem Manager Willi Maurer im Country Club von Monaco überknöchelt und Bandagen braucht, rügt ihn Tyrrell: „Lies das Kleingedruckte in deinem Vertrag: Gefährliche Sportarten sind verboten!"
Stefan lacht schallend: Tennis, wie gefährlich. Von der Endurance-WM hat Tyrrell nichts gesagt. Aber was dafür vor Stefans erstem Formel-I-Rennen?
„Ich brauch' keine Helden im März, ich brauch' Helden erst im Oktober. Geh die Saison langsam an."
Ken Tyrrell hat zu mir auch etwas gesagt: „Stefan Bellof wird der beste Rennfahrer, der je aus Deutschland gekommen ist, seit ich in der Formel I bin." Und er ist ja schon sehr lange in der Formel I . . .
Bellof: „Na gut, aber es kommt auch immer auf die Voraussetzungen an. Nach dem Krieg waren vier oder fünf deutsche Fahrer in der Formel I. Es freut mich, das von Herrn Tyrrell zu hören."
Sein sensationellstes Rennen: Monte Carlo 1984. 20. und letzter Startplatz, Dritter im Ziel.
Die Fans waren fasziniert von deinen Überholmanövern: zum erstenmal in Monte Carlo, zum erstenmal in einem Formel-I-Rennen im Regen. Wenn's stimmt, daß Enzo Ferrari seine meisten Piloten (wie Niki Lauda) aufgrund von Fernsehübertragungen aussucht – er hätte dich vom Fleck weg engagieren müssen?
Bellof: „Ich komm' nach dem Start fast immer ziemlich schnell nach vorn. Auto

und Reifen sind super. So kann ich einen nach dem anderen überholen, obwohl ich gar nicht so gern im Regen fahr'."

Das alte Übel: beschlagene Rückspiegel, schlechte Sicht – wie hast du dich orientiert?

Bellof: „Es kommt immer drauf an, wie nah du einem anderen Auto bist – oder wie weit weg. Dazu haben die Autos alle eine rote Heckleuchte, damit du den anderen sehen kannst, wenn du dicht dran bist. Zuerst hörst du am Lärm, wie weit du vom anderen weg bist, und dann schaust du auf die Spuren – und fährst mehr oder weniger nach Gehör im Blindflug hinterher."

Wenn die Spur deutlich zu sehen ist, bist du dem anderen schon ganz nah – ist sie verwaschen, hast du noch viel Zeit?

Bellof: „Nein, dann mußt du noch fester Gas geben, um aufzuschließen..."

Am meisten hingerissen sind alle vom Überholmanöver gegen René Arnoux.

Bellof: „Ich bin drei, vier Runden hinter dem Ferrari und probier' den Berg hinauf zum Casino zweimal, ihn zu überholen. Aber die Strecke ist so naß, das Auto rutscht, darum bin ich ein bissel unsicher. Oben am Casino bin ich doch schneller und hab' gedacht: zurückfallen lassen, damit ich mit Überschuß den Berg runter komm' zur Mirabeau-Kurve. Hat genau geklappt. Ich brems' mich neben dem Ferrari: Arnoux, der immer ganz bullig im Auto sitzt, guckt rechts rüber, macht zu, worauf ich nachgeb' und nach rechts lenk', aber dort ist die Mauer, ich bin den Randstein raufgefahren, lenk' weg vom Ferrari – aber da zieht er nochmals nach rechts, das lass' ich mir nimmer gefallen, ich lenk' nach links, da muß er aufmachen, und ich bin vorbei.

Ich bin die Kurve rum, da seh' ich eine Fotografin im weißen Regenmantel, die plötzlich beide Arme hochreißt. Vom Loews-Hotel winken sie mit Leinentüchern. Und in der Tabac's-Kurve ist eine ganze Tribünenladung Leute aufgesprungen – Leute, die du ja sonst nur schemenhaft wahrnimmst."

Damit bist du Dritter, hast aber später auf den führenden Prost pro Runde 4 Sekunden aufgeholt, auf den Zweitplazierten Senna 1,5 Sekunden. Viele sagen, du hättest gewonnen, wäre nicht abgebrochen worden?

Bellof: „Ans Gewinnen hab' ich nie gedacht, aber an den Boxensignalen ja ablesen können, um wieviel ich wieder näher gerückt bin. Im Rennen denkst ja nix. Nur: so sorgfältig wie möglich mit Motor und Getriebe umgehen, damit du bis ans Ende fahren kannst. Das Auto lief absolut problemlos."

Millionen fiebern mit Bellof: Wird er Prost und Senna einholen und besiegen? Auch Tyrrell schwitzt Blut, weil er sieht: Jede Runde signalisiert Prost dem Rennleister Jacky Ickx: „Brich doch das Rennen ab!" – genau wie Fittipaldi, von Regazzoni gejagt, 1974 in Interlagos.

Und dann wirklich der Abbruch, der dich mitten aus einer Siegesfahrt reißt?

Bellof: „Ich hab' ein komisches Gefühl. Einerseits traurig, weil alles plötzlich aus ist und ich ein noch besseres Ergebnis hätte herausfahren können – andererseits froh, weil ich ja auch rausfliegen hätte können, aber sicher mehr traurig als

happy. Doch alles geht so schnell, das Rennen wird abgebrochen, mein Auto weggebracht, ich bin umgezogen – und alles ist vorbei."
Wieso warst du nicht bei der Siegerehrung in der Fürstenloge?
Bellof: „Weil ich nicht gewonnen hab'. Wir haben im Team ein bissel gefeiert – aber es war flau."
Schade, Stefan. Aber die Formel I war für Bellof ein einziges Abenteuer, und manchmal sitz' ich neben ihm. Zum Beispiel auf der italienischen Autobahn zwischen Imola und Bologna, wo er aberwitzige Schnitte herausholt – wie ihn ja auch auf der Rennstrecke weniger die Technik oder das Drumherum fasziniert, sondern ein „Auto so schnell wie möglich um eine Rennstrecke zu fahren".
In Detroit schiebt ihm Ken Tyrrell 1984 einen Zettel durch die Hoteltür: „Heute Galadinner, du sitzt am Tisch von Mr. Edsel-Ford." Damals galt Tyrrell ja noch als Favorit auf die Ford-Turborakete, also schien gediegenes Auftreten wichtig. Ich borge Stefan also zu seiner Sommer-Jean einen dunklen Blazer.
Und war hat Mr. Ford nachher gesagt? „Sehr erfrischend, daß unter lauter Smokings und schwarzweißen Pinguinen wenigstens einer mit einer hellen Hose sitzt."
Bellof-Sprüche bleiben im Ohr: Du stehst ja neben der Telefonzelle – wenn einer nicht gleich kapiert. Arschrunzeln im Tyrrell. Oder schad' um den Sprit – solang noch kein Turbo da war.
In Monaco haben Bellof und seine Freundin Angelika „weder ein Motorboot noch ein Flugzeug: alles totes Kapital". Wenn die beiden zum Flugplatz nach Nizza müssen, dann immer mit dem Hubschrauber: „Nicht aus Luxus, sondern um zu sparen: Das Taxi kostet 360, der Helikopter nur 250 Franc." Beim letzten Monaco-Grand-Prix erzählt er mir, auf der Terrasse seines 3-Zimmer-Appartements sitzend, Blick aufs Meer, viele Stunden lang, wie er mit seiner Angelika im Fürstentum lebte.
Highlife? Kein Interesse. Disco oder Kino? Nur höchst selten. Lieblingsessen? „Am liebsten zu Hause jeden Tag das gleiche: Schnitzel mit Karotten oder Erbsen und Blumenkohl..." Typisch Bellof: unkompliziert, bodenständig.
Zehn Jahre vor Schumacher in Monte Carlo, aber natürlich kein Landesverräter: Bellof: „Mit Sicherheit bin ich deutscher Staatsbürger. Zu Hause wird man ein bissel zum öffentlichen Tier, im Ausland aber auch immer als Deutscher gehandelt. Nur: Wozu soll ich mir vornehmen, mit deutschem Motor und mit deutschen Schrauben und mit deutschen Reifen und mit deutschem Schaltknüppel für ein deutsches Team zu fahren, wenn ich damit nicht erfolgreich sein kann? Da fahr' ich doch lieber für ein englisches Team mit englischem Motor, amerikanischen Reifen, japanischem Schaltknüppel und italienischem Lenkrad – wenn ich damit Erfolg habe."
Die Mercedes-Silberpfeile gibt's momentan auch nicht. Trotzdem glaub' ich, daß viele Leute in Deutschland sauer sind, weil du dich nicht für den Arrows-BMW entschieden hast, sondern für den Tyrrell-Ford?

Bellof: „Wir grüßen uns trotzdem immer, BMW und ich. Auch hab' ich weiter ein gutes Verhältnis zu Ingenieur Paul Rosche."
Zu Günter Schmid von ATS nicht?
Bellof: „Hat mich der Renault-Fahrer Patrick Tambay auch gefragt, als ich neuerlich neben Günter Schmid im Aufzug stand – und Herr Schmid wortlos ausstieg. Ich antwortete Tambay: ‚Neulich hat Herr Schmid gesagt: Der Bellof macht Winkelhock und ATS noch kaputt.– Tambay grinste: ‚Ich glaub', damit hat er recht.'"
Angeblich hattest du von BMW ja 200.000 Mark, 1000 Testkilometer und Erster-Klasse-Flugtickets und was weiß ich alles verlangt?
Bellof: „Alles Quatsch. Ich hätte nur schauen müssen, daß mir BMW den Porsche-Vertrag ablöst."
Denn die Tyrrell-Gage ist ja wirklich nicht überwältigend. 50.000 Pfund, weiß der Teamchef noch heute. Und dafür jede Menge Mut und Ärger wegen der berühmten Bleikugeln.
Abendessen in Detroit. Martin Brundle versucht, Tyrrells Standpunkt zu vertreten, sein Team zu verteidigen:
„Ich kann mir nicht vorstellen, daß ein Team etwas so Illegales macht." Worauf sich sein Teamkollege Bellof fast verschluckt, weil er schallend lachen muß.
Wasser nachzufüllen ist ja nicht verboten – zumal es auch zur Kühlung der Bremsen dienen kann. Darum oft kurz vor Schluß der blitzschnelle Tankstopp zum Wassernachfüllen – meist nur 5 Sekunden. Andere schütten 30 Liter Wasser nach, Tyrrell jedoch Bleikugeln, damit das Gewicht wieder stimmt – verdächtigen ihn alle. Aber Bleikugeln sind kein Kühlmittel.
Wir haben 1984 Ballast, *yes,* bestätigt Tyrrell heute. „Aber die Turbo-Autos sind damals sehr schwer, und die FIA setzt dauernd das Mindestgewicht hinauf, um die Turbos noch mehr zu unterstützen. Also müssen wir unser Gewicht künstlich erhöhen. Wir bauen einen kleinen Extrabenzintank aus Gummi, füllen ihn mit Bleikugeln. Aber die Sportkommissäre behaupten: Die Bleikugeln sind nicht gesichert. Wie, zum Teufel, sollten sie je aus dem Gummitank heraus?"
Der Report geht zur FIA nach Paris. Die Anklage wegen illegalem Benzin wird zurückgezogen, die Anklage wegen Ballast nicht. Und Tyrrell wird fürs ganze Jahr 1984 gesperrt!
Bellof als Opfer der Formel-I-Politik – wie Schumacher später, 1994?
Der Grund für das ganze Problem: „Daß wir 1983 alle übereinkommen, wieviel Sprit jeder mitführen darf, bevor Nachtanken wieder erlaubt ist. Zuwenig für die Turbos, also wollen alle Turbo-Teams das Reglement ändern." Tyrrell, der einzige Saugmotor-Saurier, ist dagegen. „Warum sollte ich – ich brauch' den Sprit nicht."
Die Revanche ist um so bitterer. „Wenn du an der WM nicht teilnehmen darfst, hast du auch keine Stimme. Darum werden wir rausgeworfen und im nachhinein disqualifiziert, damit wir uns nicht mehr wehren können!"

Bellofs Zukunft scheint trotzdem strahlend offen: Dennis hat mit ihm schon 1984 einen McLaren-Vorvertrag für 1986 abgeschlossen. BMW knüpft bereits heimlich Fäden zu Brabham. Aber da ist, noch viel faszinierender, das größte Geheimnis der Bellof-Karriere: Ferrari! Auf dem langen Flug Zürich–Lissabon hat er es mir anvertraut, in der letzten Reihe der Business-Class verkrümelt, wo keiner lauschen konnte.

Also: Schon im Spätwinter wollte Ferrari den Deutschen – statt Johansson – als Nachfolger für Arnoux, „und wenn das nicht klappt, dann eben 1986". Aber größte Geheimhaltung war befohlen. Darum das Codewort, wann immer Bellof oder sein Manager Willi Maurer in Maranello anrief: „Hier spricht Mr. Miller aus Kalifornien." Worauf Piccinini immer blitzschnell sein Büro leerfegte, um ungestört zu telefonieren.

Ferrari hatte letztlich Angst, den Tyrrell-Vertrag zu brechen. Also 1986. Aber Indiskretion könnte alles zerstören. „Darum sag kein Wort, bitte." Ich hab' mich dran gehalten.

Natürlich hat Tyrrell sein Problem mit ihm: Stefan ist unglücklich und beklagt sich: „Warum muß ich ein so unterlegenes Auto fahren? Mit einem Saugmotor gegen die ganze Phalanx der Turbos – mit 550 bis 600 PS gegen Autos mit 800 bis 900 PS."

Ken Tyrrell bittet um Geduld: „ Bleib nur bei uns, bis wir den Renault-Turbo bekommen!"

Aber Bellof bettelt unaufhörlich, so hart, ob er Porsche fahren darf – und läßt nie nach. „1984 hat er noch einen Porsche-Vertrag, als er schon für mich fährt – also erlaub' ich ihm natürlich die Sportwagenrennen. 1985 nicht mehr. Aber er läßt nicht nach, drängt und bettelt – bis ich ihn in Spa fahren lass'. *And it was a terrible mistake* – ein schrecklicher Fehler. Sonst wäre er heute noch unter uns – als Weltmeister!"

Die Sportwagen tanken damals einen Liter pro Sekunde – in der Formel I beträgt die Durchflußgeschwindigkeit heute 12,5 Liter pro Sekunde. 120 Liter zu tanken, braucht also zwei Minuten.

Bellof hat den 956er mit 15 Sekunden Rückstand auf Ickx übernommen, holt aber pro Runde zwei Sekunden auf! Das ist wieder Monte Carlo 1984, aber leider auch Spa, die gefährliche Ardennenpiste.

Die ganze Boxencrew steht draußen an den Leitplanken, die zittern und vibrieren – und sich jedesmal verbiegen, wenn die Porsche-Bomber heranjagen.

Rechter Hand die uralten, gemauerten Boxen, links das Denkmal für „Freddy Charlier, der für den Automobilsport gestorben ist", dann die berüchtigte Senke von „Eau Rouge", wo schon vor eineinhalb Jahrzehnten die Wyer-Porsche-Stallrivalen Siffert und Rodriguez aneinandergekracht waren.

„Hier", sagen sie alle, „kann man nicht überholen." Aber hier kommt es zur tödlichen Karambolage.

280 km/h verträgt Eau Rouge, hat aber nur für ein Auto Platz. „Das geht sich

nicht aus!" schreit Walter Näher, der Renningenieur – und hat leider Gottes recht.
Im Ickx-Auto ist die Bordkamera eingeschaltet. Porsche-Mann Boxenchef Walter Totschnig zeigt mit später den Film. Man sieht, man spürt, wie Ickx nach links lenkt, kollidiert, ein Werk-Porsche sich dreht, innen Rauch und Qualm. Dann zeigt die Kamera genau auf Bellofs Unfallwagen – bis er mit großen Dekken abgeschirmt wird. Verzweifelt rennt Ickx los, kommt aber wie alle zu spät.
„*Some asshole*", empört sich Tyrrell noch heute, „irgendein Arsch ruft mich aus Spa an, sagt: *Your driver is dead, did you know that your driver ist dead?*"
Gerhard Berger, der ursprünglich statt Bellof das Brun-Auto hätte fahren sollen, ehe Boutsen auf Stefan als Teamkollegen beharrte und Japan-Sponsoren das dritte Auto kauften, ist empört, wenn er von einem Bellof-Fahrfehler hören muß: „Woher wollen das alle wissen? Vielleicht hat sich Ickx verschaltet? Und Bellof dadurch die Überholchance gewittert?"
„Deutschlands schnellster Rennfahrer ist tot", trauert ein ganzes Land auf jeder Seite 1. Ein Komet ist in Spa verglüht: Dort, wo sechs Jahre später der Stern Michael Schumachers aufgehen wird.
„Ich habe", sagt mir Vater Bellof beim Begräbnis, „heute meinen Sohn verloren. Aber für euch war er wie ein Bruder."

Nürburgring 1995. Ken Tyrrell trifft Stefans Bruder und Vater, den er ja vorher nicht gekannt hat. „Sie schenken mir ein sehr nettes, gemaltes Bild von Stefan und ein kleines Souvenir. Sehr nette Leute." Und sagen: „Nochmals danke, daß Sie Stefan in die Formel I gebracht haben."
Eine Größe, die immer wieder berührt. So wie sich Sally Courage nach dem Begräbnis ihres Mannes Piers – Jochen Rindts bester Rennfahrerfreund – am offenen Grab zum Giampiero dall Ara, dem Konstrukteur des Unglückswagens, umgedreht und gesagt hat: „Danke, daß du für Piers ein so wunderschönes Auto gebaut hast."
Für viele ist Stefan Bellof heute noch „der erste Schumacher".
„Er wäre der ersten deutsche Nachkriegs-Champion geworden. Irrsinniges Talent", trauert ihm Tyrrell unverändert nach. Für Walter Näher, den Sauber-Renningenieur, ist Bellof wie ein unvergessener Sohn: Den Aufkleber des Bellof-Helms trägt er heute noch auf seinem Aktenkoffer.

Grüne Hölle Nürburgring

„Der Nürburgring-Grand-Prix darf nie sterben. Die Abenteuer-Romantik, die riesigen Zeltlager, das viele Bier", schwärmte mir der grobknöchrige englische Formel-I-Teamchef Ken Tyrrell schon zu Jackie Stewarts großen Zeiten vor. „Das Rennen ist eine einzige große Party, oder kannst du dir etwas Besseres fürs erste August-Wochenende vorstellen?"
Nein, konnte ich auch nicht. Bis zum 1. August 1976. Dem Tag, an dem Niki Lauda am Ring verunglückte.
Bis dahin hatte uns alle die „grüne Hölle der Eifel" magisch angezogen. Eine Reise zum Nürburgring hieß gleichermaßen Ausflug ins Mittelalter und ins Rittertum der Rennerei.
Und wenn man, am Ring angekommen, die schicksalsschwangere Stimme des Streckensprechers Jochen Luck hörte, dachte man: Jetzt kommt gleich das Prélude von Liszt und dann die Meldung vom deutschen Vorrücken – wie es die Eltern erzählt hatten.
Einlaß am Ring zu bekommen war anfangs schwierig, es gab noch keine Grand-Prix-Reportervereinigung, keine Eurovisions-Übertragungen, sondern nur gestaffelte Ausweise – hier gerade noch gültig, dort nicht mehr. Der Schlagbaum zum Fahrerlager war aber relativ leicht zu überwinden. Dahinter fingen die Probleme an. Was immer wirkte: Wir nahmen den englischen Formel-I-Mechanikern, die wir schon kannten, einfach eine Öl- oder Benzinkanne aus der Hand, eine Felge tat's auch. Rad oder Kanne wurden keuchend an den Aufpassern vorbei durch den Tunnel geschleppt, und schon waren wir in der Drahtröhre hinter den Boxen, dort, wo die Rennautos die Gegengerade hinunterfauchen.
Ich erinnere mich, daß Helmut Zwickl und ich einmal gemeinsam einen Boxenausweis bekommen hatten. Bei der Vergabe hatte man offenbar grad' an die Nationenwertung gedacht – zwei Österreicher, eine Karte.
Wir fanden einen echten Freund am Ring: den „strammen Max" (Spiegelei mit Schinkenbrot, Nürburgring-Spezialität). Man tafelte im Tribünenrestaurant oder unten, im „Wilden Schwein" von Adenau, gelegentlich schon am Nebentisch der Rennfahrer. Bald danach am gleichen.
Der Nürburgring mit seinem oft rauhen Eifel-Klima war kein Termin, zu dem man Mädchen mitnahm. Es gab kein Highlife wie in Monte Carlo, und die Eifel hat vieles, nur keinen Strand.
Nürburgring! Es gibt keine schönere Rennstrecke auf der Welt als diese, die man ab 1927 im Notstandsgebiet der Eifel rund um das alte Raubritternest Nürburg gelegt hat. Sie ist das Mekka des Rennsports, vor dem man sich bedingungslos verneigt. Was die „Nürburgring-GmbH" auch gebührend zu schätzen weiß – schon damals, in den sechziger Jahren.

Meine ersten Eindrücke?
Für drei D-Mark durfte jedermann den Nürburgring abfahren. Diese drei Mark als Wagengebühr; jeder Mitfahrer berappt eine Mark extra.
Eine Fahrt um den „Ring" fasziniert und weckt Erinnerungen an Fahrer, deren Sterne längst verloschen sind: Am „Wehrseifen" verunglückt 1954 Fangios Lieblingsschüler Onofre Marimon, den sie „Pinocchio" nennen. Mit versteinertem Gesicht läßt Fangio die Siegeszeremonie über sich ergehen. Im „Pflanzgarten" ereilt Peter Collins 1958 das Schicksal. Auf der 2,6 Kilometer langen Geraden von der Döttinger Höhe bis zum Tiergarten verliert Alberto Ascari bei 260 Stundenkilometer ein Vorderrad, bringt den Ferrari aber, auf der Radtrommel weiterfahrend, heil an die Boxen . . .
Zweimal pro Jahr verdrängte der Treibstoffgeruch, der mich immer an leicht angewelkte Himmelschlüssel erinnert, den Tannenduft der Eifelwälder brutal: wenn das 1000-Kilometer-Rennen im Mai gefahren wurde und schließlich der „Grand Prix" im August. Dann schießen Campingzelte aus dem Boden, werden am Streckenrand Lagerfeuer angezündet.
Zweimal im Jahr macht auch Herr Martini, der am Nürburgring einen Abschleppdienst besitzt, das große Geschäft. Da quetscht sich ein Kombiwagen mit jaulenden Reifen durch die Kurven; Opa, Oma, Kleinkind – sie alle schauen selig aus dem Fenster. Womöglich ist auf dem Dach noch ein Kinderwagen befestigt. Da scheint jeder Kleinstmobilbesitzer bestrebt, schneller zu sein als Jimmy Clark im Lotus – der Star von damals.
Je schneller man den „Ring" befährt, desto mehr Kurven tun sich vor dem Fahrer auf. Es steigt auch der Druck in den Ohren, denn pro Runde ist ein Höhenunterschied von 300 Metern zu überwinden. Richtig interessant wird die Nordschleife also erst mit einem schnellen Rennsportwagen.
Nichts veranschaulicht deutlicher den Fortschritt als die Entwicklung des Rundenrekords am Nürburgring.
1936 gelingt dem unvergessenen Bernd Rosemeyer auf Auto-Union zum erstenmal eine Runde unter zehn Minuten – 1939 fährt Hermann Lang mit dem Drei-Liter-Mercedes mit Kompressor die sagenhafte Zeit von 9:52,2.
Erst viele, viele Jahre später unterbietet Fangio auf Ferrari diesen Rekord. Neue Marke: 9:41,6. Immer noch zieht die Zehn-Minuten-Grenze den Trennungsstrich zwischen einem „sehr guten und einem Weltklassefahrer", wie sich der dicke Neubauer ausdrückt.
1957 fährt Fangio auf Maserati 9:17,4, als er den ausgerissenen Ferrari-Cracks Collins und Hawthorn nach einem Boxenhalt nachjagt, um sie in der vorletzten Runde einzuholen. „Ich habe soviel riskiert wie noch nie in meinem Leben", sagt Fangio nachher.
1961 überfliegt Phil Hill den „Ring" in einem Düsenjäger der US-Air-Force und durchbricht danach prompt die Schallmauer der neun Minuten: 8:57,8 mit dem 1,5-Liter-Ferrari. Die roten Wagen aus Maranello lassen sich die Herrschaft

Der Titan und die Heckschleuder: Hans Stuck, der „Bergkönig", mit dem Auto Union 1938 auf der Großglockner-Hochalpenstraße. Er war 1934 Deutschlands erster Europameister.

Elly Beinhorns liebste Privatfotos – die sie uns exklusiv für dieses Buch gab: mit Bernd Rosemeyer kurz vor dem Start und auf Ferienidylle. „Bernd war immer so selbstverständlich heiter und gelassen."
Rechts: das berühmte Beinhorn-Fliegerfoto und Bernd Junior – heute längst Chefarzt in München.

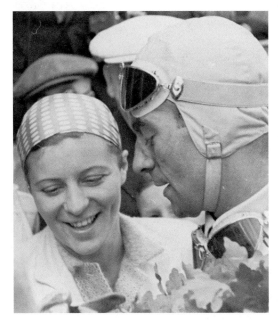

Giganten der dreißiger Jahre: Mercedes-Quartett Brauchitsch, Seaman, Lang und Caracciola (*links oben*), Monte Carlo-Duell Brauchitsch – Caracciola in der alten Bahnhofskurve, jetzt Loews-Haarnadel. *Unten:* Avus-Rennen 1935. Die Auto-Union mit 16 Zylindern, 4,9 l und 340 PS.

Geliebter, gehaßter Nürburgring – schönste, aber schwierigste Rennstrecke der Welt.

Start 1935 vor der jahrzehntealten, hölzernen Tribüne. Caracciola wird gewinnen.

Die berühmte „Geier-Story" von Mexiko: Karl Kling (*rechts*) und Beifahrer Hans Klenk mit ausgeschlagener Windschutzscheibe bei der „Carrera Panamericana" 1952 (*oben*). Das historische Comeback in Reims 1954: Fangio (18) und Kling (20) in der ersten, Herrmann in der dritten Startreihe.

Doppeltriumph nach 506 Kilometern: Fangio gewinnt in Reims vor Kling. Mercedes-Rennleiter Alfred Neubauer war der Erfinder der Boxensignale (*Mitte:* Spa 1955). Aber die Silberpfeile waren nicht unverwundbar: Motorschaden von Herrmann (*unten*).

„Ich wollte immer der Erste im Ziel sein, aber der Letzte beim Sterben." Juan Manuel Fangio mit unerreichter Fahrperfektion in Monaco (*oben*) und beim Abschied von seinem Silberpfeil.

nicht mehr entreißen. 1963 fährt John Surtees 8:47,0 und 1964 sogar 8:39,0. Wo liegt die absolute Grenze? Nicht abzusehen.
1965 rüttelt Jackie Stewart bereits an der Schallmauer der hundert Stundenmeilen – und verfehlt sie mit 8:30,6 nur um vier Zehntelsekunden. Wenige Stunden später hat Jim Clark mit dem Lotus auch diese Mauer niedergerissen. Die Stoppuhren zeigen 8:22,7, 163,4 km/h Schnitt.
John Surtees war der erste „Ringmeister", den ich live miterlebte, dann kam der „fliegende Schotte" Jim Clark. Für beide galt am Nürburgring mehr als für alle anderen, auch mehr als sonstwo: Nach dem Rennen, bei der Siegerehrung, sahen sie jünger aus als zuvor. Jacky Ickx war ein anderer Nürburgring-Spezialist: *„He has"*, sagte mir Stewart, *„always a special egothing about the Nürburgring." –* „Er weiß, daß er mich dort schlagen kann, und er muß sich das beweisen. Er will, er muß es tun."
Kamen die Autogrammjäger, unterschrieb Ickx gern direkt über dem Autogramm von Stewart, nie darunter. „Muß ein schreckliches Problem sein, wenn man solche Sorgen hat", spottete Stewart.
Die meisten Rennfahrer haben einen speziellen Nürburgring-Tick. John Surtees imponierte stets, wie gut dort alles organisiert ist, Jacky Ickx war immer von deutschen Motoren fasziniert, Carlos Reutemann bewunderte mit funkelnden Augen „die schönen Häuser, die vielen Mercedes und die großen BMW".
Bei Dan Gurney ging die Liebe über seine Lieblingsstrecke Nürburgring hinaus, er hat ja Evi Butz, die Porsche-Presse-Lady, geheiratet.
Viele französische Rennfahrer machten ihren einjährigen Militärdienst in Deutschland: François Cevert, der Stewart-Kollege, in Ravensburg. Alain Prost, der mit Porsche-Kraft den ersten Grand Prix 1984 gewann, gehört zur Nach-Nürburgring-Generation, er diente in Bitburg und in Trier. „Aber ich war die ganze Zeit nur Adjutant des Colonel und bin aus der Artillerie-Kaserne kaum rausgekommen. Darum spreche ich auch fast kein Deutsch", sagt Prost, „ich kenne nur: Achtung, Fahrerlager." Damit sind wir wieder bei Jochen Luck, der sich gerne *„the voice of Nürburgring"* nennt.
Jeder Rennfahrer, den du fragst, weiß noch genau, wann er das erste Mal am Nürburgring gewesen ist. Unvergeßlich – wie das erste Rendezvous oder das erste Mal.
Jackie Stewart: „1960, als ich noch auf Tontauben schoß, fuhr ich von der WM in Oslo nach Bern zur EM – mit Zwischenstopp am Nürburgring. Ich stand in der Box und beobachtete Taffy von Trips, der gerade einen Ferrari testete."
Seine nächste Verbindung mit Deutschland war Jochen Mass, der zusammen mit Dieter Glemser Tourenwagenrennen fuhr. Und Hans-Joachim Stuck. Und natürlich, als er Tourenwagen für Ford-Köln fuhr – Michael Kranefuß.
Stewart fuhr den neuen und alten Nürburgring, genau wie Hockenheim. „Und ich trag' immer noch den speziellen Ring, für den Ringmeister. Ich hab' ja vier-

mal auf dem Nürburgring gewonnen: dreimal den Grand Prix, einmal das Formel-II-Rennen."

Das größte Stewart-Rennen, das ich je am Nürburgring sah, war der Grand Prix von 1968: milchsuppendicker Nebel, ein Wasservorhang, der nicht hochging, Conti-Turm und Zieltribünen wie in Watte gepackt. Bedingungen, unter denen man nie hätte fahren dürfen.

Drei Minuten vor dem Start registriere ich einen besorgten Zuspruch Ken Tyrrells für Jackie Stewart. *„Boy, today you are underpaid* – heute bist du unterbezahlt."

Stewart konnte sich nicht wie sonst immer an Bäumen und Büschen orientieren, sondern nur an den Wasserbächen, die quer zur Fahrbahn verliefen. 18 in der ersten Runde. „Ich hab' sie alle gezählt und jedesmal Gas weggenommen."

Jochen Rindt schilderte mir: „Man sieht nichts und weiß nie, ob man ein anderes Auto vor sich hat, du kannst dich nur an den Reifenspuren orientieren. Ist das Muster noch frisch und deutlich erkennbar, bist du sofort alarmiert. Ist die Spur schon verwaschen, hast du noch Zeit."

Stewart gewann damals mit 4:03,2 Minuten Vorsprung vor Graham Hill und Jochen Rindt: Der triumphalste Ring-Sieger, seit Bernd Rosemeyer im Eifelpokalrennen 1936 bei ab Halbdistanz einsetzendem Nebel den legendären Tazio Nuvolari, laut Augenzeugenberichten, „wie einen Fahrschüler stehenließ". Auch Elly Beinhorn schwärmt ja noch von diesem Rennen.

Mein Sieger-Interview mit Stewart habe ich heute noch auf Tonband: „Die Zielflagge war für mich eine Erlösung. Mehr Entfesselung und Befreiung, als ich je gekannt habe. Ich fuhr noch kein ähnlich furchtbares Rennen", stöhnte Jackie, war aber bei der abendlichen Siegerehrung – die gab es damals noch – schon wieder groß in Form und blödelte in seiner Ansprache.

„Wie ein Alpinist, der tags darauf im strahlenden Sonnenschein eine Unwetterkatastrophe in den Bergen rekapituliert", sagte ich zum unvorstellbar vergnügten Jackie. Er schaute plötzlich ernst: „Stimmt, wir kommen vom Unwetter in den Bergen. Und wenn einer von uns zu Weihnachten am Kamin behauptet, er fährt gern in der Eifel, meint er damit die Herausforderung. Wer dir aber unmittelbar nach dem Rennen sagt: ‚Ich mag den Nürburgring' – der lügt dich an."

Heute korrigiert sich Stewart: „. . . ist ein Lügner, oder er fährt nicht schnell genug. Niemand, der am Limit fährt, kann den Nürburgring lieben – gänzlich ausgeschlossen. Weil du zu oft der hilflose Passagier bist – Auto und Strecke machen mit dir, was sie wollen. Unmöglich also, dauernd am Limit zu fahren. Weil es so viele Passagen gibt, in denen du automatisch querstehst, weil die Querbeschleunigung so außergewöhnlich ist. Das dauernd zu machen und dabei auf der Straße zu bleiben – fast unmöglich."

Die schrecklichsten, die furchterregendsten Passagen auf dem Nürburgring?

„Die Fuchsröhre, die Abfahrt nach Adenau, und die ganze Pflanzgarten-Sektion, wo Peter Collins starb. Stell dir vor: 5. Gang in einem 3-Liter-Formel-I-Auto

1971 oder 1973 – was für eine Challenge. Das ist wirklich: *Living Life at the edge* – das Leben auf der Rasierklinge."
„Der Nürburgring ist die größte Challenge, die der Motorsport jemals bieten kann. Und hätte ich keinen Nürburgring-Grand-Prix gewonnen, würde meiner Karriere viel fehlen. Also bin ich stolz drauf!"

Mario Andretti umkreist die Nordschleife mit einem Leih-Opel und erkennt, daß der Nürburgring „noch viel mehr Kurven hat, als ich dachte".
John Surtees entdeckt im Nürburgring-Programm, daß Jackie Stewart auf zwei Seiten erklärt, wie er 1968 gewonnen hat. „Ein Satz hätte genügt", meint Surtees etwas bitter. „I am the greatest."
Vor dem Fenster wälzt sich eine Menschentraube vorbei. „Das kann nur Stewart sein", meint John Surtees, winkt aber, als ich mich zum Fenster drehe, ab: „Er fährt nicht, sondern geht nur."
Als wir später den abschüssigen Weg vom Sporthotel zum Pressebüro hinabgehen, kommt uns eine Stewart nachhastende Meute entgegen. Die Buben weichen „Big John" aus wie Slalomläufer einer Torstange, nur zwei bremsen und bitten um ein Autogramm.
Lange sind Chris Amons 7:57,3, erzielt bei Reifentests im Juni 1968 und privat gestoppt, inoffizieller Nürburgring-Rekord. Um so mehr Aufsehen erregt eine Wette zwischen Ken Tyrrell und AvD-Sportsekretär Schmitz 1969: Ken setzt drei Flaschen Whisky, daß Stewart 7:35 fahren kann!
„Ken sagt es nur, weil er nicht selbst fahren muß", flüstert mir Jackie zu. „Sonst würde er anders reden."
Sodann gibt mir Stewart eine Analyse der „Tiefflüge" am Nürburgring, die alle folgenden, astronomisch anmutenden Rekordjagden in ein völlig anderes Licht taucht:
„Keiner von uns kann den Nürburgring auch nur annähernd optimal fahren, ans Limit kommen wir alle nicht. Wenn die Reifen quietschen und die Wagen querzustehen drohen, dann nicht deshalb, weil man an der Grenze fährt, sondern weil man Fehler begeht. Immer gibt es Kurven, in die wir zu früh oder zu spät gehen, aber anders ist es unmöglich. Das Auto springt von einer Kurve in die andere, und Korrekturen kosten Zeit."
Ich frage Jackie nach der „Computer-Zeit" des Nürburgrings, eine „Traumrunde", die keinen Fahrfehler enthielt. „Eine unglaubliche Zeit", platzt Stewart los, „7:30,0."

Damals war auch Niki Lauda zum erstenmal auf dem Nürburgring: „Mit einem Onkel, der den Konstrukteur Bergmann kennt – dadurch kommen wir irgendwie hinein ins Fahrerlager. Irrsinnig schlechtes Wetter, aber der Nürburgring genau wie später zu meiner Zeit – damit beginnt überhaupt mein Leben mit dem Motorsport."

1968 kommt Lauda schon als Rennfahrer in die Eifel – mit einem Mini-Cooper.
„Dieter Quester zeigt mir den Ring. Ich sitz' hinten in einem BMW, er gibt Gas und erklärt, wie man da fahren muß."
Tags darauf, in der Früh, werden Lauda und sein Copilot Lemmy Hofer durch Schaufelgeklimper im Garten ihrer kleinen Pension aufgeweckt: „Wir machen die Fenster auf und sehen, daß da ein Grab ausgehoben wird – und machen noch blöde Witze, für wen das Grab ausgemessen wurde, für ihn oder mich... Hätten wir damals schon gewußt, was der Nürburgring für Konsequenzen mit sich trägt, hätten wir das besser unterlassen."

Eine Nürburgringrunde ist wie eine Reise, hat schon Jochen Rindt formuliert. Ich bin oft genug neben den Weltklassefahrern gesessen, wenn sie ihre Leihautos durch die „grüne Hölle" droschen, sich Bezugspunkte suchten: brems hier beim dritten Baum, schalt beim Telegrafenmast. Oder: visier vorm Karussell den dritten Baumwipfel an.
Einmal saß ich mit Stewart und Jody Scheckter im Auto, als Jackie vom Goldschatz seiner Erfahrungen ein paar unbezahlbare Gramm für Jody abkratzte. Etwa der Tip: „Stell dein Auto immer leicht untersteuernd ein, weil es schrecklich ist, wenn dich auf den Buckeln dein Heck überholt." Und mehrmals: „Hier kannst du Vollgas geben... und hier auch." Bis sich Scheckter die Hände vors Gesicht hielt und aufschrie: „Hör auf, hör auf! Wenn's wirklich so ist, muß ich auf der Stelle zurücktreten."
Fotografisches Gedächtnis war preislos teuer. Die „grüne Hölle": Die Ohren der Piloten gehen pausenlos auf und zu. Die Autos hängen und zerren an unsichtbaren Seilen – bis sie reißen.
1971 kehrt der Grand Prix von Hockenheim auf den Nürburgring zurück: weil man die Sicherheit dramatisch verbessert, die Leitplanken auf der ganzen Strecke, rechts wie links, montiert hat.
Dazu: mehr Streckenposten und, gegenüber der GPDA, der Beweis, daß sie jetzt imstande sei, mit Unfällen zurechtzukommen.
Aber fünf Jahre später, beim Lauda-Unfall 1976, stellt sich heraus: Sie haben doch nicht genügend Leute, um einen verunglückten Fahrer rasch genug zu bergen.
„Denn 23 km, auf beiden Seiten der Strecke, sind 46 km."

Nürburgring, die Strecke mit den hundert Schicksalen und tausend Stories. Hier verliert Graham Hill – Damons Vater – in den sechziger Jahren eine der allerersten „mitfahrenden Filmkameras" in der Fuchsröhre. Der dicht folgende Holländer de Beaufort crasht wegen des Ungetüms in der Fuchsröhre.
Was machen die Nürburgring-Veteranen heute, was ist aus den „Helden der grünen Hölle" geworden?
Clay Regazzoni, der Sieger von 1974, ist unverändert felsenfest der Meinung, „daß man noch heute auf dem alten Nürburgring fahren müßte".

Lauda erstmals am Ring: „Sie haben ein Grab ausgehoben..." 117

Der berühmte 22,81 km lange Nürburgring, schwierigste Rennstrecke der Welt.

Auch für Regazzoni möglich? Der „Unzerstörbare", seit seinem Long-Beach-Unfall wegen eines gebrochenen Bremspedals 1980 querschnittgelähmt, fährt seine neuen Autos längst mit Handgas – sogar in Deutschland.
„Gott hat uns zwei Beine gegeben, aber er hat nie angeordnet, daß wir zum Autofahren nur die Beine benützen dürfen..."

Wann immer Stewart heute zum Nürburgring kommt, fährt er wieder durch die grüne Hölle: „Ich zahl' meine fünf Deutschmark oder wieviel auch immer." Und wie schnell? „Ich hab' keine Zeit, auf die Uhr zu schauen..."
Leg ihm eine Streckenskizze vor, und Stewart erinnert sich noch heute „an jeden Meter. Jeden Gangwechsel, jeden Bremsweg in einem Tyrrell. Ich hab' es fotografiert. Der Nürburgring ist tief in mir drin – und geht nie heraus."
Stewart dreht für den Ford-Thunderbird einen Werbespot auf dem neuen Nürburgring. Niki Lauda kümmert sich einmal ein ganzes Formel-I-Wochenende

lang um den berühmten Schriftsteller Peter Handke, der ein Essay über den Autorennsport schreiben will.
Dessen spätere Erkenntnisse? „Autorennen zu verfolgen ist ungefähr so wie Geschlechtsverkehr im Nebenzimmer..."
Und dafür, fragt sich Lauda, hab' ich Sie vier Tage lang herumgeführt?
Lauda reißt am Ring eine Schallmauer ein: 1975 mit 6:58,6, die erste Ring-Runde unter 7 Minuten! Niki sieht im Rückspiegel, „wie die Ferrari-Mechaniker die Arme hochwarfen. Da wußte ich: geschafft." Also kann er kein Feigling sein.
„Ich weiß, daß am Ring alle die Hosen voll haben, auch die großen Champions von früher. Nur bin ich als einziger so ehrlich, das auch zuzugeben! Und ich hab' mir nach der 6:58,6-Runde gedacht: Das mach' ich nie mehr wieder, ich bin ja nicht blöd!"
Wirklich?
„Ja, sicher. Du gehst ein Risiko ein, da paßt halt Gott sei Dank alles, so ist auch die Zeit entstanden – aber ich wäre nicht fähig gewesen, das noch einmal zu machen: wenn du einfach dafür nicht bereit bist!"
Er wäre vor 40 Jahren auch am Ring gefahren, bekannte AvD-Sportbaron Huschke von Hanstein ein Jahr später – 1976 – onkelhaft im Fernsehen. „Auch in 6:58?" fragte Lauda zurück und kündigte an: „Wenn alle überleben, können wir nur ‚Vergelt's Gott' sagen."
1976 wäre so oder so der letzte Grand Prix auf dem Nürburgring gewesen, bestätigt Lauda: „Wir haben schon in Long Beach entschieden. Meine Argumentation damals, daß man auch '76 nicht mehr fahren könnte, weil sich die Autos zu schnell entwickelt haben und der Nürburgring einfach zurückgeblieben ist. Die anderen Fahrer argumentierten mit einem 3-Jahres-Programm, das der Nürburgring erfüllt hat, also müsse man jetzt fair sein und dieses 3-Jahres-Programm zu Ende fahren."
Lauda wurde damals überstimmt, „was mir auch recht ist, und dann sind wir halt alle hingefahren. Aber daß der Nürburgring nach '76 nicht mehr für die Formel I geeignet ist, war auch klar."
Und dann kommt – der historische 1. August 1976. In Wien stürzt die Reichsbrücke ein. Am Nürburgring verunglückt Lauda in einer Flammenhölle und bekommt im Spital schon die Letzte Ölung – aber drei Tage später ist er gottlob überm Berg.
Wie Ertl Alarm schlägt, wie Lunger und Edwards gegen das Feuer kämpfen, wie Merzario den Sitzgurt aufreißt – all das hat ein damals 14jähriger Bub mit einer Schmalfilmkamera gedreht, wie Niki später herausfand – tief beeindruckt, „wie der Bub ganz kaltblütig, wie ein Vollprofi, die Kamera aufs brennende Auto gelenkt und die ganze Bergung gefilmt hat. Das muß er mit seinen 14 Jahren super-emotionslos angegangen sein."
Nikis Lehre von damals: Nie mehr wieder, auch nicht für sehr viel Geld, einen kantigen Sturzhelm – wäre ihm der Helm nicht am Gitterzaun heruntergefetzt

worden, wären ihm alle Brandwunden im Gesicht erspart geblieben. „Das waren teure 100.000 Mark." Aber deswegen sitzt er 37 Sekunden im Feuer.
Den häßlichen Applaus, als die Unfallmeldung über Lautsprecher durchkam, hab' ich heute noch im Ohr. Alles war so unwirklich, fast gespenstisch. Das Interview, das Niki auf der Tragbahre einem brasilianischen Radioreporter gab; die Anweisung an seinen Ferrari-Rennleiter Daniele Audetto, den Schlüssel fürs Mietauto zu holen.
Das Schlimmste war die nächtliche Autofahrt ins Spital nach Mannheim. Jede Stunde, wenn die Weltnachrichten kamen, wartete ich auf den Satz: „Der österreichische Autorennfahrer Niki Lauda ist heute nacht . . ."
Ich kenne viele, die sich in jener Nacht schworen: Sollte Niki etwas passieren, würden sie aus dem Renngeschäft aussteigen. Ich auch.
Mit schwacher Stimme erzählt er seine letzte Erinnerung ans Rennen: „Ich hab' Carlos Pace aus den Boxen heraus überholt, dann weiß ich nichts mehr." Und denkt an seine vier Lebensretter: „Mach eine Aussendung über die Nachrichtenagenturen, daß ich ihnen allen vier danke sag', Merzario vor allem."
Er und Lauda haben sich schon vor dem Unfall nicht leiden können, nachher seltsamerweise auch nicht, obwohl ihm Niki seine wertvollste goldene Uhr schenkte: die Pole-position-Uhr von Monte Carlo.

„Der Nürburgring? Sicher ein wichtiger Einschnitt in meinem Leben. Wennst so kurz vorm Abkratzen bist, überlegst du dir verschiedene Dinge." Vergessen kann er den Nürburgring nicht – weil er jeden 1. August daran erinnert wird. 1977: „Herr Lauda, ein Jahr danach . . ." Nach was bitte, fragt Niki. Oder 1986, der zehnte Jahrestag. „So lang ist das schon her? Erwarten die Leute jetzt, daß ich ein Fest geb'? Am besten ein Barbecue?"
Daher gab es zum zehnjährigen Jubiläum auch keinerlei Kameradschaftsabend. Aber zum 20. Jahrestag horcht Lauda nochmals in sich hinein.

„Wie genau kannst du dich an deinen Überlebenskampf noch erinnern?" frage ich Niki Lauda – und er erzählt zum ersten Mal alles.
„Also, das fertige Erinnerungsvermögen fängt erst wieder an im Hubschrauber, von Adenau weg in irgendeine Klinik, Mannheim oder Ludwigshafen. Ich frag' den Arzt, wo wir hinfliegen, da hat er eben gesagt: ‚Mannheim oder Ludwigshafen.' Ich frage, wie lange wir fliegen, sagt er: ‚Eine Stunde.' Daran kann ich mich erinnern. Und dort im Spital ist eigentlich das Hauptproblem, daß ich keinen gekannt, nur Stimmen gehört und nicht gewußt hab', wo es hingeht. Dann kommt der Arzt Grajales und sagt, daß er da sei, darauf hab' ich mir gedacht: Endlich ist einer da, den ich kenne, der Arzt vom Fittipaldi. Und dann haben sie halt da vor mir herumdiskutiert, was sie jetzt mit mir machen – nicht wissend, daß ich alles höre oder mithöre. Und dann hat einer gesagt: ‚Wenn wir das machen, dann stirbt er, wenn wir das machen, stirbt er nicht', also lauter interessan-

te Meldungen, die mich damals doch etwas beunruhigt haben über meinen Zustand."
Gesehen hast du ja nichts?
Lauda: „Nein, gesehen hab' ich nichts, alles war so angeschwollen, ich hab' nichts gesehen, nur gehört, die Stimmen erkannt."
Weißt du, daß du dem brasilianischen Radio auf der Tragbahre ein Interview gegeben hast?
Lauda: „Nein, das weiß ich nicht mehr. Ich hab' nur gehört und sonst nichts. Die Zeitabläufe kenn' ich nicht, weil ich keinen Zeitbegriff gehabt hab'. Und dann irgendwann, ich glaube, es war am Montag, wurde das Ganze so hart oder so schwierig, daß ich mir gedacht habe: So, das reicht jetzt, ich tu' jetzt nichts mehr. Oder es ist irgendwie eine Erlösung gewesen, dich nicht zu bemühen, Dinge zu verstehen, oder dich zu bemühen, hier etwas zu tun, um dich zu beschäftigen. Und irgendwann einmal habe ich mir gedacht: Ich tue jetzt nichts, jetzt ruhe ich mich einmal aus, aber dann bin ich schnell draufgekommen, daß dieses Ausruhen in Wirklichkeit sterben heißt, und dann ist mir so die Angst gekommen, daß ich mir gedacht habe: Nein, das bringt jetzt überhaupt nichts, hör lieber zu, was die wieder zu reden anfangen. Ich hab' mich konzentriert und versucht, was immer da von meiner Seite aus möglich war, mitzutun. Das ging, was weiß ich, ein paar Stunden so, und dann ging es wieder bergauf. Also es gab sicher Phasen dort, wo alles echt schlecht war. Und der Marlene haben die Ärzte am Montag gesagt: Morgen steht er nicht mehr auf, morgen ist er tot, sie kann heimfahren, es ist alles erledigt, weil das Lungenröntgen, das sie dann gemacht haben, war so schlecht für sie, in ihren Augen, daß sie die Marlene in den Park geführt und ihr gesagt haben: keine Chance zu überleben. Also wenn du das alles analysierst, haben sie da einiges angerichtet, was dann de facto, Gott sei Dank, nicht eingetreten ist. Und irgendwann später haben sie mir dann diese Maschine montiert, die die Lungen aussaugt, und mir gesagt, je öfter ich das tue, um so besser ist es, und das habe ich mich halt dann bemüht, es so oft wie möglich zu tun. Sicher einer der Gründe, warum es dann mit der Lunge wieder bergauf ging, weil das war in Wirklichkeit das Problem."
Mit Brechreiz verbunden und tat weh?
Lauda: „Ich hab' gekotzt wie ein Reiher, das war also echt unangenehm. Aber dann ging es bergauf, eine Woche noch, und dann ging es wieder normal."
Zwischendurch bekamst du die Letzte Ölung?
Lauda: „Die Letzte Ölung war auch irgendeine Phase dazwischen. Ich weiß auch nicht mehr genau, wann. Hat die Schwester gefragt, ob ich das will, hab' ich mir gedacht: Der liebe Gott kann mir jetzt noch helfen, warum nicht? Ich hab' nichts gehört, nichts gesehen, nur etwas gespürt an meiner Schulter, und bin erst nach Minuten draufgekommen, daß der Priester jetzt da war. Er hat kein Wort gesagt, wahrscheinlich, weil er geglaubt hat, ich bin unfähig, etwas zu hören, hat mich letztgeölt und ist wieder gegangen. Und ich hab' mir gedacht: Das ist eine solche

Frechheit, wieso redet er nicht mit mir? Sagt mir irgendwelche netten Worte, die ich ja erwartet habe? Wenn man sagt: Letzte Ölung, dann wird er doch mit mir nett reden, der Pfarrer – und dann ging er wieder. Also, das hat mich noch einmal narrisch gemacht. Was vielleicht auch irgendwo gut war, damit etwas weitergeht."

Sehr gut war das wahrscheinlich?

Lauda: „Von da an ging es bergauf."

Du warst ja schon an der Grenze zum Jenseits, das hast du gespürt?

Lauda: „Ja, die Lunge. Das spürst du schon im richtigen Moment."

Ist das ein bißchen Friedlichkeit in dem Moment oder eher Panik?

Lauda: „Nein, das ist anders. In Wirklichkeit sind der Schmerzlevel und die Behinderung des Körpers so stark, daß du dann nicht mehr kannst, das heißt, der Körper wird so müde und schwach, daß er sagt: aus!"

Schmerzen?

Lauda: „Es ist alles zusammen: die Lunge, die nicht mehr Sauerstoff produziert, und der ganze Zustand: daß irgendwann einmal das System abschaltet. Und das, glaube ich, ist dabei das Hauptproblem."

Nach drei Tagen warst du über den Berg. Hast du gespürt, jetzt bin ich drüber?

Lauda: „Nein, das habe ich nie gespürt! Natürlich war ich über diesen ersten Berg drüber, aber dann mußten ja die ganzen Operationen und Transplantationen gemacht werden – ich war ja noch lange nicht fertig. Das Problem war ja nur am Anfang, zu überleben, aber dann, die verbrannte Haut zu ersetzen. Und diese ganzen Operationen waren irrsinnig mühsam und langwierig. Und darum war auch nie der Gedanke da: jetzt hab' ich es geschafft. Es war immer eine Aufgabe zu lösen, bis es dann, ungefähr ein Jahr danach, mehr oder weniger erledigt war."

Und dann kam noch der brasilianische Arzt Pitanguy, der „Michelangelo der plastischen Chirurgie"?

Lauda: „Die Erstversorgung war ja relativ gut. Nur: Narben ziehen, das heißt, ich hatte dann immer mit dem rechten Auge Schwierigkeiten, weil die Narbe nach unten gezogen hat. Da war Gefahr, das Augenlicht zu verlieren, weil das Auge dann offengeblieben ist in der Nacht usw. Und dann mußte ich zweimal operieren: einmal in der Schweiz, da bin ich von einem Arzt zum anderen marschiert, um die richtige Dosierung der Haut zu bekommen. Jeder hat etwas anderes gesagt, das war das Ärgste damals. Ich hab' mich dann entschieden für einen Augenarzt in der Schweiz, der mich das erste Mal operiert hat, der war leider schlecht. Und dann war wieder ein Notfall, weil zu Weihnachten mein Augenarzt in Wien gesagt hat, daß ich das Augenlicht verlieren werde, wenn das Auge nicht zugeht. Und dann hab' ich eben den Dr. Pitanguy getroffen, und der hat mich dann Anfang Jänner in Brasilien operiert."

Den hast du beim Schifahren getroffen?

Lauda: „In Gstaad, ja, wirklich zufällig."

Er wollte dich überhaupt nicht mehr loslassen?
Lauda: „Der wollte mich voll restaurieren, aber das habe ich dann abgelehnt, weil das Long-Beach-Rennen relativ schnell dahergekommen ist. Dann war das erledigt."
Mit Ferrari war immer Stillschweigen, was da passiert ist?
Lauda: „Ferrari hat überhaupt nie etwas dazu gesagt, was ich auch verstehe: Es ist ein Teil des Geschäfts. Und war eigentlich nicht wichtig, da waren andere Dinge zu lösen."
Sag, welche Versicherungen hast du damals als Rennfahrer gehabt?
Lauda: „Zur damaligen Zeit, glaube ich, überhaupt nichts. Ich kann mich nicht mehr genau erinnern, aber ich glaube, der ganze Unfall hat ungefähr 80.000 Mark gekostet mit allem Drum und Dran, damals – für mich. Ich glaube, ein Teil wurde von der Versicherung gedeckt. Auf jeden Fall war ich nicht in dem Ausmaß versichert, das notwendig war."
Was hast du überhaupt bei Ferrari damals verdient? Das waren noch keine Millionen!
Lauda: „Nein, im ersten Jahr, 1974, glaube ich, 70.000 Mark und im zweiten Jahr dann vielleicht 400.00 oder 500.000 Mark. Davon mußte ich der Bank zurückzahlen, wo ich die 400.000 Mark Kredit hatte – viel Geld blieb damals nicht übrig. Also ich glaub', daß die 500.000 Mark damals Target waren, was die Engländer verdient haben. Bei Ferrari, vielleicht 600.000 Mark, nicht mehr viel Unterschied."
Brabham dann war endlich das große Geld?
Lauda: „Brabham war sicher ein bißchen mehr, keine Diskussion, aber lang nicht in dem Ausmaß wie heute – vielleicht 700.000 oder 800.000."
Da hast mir einmal erzählt, dieses Nürburgring-Gefühl ist in Ibiza wieder zurückgekommen: daß du einen Schacht hinunterstürzt, einen Brunnen, was war damals?
Lauda: „Da haben wir eine Hasch-Zigarette geraucht, was weiß ich, was das für ein Zeug war – auf jeden Fall kam dann dieses ganze Gefühl wieder zurück, aber das kann schon mal passieren, das war nicht so arg."
War das nicht schrecklich für dich? Wieder die Angst zu sterben?
Lauda: „Nein, weil wenn du es schon einmal erlebt hast, dann ist es ein Faktum. Das heißt: Du bist nur erschrocken von Dingen, die du nicht weißt, wenn sie auf dich zukommen. Aber durch das Wissen, wie das alles am Nürburgring war, war ich in keinster Weise mehr erschrocken. Wenn du etwas schon erlebt hast, und du erlebst es theoretisch noch einmal, tust du dir schon leichter als beim ersten Mal."
Das heißt, du hattest auch das Gefühl, du fällst runter, mußt dich wehren?
Lauda: „Nein, es war nur eben das Gefühl, da hier eigentlich sterben zu wollen, wenn du so willst. Angenehm und auf Wiedersehen, also das war eigentlich das Erlebnis. Es war ja keine Belastung auf mir in irgendeiner Art und Weise, sondern sehr einfach zu sagen: So, jetzt setz' ich mich da hin und fahr' durchs Loch

im Waschbecken irgendwie da bergab und fertig, so war das. Also eigentlich positiv."
Wie bist du dann wieder aufgewacht oder zu dir gekommen?
Lauda: „Es hat dann wieder aufgehört zu wirken, damit war wieder alles normal. Ich bin am nächsten Tag ins Kaffeehaus gegangen und hab' nur gelacht."
Das war, nehme ich an, nach deiner Karriere, also nach 1985?
Lauda: „Ich kann mich nicht mehr genau erinnern, aber wahrscheinlich nachher, ja."

Jackie Stewart bewundernd: „Lauda trägt seine Narben wie einen Kampfschild vor sich her." Niki sieht's lockerer: „Andere Menschen sind häßlicher als ich, aber ich hab' wenigstens eine Entschuldigung: Unfall gehabt." Und wenn er mit Übersee telefoniert, hält er den Hörer „immer ans halb angebrannte Ohr. Das dauert kürzer und ist billiger."
1984 ist Lauda wieder am (neuen) Nürburgring: Als wäre Napoleon wiederauferstanden, nach Austerlitz zurückgekehrt oder kämpfte Rommel nochmals in El Alamein.
Und einmal fährt mich Niki – gigantisches Erlebnis – in einem schnellen Auto nochmals durch die 22,9 km lange „grüne Hölle": Ich hab' die Runde heute noch auf Tonband, von Niki besprochen: „Der alte Nürburgring heute ist wie der Zweite Weltkrieg ... da fliegst in den Himmel ... dort köpfelst den Wald hinunter ... und hier würden die Autos in der Mitte auseinanderbrechen."
Beim historischen Streckenkilometer 9,6 reißt Niki am Lenkrad und grinst sarkastisch: „So, und jetzt üben wir das gleich noch einmal." Keine Leitplanke, kein Netz. Verbrannt ist die Erde längst nicht mehr. Wir pflücken Himbeeren und Walderdbeeren.

Die Lauda-Runde im OT:
„Der alte Nürburgring heute: Das ist wie der Zweite Weltkrieg. Schau her: Da fliegst in den Himmel ... hier köpfelst du den Wald hinunter ... da würden die Autos heute glatt in der Mitte auseinanderbrechen!" Niki jagt den Mercedes durch die rund 190 Kurven, läßt die Reifen quietschen. Und ich lass' mein Tonband mitlaufen.
HATZENBACH – die schnellen Bergab-Schlängelkurven nach der Gegengeraden, wo der Formel-I-Troß, hinter den Boxen, immer am Gitter hing: „Hier müßte man schon voll hinunternageln, damit man überhaupt eine Zeit herausfährt. Du merkst schon in diesem Auto, wie uneben es ist. Du bist also voll am Limit hier, weil du immer voll rausbeschleunigen mußt – nach jeder Kurve geht's ein Stück schnurgerade. Allein hier bremsen: Da würdest mit einem Formel I aufschlagen ohne Ende. Von Leitschienen und Sicherheit brauchen wir gar nicht zu reden. Nur: Wennst hier rausfliegst, bist sicher mausetot. Aber du mußt mit Vollgas hinunterbeschleunigen, weil du bergauf Zeit gutmachen mußt!"

FLUGPLATZ – wo sich 1970 Manfred Winkelhock mit dem Formel II so spektakulär überschlagen hat: „Stell dir vor, du kommst hierher mit 300 km/h – dann steigst auf wie eine Rakete. Paß auf: wie auf der Hochschaubahn. Abheben und übers Häusl drüber."
SCHWEDENKREUZ – der gleiche Schreck: „Du kommst sicher mit über 300 km/h da herunter, leicht bergab. Schau, wo es dann dahingeht. Dreimal Bodenwellen, da schlagst auf, daß das Auto auseinanderbricht. Achtung: Hier kommst du mit gut 340 km/h an und mußt dann hereinlenken. Auslaufzonen? Wo bitte? Das ist ja nix."
FUCHSRÖHRE – wo in der Pionierzeit ausgefallene Rennfahrer noch hinter den Hecken lauerten: „Hier mußt du um jeden Preis voll hereinkommen, brauchst unbedingt Speed – du mußte ja überall Zeit gutmachen. Jetzt kommst also runter, wieder mit gut 300 km/h. Früher schon konnte man den Fuß nicht vom Gas nehmen, hier herunten in der Senke, die Schwerkraft drückt dir den Fuß aufs Pedal. Paß auf, wie das Auto jetzt zusammenknickt, und stell dir vor, du machst das mit einem Formel I – dann bricht er sofort auseinander."
ADENAUER FORST – die nächste klassische Passage: „Relativ normal, weil es relativ langsam ist." Pausenlos das gleiche Spiel: bremsen – beschleunigen. Eine „irrsinnig schnelle Kurve" im 4. Gang. Wieder bremsen, wieder schnurgerade.
KALLENHART – und Niki ist alarmiert: „Bergabpassage. Da beschleunigst wieder auf über 250 km/h auf dem kurzen Stückl. Schau her, diese Senke: Du hüpfst drüber – dann kommt der nächste Hupfer – und jetzt diese lange Rechtskurve." Wie es zugeht, schon allein in diesem Auto, kann sich keiner vorstellen.
WEHRSEIFEN – nächster kritischer Punkt: „Wenn da in einem Formel I die Bremse versagt: Weißt, wo du dann bist? In der Hölle oder im Fegefeuer, je nach Benehmen."
BERGWERK – der historische Streckenkilometer 9,6. „Der Linksknick ging schon damals voll: sicher über 200 km/h. So, und jetzt üben wir das gleich noch einmal . . ." Mit sarkastischem Grinsen reißt Lauda am Lenkrad. „Keine Leitplanken, kein Netz war damals – nichts. Und da bin ich schon 1973 mit dem BRM rausgeschossen, ohne zu lenken oder zu bremsen, wie vom Geist gelenkt, um dieses Streckenpostenhäusl herum – aber damals stand die Hütte noch herinnen. Es ist ein Wahnsinn, bitte."
DAS KARUSSELL – an dem so viele Erinnerungen der Superstars hängen. „Aber heute würde das Karussell jeden Formel-I-Wagen killen. Das ganze Feld müßten sie hier einmal durchjagen, bloß einmal: Dann brechen die Autos in der Mitte auseinander, da kommt kein einziger heil heraus. Und dann, schwör' ich dir, schreit keiner mehr nach dem alten Nürburgring." Fast glaubt man, sogar der Mercedes könnte auseinanderbrechen. „Du mußt hier aber schnell durch – weil das alles wieder gewonnene Zeit ist."
HOHE ACHT – sehr grün, sehr viel Wald. „Vom Waldsterben kann man hier sicher nix reden, bei den vielen Bäumen da – nur ist überhaupt keine Sicherheit

da. Nur zwei Leitschienen: Was glaubst, wie du da in den Wald hinunterköpfelst?"
PFLANZGARTEN – wo 1958 Peter Collins starb: „Diese Kurve war immer irrsinnig wichtig, weil du den vollen Speed mitnehmen mußtest. Ein Sprunghügel – von außen anfahren und dann schnurgrad' runter – zack und in die Luft. Du mußt nur unbedingt den letzten Schlenker nach rechts erwischen, weil's dann nach rechts rausgeht. Wichtig, weil dann die Gerade kommt: Jede 100 U/min, die du schneller rauskommt, bringen dir Zeit."
Dann ist, wie ein gerissener Film, der 10-Minuten-Wahnsinn zu Ende. 22,9 Kilometer, 190 Kurven. Niki Lauda fuhr den „alten Nürburgring" 1976 im Training in 6,58 – der Formel-I-Rekord, den keiner mehr gebrochen hat und keiner mehr brechen wird. Trotzdem die Frage: Wie schnell wärst du heute mit einem Formel I? „Keine Ahnung. Vielleicht 50 Sekunden schneller, vielleicht eine Minute."
Stefan Bellof fuhr 1983 mit dem Porsche eine Sensationsrunde von 6,13 – womit er sich selber ein Denkmal gesetzt hat.
Bergwerk, Streckenkilometer 9,6. „Der Asphalt müßte noch verbrannt sein", sagt Niki später, als wir fotografieren. „Und dort oben, auf der Böschung, stand der Bub, der 1976 als einziger den ganzen Unfall gefilmt hat." Neun Jahre später pflückten wir dort Himbeeren und Walderdbeeren . . .
Auf dem neuen Nürburgring pflanzt ab 1985 jeder Formel-I-Weltmeister einen Baum. Lauda setzte eine Eiche, Alain Prost – auf Vorschuß – eine kleine Tanne. Zwei Nürburgring-Runden mit Niki Lauda: einmal Rennsportgeschichte und zurück.

Heute liebt Lauda den Nürburgring wieder ein bißchen mehr: „Der alte Ring war nämlich eine derartige Herausforderung vom Fahren her, die alles überstrahlte, was dort negativ war. Und das ist der Nürburgring auch heute noch: Wenn du dir das ansiehst, denkst du dir: eine wirklich geile Angelegenheit. Denn die Schwierigkeit hat immer überwogen, das heißt: der Unfall selber hat mich da nie belastet. Im Gegenteil: die Faszination dieses Nürburgrings war eigentlich immer wichtiger."
Und wenn du jetzt dort bist, fährst du jedesmal wieder?
„Ja, sicher, weil es fasziniert, wie man damals um diese Rennstrecke herumgefahren ist – kann man sich heute alles nicht mehr vorstellen. Die Herausforderung war irr. Es gibt kein Beispiel, wo eine Rennstrecke einem Fahrer soviel abverlangt."
Wüßtest du heute noch, wo du schaltest? Wie schnell du bist?
„Weiß ich nicht mehr, weil das Schalten natürlich davon abhängt, was du für ein Auto fährst – aber die Kurvenfolgen weiß ich noch ganz genau. Die Strecke selber bleibt mir ewig in Erinnerung!"

Michael Schumacher verrät mir seine absolute Lieblingskurve: die gefürchtete „Eau Rouge" auf der Ardennenstrecke von Spa: „Absolut unglaublich, was sich da abspielt, was du in dieser Kurve erlebst. Hinterher, wenn du mit dem Fahrrad, ja sogar zu Fuß durch diese Kurve kommst, kannst du dir überhaupt nicht vorstellen, da im Rennwagen durchzufahren: 280 km/h, Natur, Straße, Rennfahren pur! Mit dem Jordan von 1991 habe ich die ganze Kurve nur am Boden geschliffen!"

Soweit Schumacher. Kennt Lauda noch das „Rennfahren pur", vielleicht vergleichbar mit der Kitzbühler Abfahrt der Skirennläufer?
„Ja, sicher, der Nürburgring ist genauso!"
Aber: ein technisches Problem, und du bist geliefert?
„Nicht nur das. Der geringste Fehler genügte, weil du am alten Nürburgring ja nicht trainieren, nie die Zeit aufbauen und probieren konntest. Du weißt: drei Trainingsrunden – fertig. Du mußtest also ohne Vorarbeit riskieren. Deswegen war der Risikofaktor so wahnsinnig hoch."
1984 wird – mit einer Supershow von Mercedes – der neue Nürburgring eröffnet. Lauda und Rosberg, aus der letzten Reihe, riskieren einen Frühstart – Ayrton Senna gewinnt zum ersten Mal gegen die Champions.
Wie reagiert Lauda auf den neuen Nürburgring?
„Wenn man den alten kennt: eine Enttäuschung, weil er natürlich nie vermitteln kann, was der alte je vermittelt hat. Unschlagbar mit allem verbunden, was dort los war. Das heißt: der neue Nürburgring kann nie eine Chance haben, wenn man den alten kennt – nur dann, wenn man den alten nicht kennt. Und den neuen Ring so nimmt, wie jede andere moderne Rennstrecke ausschaut."
Aber dafür eine sichere Rennstrecke?
„Schon selektiv und interessant zu fahren, vielleicht auch sogar manchmal schwierig. Aber man geht immer von der Faszination des alten Nürburgrings aus. Und das ist falsch."
Das Eifelwetter ist launisch geworden. „Am Nürburgring kannst du an einem Tag alle vier Jahreszeiten erleben", lächelt Michael Schumacher. Auch Schnee im April? „Dann fahren wir halt mit Spikes . . ."

Fußnote zur Geschichte: Als Lauda 1976 verunglückte, ging Ford-Motorsportgeneral Mike Kranefuss ans Telefon und buchte spontan 30 Hotelzimmer in Hokkenheim für Sommer 1977. „Weil mir sofort klar war: ab jetzt fahren sie nie mehr wieder auf dem Nürburgring!"
Zu viele Kreuze. Aber auch in Hockenheim bereits Trauer: dort verunglückte der damals schnellste Fahrer der Welt.

Neue Arena: Hockenheim

Der Nieselregen von Hockenheim entmutigt und deprimiert. Jim Clark und Chris Amon stehen nebeneinander in der dritten Startreihe. Sie tauschen einen kurzen Blick. Die Erinnerung an die Tasmania kehrt zurück, und ein Wort bleibt haften: Longford.
„This is going to be a second Longford – das wird ein zweites Longford", ruft Jimmy hinüber, und Chris gibt bedrückt zurück: „That's for bloody sure – das ist leider sicher."
Die Gedanken fliegen ein paar Wochen zurück, zum fünften Kontinent. Ein Wolkenbruch verursacht Seen in Longford. Clark, Amon, Hill und Rodriguez legen den Organisatoren eine Absage nahe. „Wir riskieren wegen dieser Meisterschaft nicht unser Leben." Amon schlägt vor, Clark den Tasmania-Sieg zuzusprechen. Als einzige Konzession wird die Renndistanz von fünfzig auf zwanzig Runden verkürzt. Der Ferrari und der Lotus schleudern und schwimmen nahezu ohne Bodenhaftung. Jimmy wird Fünfter, Chris Siebenter; Piers Courage siegt auf Dunlop.
Als Gesamtsieger fliegt Jimmy nach Europa zurück. Bei seinem ersten Tasmania-Ausflug hat er die Pilotenprüfung bestanden. „Das Foto drüben zeigt ihn mit seiner zweimotorigen Piper-Comanche. Es wurde von einem anderen Flugzeug aus aufgenommen", erklärt mir später Mutter Clark, als ich sie in Schottland besuche. „Neben Jim sitzt Colin Chapman ... und dahinter, glaube ich, Mike Spence."
Als Jimmy Clark und Graham Hill nebeneinander Hockenheim anfliegen, geraten sie in einen Schneesturm. „Wir warnen dringend vor der Landung", funkt der Kontrollturm. „Wenn ihr es riskieren wollt, dann auf eigene Gefahr." Sie riskieren.
Aber ist Clark, zweifacher Weltmeister, gern im Motodrom?
„Ohne sensationell zu sein", rekapituliert später sein Rechtsberater, „läßt sich festhalten, daß Jimmy aus drei Gründen unglücklich war: erstens mit der Strecke, zweitens mit dem alten, mehrmals reparierten Vorjahrs-Lotus, drittens, überhaupt in Hockenheim zu sein."
Am gleichen Tag läuft in Brands Hatch das BOAC-500-Rennen mit der Weltpremiere des bügelbrettflachen 3-Liter-Prototypen von Ford.
„Als die Ford-Leute Jimmy fragen, ob er starten wolle, sagt er bedenkenlos zu. Er vergißt den Paralleltermin am Hockenheimring, und als er es realisiert, hält er zu Lotus." Mit Steuergründen, wie vielfach vermutet, hat Clarks Entscheidung nichts zu tun: Jedes britische Steuerjahr endet am 5. April und beginnt am 6. April: Der 7. April 1968 zählt also bereits zum neuen Steuerjahr.
Zurück nach Hockenheim, ins Motodrom: Auf Clarks letztes Gespräch, das mir Chris Amon später erzählt, folgt das Zweiminutensignal.

Amons schwarzhaarige Begleiterin Barbara, eine Flasche Rotwein im Arm, ist vor der beklemmenden Startatmosphäre in Chris' Mietwagen hinter den Boxen geflüchtet. Eine halbe Stunde später klopft der Journalist Bill Gavin weinend an die Fensterscheibe ...
Zur gleichen Zeit, da der Rennarzt seinen Arm schwer auf Graham Hills Schulter legt und sagt: „Es ist besser, daß Sie ihn nicht mehr gesehen haben", steigen Clarks Eltern in Kerchesters in ihren Rover. Das Telefon ist gestört, der Fernsehapparat nicht eingeschaltet.
„Spät am Abend kommt der erste Telefonanruf durch. Wir verstanden überhaupt nichts, weil die Leitung so schlecht war, bis der Mann buchstabierte: E-n-d-r-u-w-i-t. Jims Mechaniker."
In den Boxen von Brands Hatch breitet sich die Nachricht wie ein Buschfeuer aus. John Wyer sagt sie dem in den Boxen sitzenden Rindt. Über Lautsprecher kommt sie am Ende des Rennens, das Jacky Ickx gewinnt. Jackie Stewart erfährt sie in Madrid, wo er die Abgrenzungen der Jarama-Strecke überprüft; John Surtees in Tokio, als er den Honda testet.
Jimmy Clarks Tod irritiert und verstört. Wenn nicht einmal er sicher war, hängt die bange Frage über dem Saisonbeginn, wer dann?
In Aldingen am Neckar schreibt Alfred Neubauer an BRM einen langen Brief für Raymond Mays. „Wir werden niemals erfahren, warum es passiert ist", schließt der seit einem halben Jahrhundert mit dem Rennsport vertraute Neubauer, „aber wir beide wissen: Konstrukteure suchen die Schuld niemals bei sich selbst."

Nach Clarks Tod, dem großen Schock, beginnt das Umdenken: „Wenn nicht einmal Jim Clark sicher war", sagt mir Jochen damals schaudernd, „wer dann?"
Und Niki Lauda erinnert sich: „An jenem Tag 1968 sollte ich in Aspern mein erstes Autorennen fahren. Und sah, wie jemand dem Sieger Frank Gardner bei der Preisverteilung etwas ins Ohr flüsterte. Der nahm sofort den Lorbeerkranz vom Kopf runter – und ging weinend weg."

„Kennen Sie Hockenheim?" fragte mich einmal Jim Clarks Vater, als ich ihn auf seiner schottischen Farm Edington Mains besuchte. „Eine so einsame Gerade ... und ein so schrecklicher Wald!" Dort war vor mehr als einem Vierteljahrhundert (1968) der „fliegende Schotte", für viele heute noch der schnellste und beste Rennfahrer aller Zeiten, tödlich verunglückt: in einem unwichtigen, verregneten Formel-II-Rennen.
Wegen des gefürchteten „schleichenden Patschen"? Einer gerissenen Lotus-Aufhängung? Eines blockierenden Motors?
Colin Chapman hat das Wrack vernichtet, „um alle Evidenz auszulöschen". Clark starb, gegen einen Baum geprallt, an Genickbruch. Ein Opfertod – denn erst nach Hockenheim begann man auf allen Rennstrecken Leitschienen zu mon-

tieren, um entgleiste Rennwagen aufzufangen. Jochen Rindt und Jackie Stewart kommandierten die Safety-Kampagne gegen Hohn und Spott: „Ein 100-Meter-Läufer braucht auch keinen Feuerlöscher." Manche Fragen bleiben lange offen.
Zweimal kommt ein Mädchen, von dem Clarks Eltern anfangs hoffen, es kenne den Schlüssel zur Tragödie von Hockenheim: die Sekretärin des Automobilclubs von Mailand. Bei ihr meldet sich kurz vor Weihnachten 1968 ein in Italien stationierter amerikanischer Offizier unverzüglich, nachdem er von einem Heimaturlaub zurückgekehrt ist. Sein zwölfjähriger Sohn habe ihm gestanden, was er acht Monate aus Furcht vor Strafe nicht beichten wollte: Er habe die Spitzengruppe des Formel-II-Rennens abgewartet und dann mit zwei Freunden die Gegengerade überquert, als sich der einsam auf Platz acht liegende Jim Clark näherte. Der Schock habe den drei Buben den Mund verschlossen.
In Hockenheim kennt man diese Darstellung schon lange; bei Lotus auch. Rechtsanwalt Chris Wier hält sie für suspekt: „Wäre sie wahr, hätten wir schon früher davon gehört." Auf Wunsch der Eltern wird der Fall nicht weiterverfolgt.
Heute gibt es im Rennsport längst keine Lorbeerkränze mehr, nur Schecks und Pokale. Aber ich erinnere mich, wie Jochen Rindt 1970 in Hockenheim seinen sechsten und letzten Grand Prix gewann. Den Kranz legte er nachher an Clarks Unglücksstelle nieder: für Jimmy den letzten Lorbeer – als letzten Gruß.

25 Jahre nach Clark gibt die Reifenfirma erstmals zu: Es war ein Reifenplatzer rechts hinten, kein schleichender Patschen. Seither halten Sicherheitsbolzen die Reifen auf der Felge, bis die Pneus total zerfetzt sind.
Wohin die Clark-Millionen verschwunden sind, ist heute nicht nur für Jackie Stewart „total mysteriös: keine Erben, keine Kinder, Jimmys Eltern sind längst tot – und seine Schwestern sind einfache Bäuerinnen geblieben".
Ein spätes Requiem für Jim Clark und Ayrton Senna, den dreifachen Hockenheim-Sieger: 1994 wird die erste Bremskurve in Hockenheim offiziell in „Jim-Clark-Schikane", die dritte (schnellste) Schikane in „Ayrton-Senna-Kurve" umgetauft.
Clarks Schwester Matty ist gekommen. Mit ihrem Mann Alec Calder, der in Le Mans Mechaniker am Clark-Salvadori-Auto war – und mit Blumen aus dem eigenen Garten für den Gedenkstein ihres Bruders. Die Pflegekosten hat Bernie Ecclestone übernommen, seit Clarks deutscher Freundin das Geld ausging.
Clarks Schwester ist berührend sympathisch, an diesem Tag aber aufgewühlt. Der angebliche Clark-Freund Chris Wier, der sich in Duns ein Clark-Museum eingerichtet und sich selber als eine Art Nachlaßverwalter, Pokalsammler und Ruhmbewahrer ernannt hat, steht unter Betrugsverdacht. „Er hat uns alle getäuscht", sagt Jimmys Schwester bitter.
Ich klettere zur Clark-Familie und Bernie Ecclestone in den Minibus. Hätte Clark jemals auf einer Rennstrecke eine Schikane akzeptiert – außer in Monte Carlo? „No!" protestieren Matty, Alec und Bernie sofort. Stimmt's, daß Clark

nur deshalb weitergefahren ist, weil er unbedingt noch Monte Carlo gewinnen wollte – wie mir die Mutter einmal erzählt hat? Ja, sagt Jimmys Schwester, Monte Carlo war seine große, unerfüllte Sehnsucht.
Colin Chapman gestand mir vertraulich: „Die betreffende Reifenfirma hätte es gehaßt, daß ihr Name mit dem Tod des größten Rennfahrers aller Zeiten in Zusammenhang steht."
In allen Rennfahrerverträgen steht der Satz, mit dem Formel-I-Piloten ihre Seele verkaufen: „Das Team verpflichtet sich, dem Fahrer Y für soundsoviel Rennen ein nach bestem Wissen und Gewissen vorbereitetes Auto zur Verfügung zu stellen. Und der Fahrer verpflichtet sich, daß er und seine Angehörigen das Team im Fall eines Unfalls schad- und klaglos halten – ob tödlich oder nicht." *Whether fatal or otherwise,* heißt das im Juristen-Englisch.
Als Mark Donohues Witwe den Reifengiganten Goodyear wegen dem offensichtlichen Reifenplatzer im Zeltweger Warm-up 1975 auf viele Millionen Dollar verklagte, verbot Mario Andretti seiner Frau Dee-Ann: „Was immer mit mir passiert: Du darfst nie, nie, nie vor Gericht! Weil ich im Rennsport auch schöne Zeiten erlebt hab'." Der Fall Goodyear – Donohue wurde außergerichtlich geklärt. Und Andretti, Legende ohne Kratzer, ist 53jährig im Oktober 1994 abgetreten.
Was wäre wohl Sennas Wunsch gewesen, was seine Familie unternimmt? Millionenklagen gegen den Seelenverkäufervertrag, wenn die Unfallursache erwiesen ist? Juristisch vielleicht chancenlos. Aber wenn man das Geld hat, die Macht und die richtigen Rechtsanwälte ... „Aber das bringt keinem Menschen etwas, darum ist es am besten, wie es jetzt ist – daß es ruhig bleibt", glauben viele im Grand-Prix-Busineß.
Wer im direkten Kontakt zur Senna-Familie steht, der schweigt: „Von mir kein einziges Wort darüber, was passiert und was nicht – und ob etwas passiert." Etwas anders ist es mit den untersuchenden Experten. Die italienischen Luftbehörden, die Absturzursachen klären, die Universität von Bologna – sie alle kommen zur Ansicht: zu 85 Prozent Lenkung gebrochen – aber nur halboffiziell.
Aber nichts macht Senna mehr lebendig, und nichts Jim Clark.
Tom Walkinshaw, 35 km von der Clark-Farm in Edington Mains aufgewachsen, erinnert sich noch: „Ich war ein zwölfjähriger Bub mit großen Augen, als mich Jim Clarks Freundin Sally Stokes zum erstenmal nach Silverstone mitnahm. Mein Freund hat einen Reifen von Clarks Lotus mitgenommen – und ich sehr viele Erinnerungen ..."
Heute ist Hockenheim eine der sichersten Strecken der Welt. Und die klassische Windschattenstrecke, unterbrochen nur durch die Ostkurve und die drei Schikanen.
Michael Schumacher: „Wir fahren in Hockenheim – wie in Monza – zirka 60 Prozent mit Vollgas. Der Windschatten wirkt sehr weit. Je mehr du davon haben kannst, logischerweise um so besser, weil du dadurch auf der Geraden nur Vor-

teile hast, keine negativen Effekte, und schneller wirst. Nur in den Kurven darf man davon beeinflußt werden, weil das Auto unruhig wird."
Der Gegensatz, der in Hockenheim fasziniert: die einsamen Waldgeraden und die Fußballatmosphäre im Motodrom, das – wegen Schumi – jeden Sommer schon fürs nächste Jahr ausverkauft ist. 180.000 Glückliche. Für Millionen ein totales TV-Spektakel:
33 Kameras, eine Krankamera, die fast die Hälfte der Rennstrecke aus 72 Metern Höhe einfängt, zwei Superzeitlupenkameras in der Ostschikane, die sensationelle Bilder von dieser Schlüsselpassage liefern: wie die Stars ihre Autos über den Randstein prügeln oder sich auch verbremsen, sieht man aus zwei verschiedenen Perspektiven.
Dazu die Funkkameras, die Bordkameras, und manchmal die Helmkameras beim Tanken. 1994 mit dem Riesenschreck, als Jos Verstappens Benetton in der Box Feuer fängt. 1995 brennt der Jordan von Eddie Irvine in Spa, 1996 in Buenos Aires der Ligier von Pedro Diniz nach dem Tankstopp auf der Strecke.
„Dabei dachten wir: mit dem neuen Tank-Equipment kann kein Rennwagen mehr brennen", wundert sich Michael Schumacher. „Was wäre gewesen, hätte der umgekippte Wagen von Luca Badoer Feuer gefangen?"
Ernst und pflichtbewußt reagiert Schumacher sofort: „Wir müssen mit der FIA reden und natürlich auch innerhalb der GPDA." Damit nicht Niki Laudas düstere Voraussage eintritt: „Wenn die Tankstopps nicht verboten werden, werden bald auch andere Menschen so aussehen wie ich."
Das Trio Schumacher/Berger/Brundle arbeitet sehr gut zusammen: „Wir sind drei Direktoren mit einer Sekretärin in Monte Carlo", präzisiert Schumacher. „Und das besonders Gute daran: seit die Rennfahrergewerkschaft wieder aufgelebt ist, reden wir Fahrer viel mehr miteinander, lernen uns alle viel besser kennen. Das war früher nicht so."
Und nicht nur wegen sprachlicher Barrieren.

Die „Formel Deutsch"

„Racing English" ist längst nicht mehr die einzige Sprache im Grand-Prix-Zirkus. Die Formel I redet deutsch – heute mehr denn je nach 1945.
Sogar der aktuelle FIA-Präsident der Engländer, Max Mosley: „Ich war zwei Jahre lang im Internat in Stein an der Traun, Nähe Traunstein, in Oberbayern – 1953 bis 1955."
Also genau in der goldenen Ära der Mercedes-Silberpfeile. „Da hab' ich Deutsch gelernt. Zu Hause bei uns wurde fast nie Deutsch gesprochen, nur Englisch. Hab' ich fast alles verlernt. Die Deutschen und Österreicher sprechen heute so gut englisch, darum kriegt man kaum Gelegenheit, zu üben."
„Mein Vater war immer der Meinung: Als Kind muß man Französisch und Deutsch lernen, weil in Europa diese Sprachen immer wichtiger werden. Ist mir im Automobilrennsport auch sehr nützlich geworden. Und auch jetzt in Brüssel, wo wir nicht nur mit dem Sport, sondern auch sehr viel mit Straßenautos zu tun haben."
Sir Oswald Mosely, Max' Vater, hatte „eine ganz interessante politische Karriere: mit 22 konservativer Abgeordneter, dann zur Labour Party gewechselt, dort Minister. 1932 gründete er die englische Faschistenpartei, The British Union of Faschists" (bis 1940). Nach dem Krieg arbeitete er in Richtung Vereinigtes Europa – was er immer haben wollte, aber er war, nachdem von der Labour Party ausgeschieden, immer außerhalb der normalen Politik in England.
Moselys Vater hat auch Hitler gekannt. „Aber flüchtig, nur zweimal getroffen vorm Krieg. Aber eine Tante von mir war mit ihm befreundet, und auch meine Mutter hat ihn öfter gesehen. Aber sie war nicht nur mit Hitler gut bekannt, sondern – von Kind an – auch mit Winston Churchill. Weil dessen Mutter die beste Freundin meiner Großmutter war", verrät mir Mosley aus der Familienchronik.
Wieso kannten die Mosleys Churchill und Hitler?
„Durch Zufall. Meine Tante ging in ein Kaffeehaus, in das er auch ging. Er hat sie einfach angesprochen – und später kam auch meine Mutter dazu. Und Churchill? War einfach Freund der Familie."
Die Mosley-Mutter, heute 85, fürs Buch der Rekorde? „Wahrscheinlich die einzige lebende Person, die sowohl Hitler als auch Churchill sehr gut kannte", glaubt Max.
Mosleys sechs Tanten waren – bis auf eine einzige – alle Schriftstellerinnen. Die berühmteste: Nancy Mitford. „Aber auch meine Mutter hat ein paar Bücher geschrieben, und auch Jessica wurde in den USA sehr bekannt."
Vom Stand her ist Mosley „100prozentiger Engländer, aber ich fühl' mich einigermaßen als Europäer. Das muß ich auch als FIA-Präsident! Das ist nicht nur in Europa, sondern weltweit sehr wichtig, damit man nicht ein Land bevorzugt."

Also kein Beute-Germane. Aber wie wirken die tollen deutschen Erfolge auf Mosley?
„Ich bin sehr froh, weil man die großen Nationen wie Deutschland, Japan und Amerika im Sport braucht: Weil sie groß, reich und mächtig sind. Das gibt viele Sponsoren und viel Technologie. Kommt plötzlich nationales Interesse dazu, stellt sich die Technologie voll hinter die Sache. Auch sehr gut."
Wer baut die besten Autos der Welt, Max?
„Die besten Straßenautos immer noch Deutschland! Aber die Japaner sind nicht weit dahinter, und die Amerikaner – jetzt – haben sich stark verbessert. Bei Rennautos ist die erste Adresse augenblicklich immer noch England. Aber ob es lang so bleibt – abwarten."
Hat auch Mosley die Sehnsucht nach den Silberpfeilen?
Wie Jackie Stewart, der einen Mosley-Vorgänger als FIA-Präsident gut gekannt hat?
Prinz Paul Metternich und seine Frau waren gute Freunde, wundervolle Leute. Oder Huschke von Hanstein. „Ich fuhr nie für Porsche, aber Huschke war für mich immer eine Heldengestalt. Weil er immer so gut angezogen, so gebildet war, so feine Manieren hatte. Wirklich ein sehr netter Herr."
Huschke von Hanstein stirbt, 85jährig, sechs Tage vor dem WM-Auftakt 1996. Bis zuletzt schrieb er Briefe an seine Freunde – auf einer uralten Schreibmaschine, auf der sukzessive die Buchstaben wegbrachen.
„Jetzt geht das ‚b' nicht mehr . . ."
„Jetzt geht das ‚g' auch nicht mehr . . ."
Und schließlich: „Jetzt hab' ich mir einen Computer gekauft – und jetzt geht gar nichts mehr . . ."

Michael Kranefuss leitet die große Ford-Tourenwagenoffensive in den siebziger Jahren gegen Jochen Neerpasch und BMW. Später avanciert er in Detroit zum großen Ford-Motorsportgeneral, organisiert tolle Live-Music-Shows im berühmten „Ford Museum" und herzliche Parties bei sich zu Hause.
Heute hat er, gemeinsam mit Paul Newmans zigarrenrauchendem Partner Carl Haas, sein eigenes NASCAR-Team, aber sein Draht zum großen Motorsport reißt nie ab.
Als ihn Bernie Ecclestone anruft, ist Mike gerade nicht zu Hause. Seine Frau, charmant: „Okay, ich sag' Mike also, er soll einen gewissen Mr. Eddie Stone zurückrufen."
Worauf Bernie am Telefon ganz scharfe Zähne kriegt: *„My name is Ecclestone."*

Die vielseitigste Karriere von allen aber hat Jochen Neerpasch, der außer Formel-I-Fahren wirklich alles macht: Rennfahrer auf Porsche und Ford, BMW-Rennleiter, dann McCormack, FIA-Verantwortlicher für die Sportwagen, Sauber-Mercedes und jetzt beim ADAC zuständig für die Supertourenwagen STW.

... und auf ewig applaudiert für seine Idee mit dem Junior-Team bei BMW und Mercedes. Als ideales Sprungbrett für die große Karriere – wie früher die Formel-II.

Noch fast nie hat ein Rennfahrer eine bestimmte Formel derart dominiert wie Jochen Rindt die Formel II. Zwischen 1964 und 1970: zusammen 29 Siege, davon 24 für das Winkelmann-Team, die inoffizielle Brabham-Werkmannschaft. Der Industrielle Roy Winkelmann lebt in den USA und gibt nur Geld und seinen Namen (erhält aber beides verzinst zurück).
Wer ist Roy Winkelmann? Anglo-Amerikaner mit deutschem Blut, sein Großvater war noch Bürgermeister von Braunschweig. In den USA arbeitete Roy anfangs für den CIA und war als Agent zur Bekämpfung des Rauschgiftschmuggels eingesetzt. Sein großes Geld machte er sodann in England mit einem Geldtransport, den er für 25 Millionen Schilling wieder verkaufte, und einigen Bowling-Clubs. Als er genug Geld hatte, kam die Rennerei als einträgliches Hobby hinzu.
Später studierte Winkelmann an der Universität von San Jose Kriminalogie. *„Er will wieder zurück in den amerikanischen Geheimdienst"*, vermutete Jochen damals – und behielt recht.
Winkelmann befaßte sich mit Abhörhilfen, echten technischen Mirakeln.
Als ich ihn das letztemal sah, trug er am Finger einen Ring mit eingebautem Sender, der 16 Kilometer weit ausstrahlte. James Bond wäre vor Neid blaß geworden.
Roy Winkelmann wälzt derzeit hochfliegende Pläne für ein Indy-Car-Team. Rat holt er sich bei Arrows – auch Pete Weitzmann in Los Angeles, der Getriebespezialist, ist deutscher Abstammung. Er fabriziert für Brabham-BMW das neue, transversale Getriebe und ist heute mit Gordon Murray immer noch *„in business"*.

Der Vater des austro-kanadischen Ölmillionärs und Rennsportkönigs Walter Wolf stammt aus Wuppertal. Über Deutschland ging Wolf nach Übersee, wo er eine ganz große Nummer wurde. Sogar in der Formel I.
Weil ihm Arturo Merzario als Fahrer zu langsam ist, bittet Wolf den Tiroler Hans Binder: „Stell dich, einsatzbereit, in die Box. Wenn dich Merzario sieht, fährt er bestimmt sofort um zwei Sekunden schneller."
Worauf Niki Lauda, der zufällig zugehört hat, grinst: „Was zahlst du mir, wenn ich mich hinstell' ...?"
Für 1977 engagiert Wolf – für 1,5 Millionen Dollar, damals Rekordgage – den Südafrikaner Jody Scheckter.
Vertragsunterschrift in London, festes *Shakehands and good luck,* doch von der Portiersloge aus ruft Jody nochmals an. „Was ist los mit dir, Jody?" fragt Wolf überrascht. „Etwas nicht in Ordnung?"

Jody druckst herum: „Ich hab' vergessen, Ihnen etwas zu sagen, Mr. Wolf. Sie sind ja so deutsch-österreichisch. *And I forgot to tell you: I am jewish.*"
„Ist doch völlig egal, Jody", erwidert Wolf. „*I'm looking for a racing driver, not for a priest.*" Ich such' einen Rennfahrer, keinen Priester.
Später beim Dinner-Dance stößt Jody auf der Tanzfläche irrtümlich mit dem Ellbogen gegen den Busen der damaligen Mrs. Wolf – worauf ihn Walter, der Macho, sofort vergattert: „Hör gut zu, Jody. Du bist auch nur mein Angestellter, mein Chauffeur, genau wie der andere. Der eine fährt a bißl schneller, der andere a bißl sicherer ..."
Wolf ist heute zum zweitenmal verheiratet und nochmals Vater geworden.
Und wer könnte die deutschen Damen vergessen? Johnny Cecotto ist mit Martina aus Augsburg verheiratet, Tim Schenken und John Barnard haben deutsche Ehefrauen.
Und Elio de Angelis verbrachte seine glücklichsten Jahre mit Ute in Monte Carlo, Mannheim und auf seiner Yacht „Stary Sky" im Mittelmeer.

Als der Bad Dürkheimer Felgenhersteller Günter Schmid – ein Selfmade-Millionär der Autobranche – 1977 in die Formel I einsteigt, kostet ihn die ganze Saison nur 700.000 Mark. 1982 steigen die Ausgaben auf knapp vier Millionen.
Schmids Vorteil: Selbstverständlich kann er seine Rennsportausgaben voll als Werbekosten abschreiben. Schließlich ist er der größte Leichtmetallfelgenproduzent der Welt, rüstet Porsche, Volvo, Opel, Mercedes-Geländewagen, Seat und Fort in kleinen Serien aus, hat etwa 400 Mitarbeiter – trennt sich später von seinem Partner und erzeugt „Rial-Felgen".
Schmid war früher selber Rennfahrer, gewann Formel-Vau- und BMW-Rennen, stieg 1972 im Super-Vau-Rennen auf dem Hockenheimring zum letztenmal in ein Rennauto (Zweiter), erfand schon 1973 mit dem ATS-Lola die längsgestellten Kühler und seitlichen Rümpfe, die Lotus später in der Formel I so berühmt machte.
Er weiß also genug, als er sich 1977 – zuerst mit dem aufgekauften Penske-Material, später mit March – in die Formel I wagt, ehe der erste Original-ATS entsteht. Typisch für dieses Team war jahrelang der enorme Pilotenverbrauch und die vielen Teammanager bzw. Konstrukteure. „Der schnellste Fahrer, den ich je hatte, war Keke Rosberg – und der schnellste ist auch der beste", blickt Schmid zurück.
Rosberg verschafft Schmid eine erste Sternstunde, als er in Brands Hatch 1978 auf den 4. Platz vorstößt, bis alle Stoßdämpfer kaputtgehen. „Aber die meiste Freude macht mir der 4. Startplatz mit Jan Lammers 1979 in Long Beach." Da kommt sogar Bernie Ecclestone und klopft Schmid auf die Schultern: „Gut gemacht." Warum ATS dann immer wieder Rückschläge erleidet? „Weil ich oft mit Anfängern arbeitete ... mit Borgudd z. B., dem Abba-Schlagzeuger, hab' ich ein Jahr weggeschmissen."

1981 in Rio zertrampelt Günter Schmid – nach einem Streit um die Technik – seinen eigenen ATS-Frontflügel, nur damit er ja nicht aufs Auto kommt – aber vielleicht ist er auch nur unabsichtlich draufgestiegen.
Darauf verläßt Gustav Brunner, der Konstrukteur, das ATS-Team: „Früher war's lustiger in der Formel I. Nicht so ernst wie heute . . ."
Aber genauso ehrgeizig:
„Ferrari, wir kommen!" jubelt die Boulevardpresse über den ersten reinrassigen deutschen Formel-I-Rennwagen seit 22 Jahren in kriegerischen Schlagzeilen. Der Auftrittsapplaus gilt dem gelb-schwarzen ATS mit BMW-Turbomotor. Prompt schlagen die amerikanischen Goodyear-Reifenchefs dem ATS-Boß Günter Schmid vor: „Laß doch das Gelb-Schwarz wegkratzen und mal dein neues Auto in Silbergrau – dann hätten wir endlich wieder einen echten deutschen Silberpfeil!"
Was vielleicht nicht alle Rennsportfans wissen: Das „Silbergrau" der Mercedes-Silberpfeile vor dem Zweiten Weltkrieg war entstanden, weil die Autos etwas über dem Gewichtslimit lagen, worauf der legendäre Rennleiter Alfred Neubauer die Farben abkratzen ließ – bis nur noch die Aluminium-Originalfarbe übrigblieb. So wurden die „Silberpfeile" geboren.
„Aber auch unser Auto ist trotz Gelb-Schwarz ein echter Silberpfeil", freute sich der Mann, der den ATS konstruierte – der Heimkehrer Gustav Brunner, der früher das Kauhsen-Ungetüm, aber auch die höchst erfolgreichen Maurer-Formel-II-Autos gebaut hatte. „Für unseren neuen ATS-D-6 haben wir nur das beste und teuerste Material genommen!"
Die Carbonliber-Monocaque z. B. baut die renommierte Schweizer Firma Seeger in Steckborn. „Das erste hat noch viel Geld gekostet", rechnet Schmid vor, „weil man ja ein 1:1-Holzmodell schaffen muß. Später wird's billiger." Wie teuer die Formel I ist, beweist ein Rechenbeispiel: Ein Ladeluftkühler allein kostet 15.000 DM, ein BMW-Turbomotor 130.000 DM + 14 Prozent Mehrwertsteuer.
1984 ist der ATS-BMW die halbe Saison schneller als die Brabham-BMW, verblüfft mit tollen Startpositionen und hält auch im Rennen.
Geheimer Grund? Der zuständige BMW-Mechaniker dreht den Ladedruck extrem stark zurück.
Gut fürs BMW-Image, wenn der Motor hält – aber schlechter für ATS, wenn das Auto langsam ist.
Manfred Winkelhock ist 1993 Deutschlands einziger Formel-I-Pilot. Ein 30jähriger Schwabe aus der Nähe von Stuttgart, mit freundlichem Wesen, sonnigem Gemüt, aber Händen, die zuzupacken verstehen – nicht nur bei jeder beliebigen Mechanikerarbeit, sondern noch mehr am Steuer seines Rennautos.
Deutsche Rennfahrer haben es schwer: Jeder talentierte junge Anfänger wird gleich zu einem „neuen Caracciola" oder „neuen Rosemeyer" hochgelobt, zumindest mit Graf Berghe von Trips verglichen, und die 71 WM-Punkte, die ein

Die Piloten werden immer an deutschen Autos gemessen – da kommt nur Röhrl mit 137

Jochen Mass herausfuhr, zählen für die Öffentlichkeit auch nicht mehr als die 29 eines „Strietzel" Stuck oder die 14 von Rolf Stommelen.
Wer nicht gleich gewinnt, ist ein Versager. Der Erfolgsdruck ist groß – weil man in Deutschland die Fahrer immer an ihren siegreichen Autos mißt: Mercedes, Porsche, Audi, BMW. Und da kommt nur ein Walter Röhrl mit, sonst keiner – bis Schumi anklopft. Aber kämpfen will jeder.

Winkelhock schwört: „Ich geb' ganz sicher keine Position mehr her!" Denn: „In der Formel I darfst nie nachgeben, ja keine Schwäche zeigen."
Das „Feuer Motorsport" in Manfred hat Graf Berghe von Trips entfacht: 1963, als der elfjährige Bub auf der Solitude vor gigantischer Zuschauerkulisse erstmals ein Autorennen sah. 1972 fängt er mit einer NSU TT an, Bergrennen und Autoslaloms, macht dann Pause, um seine Mechaniker-Meisterprüfung abzulegen, gewinnt 1976 den deutschen Scirocco-Cup („der einzige Meistertitel meiner ganzen Karriere"), ehe 1977 die entscheidende Wende passiert.
Für BMW zu fahren, das heißt: exakte Boxenbefehle, perfekt vorbereitete Rennautos, aber auch profimäßiges Konditionstraining, z. B. ein Wintertrainingslager im „Champagnerklima" von St. Moritz. Aber rechtzeitig, bevor er zum „Touren- oder Sportwagenfahrer" abgestempelt werden kann, wechselt er in die Formel II: 8. Platz in der Europameisterschaft. 1979 startet er nur einmal in der Formel II.
Der Salto, der Winkelhock weltberühmt macht: auf dem Nürburgring, Passage Flugplatz, mit 260 km/h, voll im 5. Gang, „weil ich nicht wußte, daß der Frontflügel von einer Startkollision her verbogen war". Unverletzt wiederauferstanden, geht es 1981 steil aufwärts.
Die Formel I ist nicht mehr weit. Und mit der vollen Absicht, ihn 1983 mit BMW-Turbo-Power anzutreiben, legt Dieter Stappert für Winkelhock den heißen Draht zu ATS. Was rasch klar wird, Winkelhock lernt neue Rennstrecken unheimlich schnell – und wenn er wohin kommt, wo die Konkurrenz zuvor nicht testen konnte, ist er weit vorn: 5. Startplatz in Detroit!
Winkelhock kann, im Gegensatz zu den Brabham-Piloten, nicht wahllos am Handrad drehen – „Der Ladedruck ist mit 1,8 eingestellt, und ich kann höchstens nachregulieren."
Manfred Winkelhock: also ein Typ, der selber kräftig zupackt. Schweißt mit seinem Freund Horst Röger, einem Atom-Wasserkraftingenieur, in Zeltweg selber die Wasserkühler. Und feuert in Monza, weil sich das ATS-Getriebe nie zurückschalten läßt, Helm und Handschuhe ins Cockpit und läßt den ATS glatt auf der Startaufstellung stehen.

Das zweite deutsche Formel-I-Team von damals: Zakspeed aus Niederzissen, in der Nähe des Nürburgrings – wo immer noch Abschußrampen für die V-2-Raketen stehen.

Erich Zakowski hat ostpreußische Wurzeln. „Du wirst unser erstes Kommunistenteam", lächelt Bernie Ecclestone: Willkommen in der Formel-I.
Jonathan Palmer ist der Zakspeed-Pilot der ersten Stunde: „Ich fühl' mich als Abenteurer und als Pionier." Erich Zakowski, der sich mit den Großen der Formel I anlegt: Das ist wirklich David gegen Goliath. Aber der Berg, den er hochklettern will, ist unbezwingbar hoch:
1. weil Zakowski neu in die Formel I gekommen ist,
2. weil er sein eigenes Chassis baut und
3. auch noch seinen eigenen Turbomotor.
Alles ist zuviel auf einmal. Erich Zakowski und Helmut Barth versprühen Optimismus, aber ihr Fehler ist: Sie konzentrieren sich voll drauf, den Motor stärker zu machen – vernachlässigen das Chassis – erst, bis Gustav Brunner kommt, leider zu spät.
Erich Zakowski aus der Sicht des Piloten: „Warmherzig, freundlich, konkurrenzfähig, sehr emotionell. Wenn alles gut läuft, phantastisch. Aber er kann auch verdammt stur sein."
Wie am Österreichring. Der neue Motor ist sehr kurzlebig. Palmer kann kaum trainieren, geschweige denn mit vollem Tank das Auto abstimmen.
Aber Sonntag, beim Warm-up, hat Zakowski wichtige Sponsoren in der Box und verlangt deshalb die große Show: Bestzeit mit leerem Tanks!
„Wenn ich nicht mit vollem Tank trainieren kann", empört sich Palmer, „starte ich überhaupt nicht." Den Streit gewinnt er.
Wieviel ist Zakowski ein Mittelklassepilot wert? „Erich zahlt mir 50.000 Pfund im ersten, 100.000 Pfund im zweiten Jahr. Nicht schlecht – für meine damals geringe Erfahrung."
Als Christian Danner und Martin Brundle kommen, wechselt Palmer zu Tyrrell, gewinnt dort die „Jim-Clark-Trophy" als inoffizieller Saugmotor-Weltmeister, ehe er Jean Alesi Platz machen muß.
Heute sagt Palmer: „Zakowski braucht nie zu bereuen, daß er Formel I gemacht hat, denn er hat gut gearbeitet. Nicht wie Sauber oder Jordan, aber immerhin. Und ich freu' mich, als er später soviel Erfolg bei den R-Tourenwagen hat."
Palmer bleibt den deutschen Teams und deutscher Ingenieurkunst treu: „Mit deutschen Teams arbeite ich enger zusammen als mit britischen." Er gewinnt für Porsche am Norisring und hält mit dem Sauber C 11 in Le Mans 1991 lange den zweiten Platz: „Das beste Rennauto, das ich gefahren bin."
Jonathan Palmer ist Arzt, Rennfahrer, war Testpilot bei McLaren, ist jetzt BBC-Kommentator – er kennt die Formel I aus allen Perspektiven: Der ideale Mann für den Job des GPDA-Sekretärs? Palmer lehnt 1995 ab, als man ihn fragt. Heute hilft eine Sekretärin in Monte Carlo dem Fahrer-Sicherheitskomitee, bestehend aus Schumacher, Berger und Brundle – dem Palmer-Nachfolger bei Zakspeed. Mit der größten Enttäuschung in der dünnen Höhenluft von Mexiko, wo der Zakspeed-Turbo bis zum Defekt auf dem hervorragenden 5. Platz geigte,

aber dem größten Erfolg in Imola: 5. Platz, zwei WM-Punkte „für ein gutes, starkes Rennen, bei dem mir keiner etwas geschenkt hat".
Brundle, im Rückspiegel: „Für das winzige Budget tat Zakowski einen erstaunlichen Job. Er war sehr mutig. Aber ich glaub' nicht, daß er die Realität der Formel I wirklich jemals ganz begriffen hat . . ."
Und Christian Danners Abschiedsgruß an die Formel I: „Wenn du nicht gleich auf Anhieb die Entdeckung des Jahres bist, wirst du rasch abgestempelt, in eine Schublade gelegt – und dort bin ich immer noch. Keiner will mich mehr haben . . ."
Darum sein Sprung nach Amerika, in die Indy-Car-Serie: „Dort geh' ich jeden Abend als glücklicher Rennfahrer schlafen und steh' als glücklicher Mensch und Rennfahrer wieder auf."
Vor allem, seit er seine Jugendliebe, die Fotografin Nicole, endlich geheiratet hat.
Heute kaum vorstellbar, aber fast wäre auch Michael Schumacher in einen Zakspeed gestiegen! „Damalige Situation: Wer als erster Deutscher ein Formel-III-Rennen gewinnt, darf probeweise den Zakspeed fahren", erinnert sich Michael.
Auf dem Österreichring setzt sich der junge „Schumi" in einem beinharten Regenduell gegen Heinz-Harald Frentzen durch und gewinnt ein Fotofinish: das ist die Fahrkarte für Zakspeed.
„Aber es kommt nicht zu diesem Test – weshalb auch immer. Ob es gut oder schlecht für mich ist, weiß ich nicht mehr", erinnert sich Michael.

Ein anderer Blick zurück: Die Grand-Prix-Saison der Vorkriegszeit – genannt Europameisterschaft – umfaßte sechs oder sieben Rennen. Aber Hans Stuck, der Senior, fuhr vor allem auch Bergrennen, und auf die ist er unheimlich stolz. Sein Sohn „Strietzel" begleitet ihn noch zu den letzten Bergrennen mit dem BMW 700 (50 PS) nach Freiburg-Schauinsland – quasi in den Spuren des Auto-Union.
Sehr emotionell, großes Herz, aber unabgesichert: die Alleebäume direkt neben der Straße – wo auch Hans-Joachim Stuck noch gefahren ist: „Ich denke, wir waren alle geistesgestört."
Weil Hans Stuck 1936 auf Austro-Daimler Europa-Bergmeister wird, bekommt er ehrenhalber die österreichische Staatsbürgerschaft verliehen. Die später auf „Strietzel" übergeht – und auch auf seine Buben Johannes (9) und Ferdinand (4). „Der Große fährt schon Go-Kart im ADAC-Bambini-Cup, der Kleine ist völlig anders gelagert, ein ganz Goldiger."
Die erste Stuck-Karriere ist unglaublich. Von 1924 bis 1963, also 39 Jahre lang – total mehr als 700 Rennen!
Mit 60 wir Stuck noch deutscher Bergmeister, mit 61 fährt er sein letztes Rennen, die 12 Stunden von Monza, zusammen mit Sepp Greger auf einem BMW 700 – und gewinnt.
Dann legt er seinen Führerschein zurück – freiwillig. Niemand kann ermessen, wie weh ihm das tut.

„Mein Vater leidet stark an Rheumatismus, bekommt Medikamente, die sich leider auf die Sehkraft auswirken, sieht fast nichts mehr – obwohl er bis zuletzt ein toller Autofahrer war, an Weichheit und Progressivität unübertrefflich."
Den Führerschein zurückzugeben: Die Entscheidung zeigt von der Größe eines Mannes, der 50 Jahre lang Autos gelebt hat. „Für meinen Vater fast schlimmer, als hätte er sein Augenlicht verloren."

Was vererbt er seinem Sohn an Talent, an Tips, an Tricks?
„Strietzel" sieht das heute anders als noch vor ein paar Jahren: „Als ich mit der Rennfahrerei anfang', redet mein Vater auf mich ein wie auf einen kranken Hund: Das mußt du so machen, das so. Ich hör' mir zwar alles an, muß aber meine Erfahrungen selber machen. Jetzt hab' ich genau das gleiche Problem, wenn ich mit dem Johannes auf eine neue Go-Kart-Bahn geh': Ich fahr' ihm zehn Runden lang vor, damit er die Strecke kennenlernt – ist ihm völlig egal. Der schaut nur, wo er mich überholen kann. So ist das immer mit der Jugend: Denen kannst du noch soviel erzählen – aber dann müssen sie alles selber ausprobieren, eigene Erfahrungen sammeln.
Und wenn mein Vater immer zu mir sagt: Du darfst nicht soviel quer fahren, was tu' ich? Steh' noch mehr quer, wie ein Wahnsinniger, bis ich draufkomme: Das bringt nichts. Papi gibt sich also viel Mühe – nur kommt nicht viel heraus."
Das Wichtigste, das er dir mitgegeben hat?
„Daß ich bis heute sagen kann: Ich bin ein fairer Sportsmann, mit einem verhältnismäßig geradlinigen Charakter – was auch schwierig ist. Ich bin heute noch ein umgänglicher Mensch und kann, glaub' ich, mit gutem Gewissen auf 27 Jahre Motorsport zurückblicken."
Sein Vater war der Pionier und Abenteurer. Sein Sohn ist „froh und dankbar, daß ich die tollste Zeit mitgemacht hab'. Aber wahrscheinlich sagt das jeder von seiner Ära: Angefangen, als der Motorsport noch Idealismus ist – aber schon in den ersten Stapfen des Profitums, weil der Bernie schon aktiv ist. Dann in die Formel I hineingeschmeckt: Wenn du heute drüber nachdenkst, die Autos siehst – dem Himmel sei Dank, daß ich noch am Leben bin."

Hans-Joachim Stuck heute: wie ein, zwei Generaitonen vor ihm Hans Herrmann eine Zentralfigur im Wechsel der Zeiten, der Epochen – und der deutschen Automarken mit ihren verschiedenen Philosophien, verschiedenen Charakteren.
Vergleiche die deutschen Automobilgiganten, schlag' ich vor.
„Fangen wir an bei BMW: eine unheimlich lustige Zeit mit Bovensiepen und Alpina, auf sehr netter, kameradschaftlicher Basis.
Nach zwei Jahren – das managt noch mein Vater – komm' ich zu Jochen Neerpasch, damals noch bei Ford. Wo ich anfange, etwas professioneller zu denken: 1972 ist keine Gaudigeschichte mehr, sondern meine erste Meisterschaft. Dann wechselt Neerpasch zu BMW, nimmt mich mit, und Lauda wechselt zu Ford.

Die Ära Neerpasch formt mich sehr stark, weil er auch versucht, mir den jugendlichen Übereiferzahn zu ziehen – was ihm aber nur zu drei Viertel gelingt.
Dann geht's schon in Richtung Top-Professionalismus. Formel II mit March, bald Formel I. 1977 mit Brabham ist für mich mit zwei dritten Plätzen das schönste, auch im nachhinein: mit Bernie zu arbeiten – unheimlich interessant, wichtig und lehrreich.
Dann der Absturz mit Shadow und ATS. Aber danach stell' ich für mich selber die Weichen, konzentrier' mich auf die großen Werke, um mir selber eine Basis für später zu legen.
Zuerst zurück zu BMW: Aber dort haben die Tourenwagen, weil man mit Ecclestone und Piquet schon Formel I macht, nur noch Hausmeisterfunktion.
Also ergreif' ich selber die Initiative, zu Porsche zu gehen. Die zweite wichtige Stufe meiner Karriere. Weil Porsche mich erst mal richtig zum Rennfahrer macht, in jeder Beziehung: von der Einstellung, von der Technik her."
Das ist nicht mehr die Situation von früher: Wo Stuck in jedem Team immer irgendwelche Leute über sich hat, von denen er profitieren kann, wo er selbst nichts machen kann oder muß – aber bei Porsche bekommt er unheimlich schwierige Aufgaben übertragen.
„Peter Falk läßt mich oft auch absichtlich in die falsche Richtung arbeiten – da bin ich schon 34. Und erst jetzt richtig Profirennfahrer mit Verantwortung, weil ich alles machen muß. Eine tolle Zeit!"
Auch von den Siegen her: Nach den 24-Stunden-Rennen am Nürburgring (1971) und Spa (1972) gewinnt Stuck dreimal die 12 Stunden von Sebring, 1986 und 1987 zweimal die 24 Stunden von Le Mans. Nur die 24 Stunden von Daytona fehlen ihm noch.
Der Vater wäre stolz gewesen?
„Sicher, der schaut von oben zu, der hat das alles im Griff."

Als Porsche sein Programm reduziert, wird Stuck an Audi ausgeliehen – und als Porsche total aufhört, wechselt er ganz in den Audi-Dienst – bis Ende 1995.
Als Stuck 1990 mit dem Audi V 8 deutscher Tourenwagenmeister wird, nimmt ihm Schumacher (auf Mercedes) ein großes Stück Arbeit ab.
„Michael kommt vom 12. Startplatz viel zu schnell nach vorn, zieht aber innen über die Bordsteine, kommt drüben wieder raus und schießt Johnny Cecotto breitseits ab. Danke, Michael. Aber ich hab' mit dem Audi V 8 damals ein überlegenes Auto, der Mercedes liegt immer so auf Platz 7, 8 – da kommen wir uns leider nie ins Gehege, der Michael und ich."
Heute ist Schumacher Doppelweltmeister, aber auch Stuck „in dieser totalen High-Tech-Phase, wo du nur noch über Lenkwinkel und Computerdiagrammen sitze und bis spätabends studierst. Aber ich möchte von dieser Zeit keinen einzigen Tag missen, nicht einmal die schlechten."
Als Hans Stuck am 7. Februar 1978 stirbt, ist Hans-Joachim 27, fliegt gleich

nach dem Begräbnis nach Kyalami, wo er sich nicht qualifizieren kann: klarerweise.
Das größte Wunder: daß er Kyalami 1977 überlebt hat.
Der Motor von Renzo Zorzi brennt, der ganze Wagen, vis-à-vis von den Boxen geparkt, fängt Feuer. Zwei Streckenposten mit Feuerlöscher rennen quer über die Fahrbahn, sehen nicht, daß zwei Rennwagen heranjagen – denn Stuck und der Waliser Tom Pryce sind gerade in der Mulde.
„Ich komm' über den Hügel, seh' den Streckenposten und kann gerade noch ausweisen. Aber Pryce ist hinter mir, weiß nicht, warum ich ausweiche, und hat ihn voll erwischt." Zwei Tote.
Private Videoaufnahmen bestätigen später: Es war wirklich nur eine Frage von Millimetern. „Wahnsinn", schaudert Stuck noch heute, „es hätte genauso mich treffen können."

Mittagessen mit Bernie Ecclestone und Stuck in ganz kleinem Kreis.
„Es gehen die Charaktere aus", sagt Bernie leise.
„Verkehrt, Bernie", korrigiert ihn Stuck, „wir werden langsam alt. Mit einem Prost oder Mansell kannst du natürlich völlig anders kommunizieren als mit einem Schumacher. Genauso ist es mit den Leuten, die auf der Tribüne sitzen. Das sind heute ganz andere als vor zehn Jahren. Mit denen müssen wir uns vertraut machen, identifizieren – oder es bleibenlassen."
„Eigentlich hast du recht", sagt Bernie. Wirklich?
Stuck wohnt seit 1988 in Westendorf bei Kitzbühel, seine Mama nach wie vor in Grainau bei Garmisch. Eine tolle Frau: Mit 74 spielt sie immer noch Handicap 24 im Golf. Und schaut alle Formel-I-Rennen im Fernsehen.
In der ARD-Überraschungssendung „Das ist Ihr Leben" lädt Dieter Thomas Heck für den verblüfften Stuck alle wichtigen Leute aus 44 Jahren „Strietzel" ein – bis zu seinem ersten Lehrer.
Nervös wird der lockere Star nur, als er im Auditorium zwischen lauter bekannten Gesichertn ein 12jähriges Mädchen entdeckt: „Hat das Fernsehen eine uneheliche Tochter aufgespürt, die ich selber nicht kenn'?"
Nein: Es ist die Tochter seiner ersten großen Liebe, Mucki, von der er sich 1975 getrennt hat. Mucki ist die Tochter der deutschen Skikanone Mirl Buchner-Fischer aus Garmisch-Partenkirchen, hat später einen Amerikaner geheiratet hat, zog nach St. Thomas in die Karibik – lebt aber von ihrem Mann getrennt, genau wie „Strietzel" von seiner zweiten Frau, Regina.
Das gibt's auch nur bei Stuck: 20 Jahre, nachdem sie mit ihm das letzte Mal beim 12-Stunden-Rennen von Sebring war, begleitet ihn Mucki wieder nach Florida. Er gewinnt beide Rennen.
Von den unzähligen Stuck-Quester-Stories ist Mucki in Riverside immer noch die Pole-position-Geschichte im Gedächtnis: letztes Training, Stuck hält Bestzeit und sieht auf der Strecke zu, wie Quester attackiert.

Die Streiche von „Strietzel": Mucki ohne Pullover, Quester ohne Hose

„Schnell, ausziehen. Den Pullover über den Kopf!" sagt er zu Mucki. Die steht wirklich mit blankem Busen da, als Quester heranjagt, sich prompt verguckt, verbremst und rausfliegt – „Strietzel" behält Pole-position.
Der gleiche Stuck schleicht sich auf Hotelbalkone und bespritzt seitenspringende Rennfahrerkollegen eiskalt mit dem Gartenschlauch – braucht sich also nicht zu wundern, wenn man ihm als Revanche heimlich Tonbandgeräte unters Bett schmuggelt und die Kassette mit dem Liebesgeflüster dann genüßlich beim Frühstück abspielt – öffentlich für alle.
Er beschmiert Windschutzscheiben mit Honig, damit Zeitungspapier besonders fest klebt, hat aber auch ein Herz für Geburtstagskinder: Als Niki Lauda ausgerechnet in der Kyalami-Ranch 26. wird, kaufen ihm Stuck, Peterson und Nilsson eine aufblasbare Gummipuppe und schicken sie ihm aufs Zimmer.
Niki packt aus, weiß nicht, was er mit der Puppe anfangen soll – als die Tür aufgeht. Ausgerechnet Ferrari-Mann Sante Ghedini, der Lauda zum Training abholt, sieht Niki mit der Gummipuppe, stammelt: „Scusi" – und verschwindet diskret. Draußen schüttelt sich Stuck vor Lachen.
Aber die *never ending story* ist Stuck und Quester, der ja für seine Shoppingmania bekannt ist. In einem New Yorker Laden stiehlt ihm Stuck – während Quester gerade probiert – die Hose. Halbnackt in der Fifth Avenue: Was soll der Arme tun? Eine kaufen! Aber kaum hat er die neue Hose gekauft, gibt ihm Stuck die alte zurück.

Die Zukunft des deutschen Motorsports: Jeder ein Schumacher von morgen?
Seit 1994 betreibt der ADAC seinen „Bambini-Cup". Mit acht Jahren geht's los, es gibt Linzenz für kurze Rennen, acht oder neun Runden, bundesweit ausgefahren, alle mit gleichen Karts, gleichen Reifen, verplombten Motoren – enorm populär in ganz Deutschland.
Und wenn noch dazu Schumacher die Siegerehrung vornimmt, sind die Bambini glücklich, als gratuliere Katja Seizinger zum Skikursrennen oder Franz Beckenbauer zum gewonnenen Schülerturnier.
Michael Schumacher beflügelt eine ganze Nation! Nicht nur auf der berühmten Bahn in Kerpen-Mannheim, die ihm zu einem Drittel gehört – auch Hans-Joachim Stuck springt voll auf den Go-Kart-Zug auf.
„Ganz klar, wir haben dank Michael im Kart-Geschäft einen Boom, der unglaublich ist. Und gerade mit dem Hallen-Go-Kart eine Marktlücke gefunden, weil man auch bei Nacht oder Schlechtwetter fahren kann."
Stuck betreibt sie 1994 zusammen mit Norbert Bruckner, einem vielfachen Kart-Europameister, das Indoor-Karting – auf mittlerweile bereits zwölf Bahnen: alte Lagerhallen, mit Spezialbelag für die Böden und richtigen Rennkursen. Die größte Bahn Europas ist in Frankfurt – über 1000 Meter lang.
Stuck macht Öffentlichkeitsarbeit, Marketing und Werbung, Bruckner hat die Arbeit.

Mit dem brennenden Wunsch, neue Schumachers zu entdecken?
„Als ersten Schritt, ja. Das Go-Kart kennenzulernen. Aber dann, für den zweiten Schritt, müssen die Talente aus der Halle sehr schnell raus auf richtige Go-Kart-Bahnen."
Stuck sieht sich nicht als Willi Weber II., „eher mehr als Anbieter in der Unterhaltungs- und Freizeitbranche: für Leute, die mal Spaß haben, nicht unbedingt Rennfahrer werden wollen".
Jeder Deutsche ein Schumi: von 13 Mark für 10 Minuten in Dresden bis zu 20 Mark für 10 Minuten in Straßburg. Die Geschwindigkeit ist zwischen 40 und 60 km/h geregelt, es gibt Reifenbarrieren, abgesicherte Wände – und in den ersten drei Jahren einen einzigen Verletzten:
„Einen normalen Kunden, der beim Aussteigen umkippt und sich den Knöchel bricht – aber da kann ich nichts dafür . . ."
Jochen Mass hat andere Ideen für angehende Rennfahrer:
„Die sind fasziniert von diesem Gedanken, vom Motorsport, von diesem Gefühl, etwas zu tun, was andere nicht können. Das trägt das Ganze nach wie vor, und ich halte es für eine Verarmung, wenn wir das alles ein bißchen abschneiden, reduzieren wollen auf ein übermäßig reglementiertes Leben, auf ein sicheres Leben.
Das Auseinandersetzen mit der Gefahr finde ich für die Jugend äußerst wertvoll und enorm wichtig. Denn wenn ich mir einfach so ein Leben darstelle in friedvollem Eierkuchen, und da passiert nichts – langweilig, entsetzlich.
Daraus entstehen dann andere Exzesse und Gedanken, die uns sehr abträglich sind.
Wenn wir die Möglichkeit schaffen, daß die Jugend sich noch mehr engagieren könnte im Rennsport, daß wir mehr Rennstrecken hätten, mehr Motorrad-Rennstrecken. Es müssen ja keine gigantischen Pisten werden wie Hockenheim oder Nürburgring. Es gibt natürlich viele kleine Grasplätze, wo man das betreiben kann – das wäre äußerst wertvoll. Damit die Jugend wieder wegkommt von der Raserei auf der Straße, sie sich wirklich austoben können.
Wir erleben das in den USA, daß sich die Jugend enorm viel betätigt im Motorsport. Wenn jetzt nur ein Fahrer dabei ist, der hat natürlich in seinem Umfeld viele Freunde, die sich damit auseinandersetzen, und er wird Leitfigur für eine ganze Gruppe Jugendlicher, die ihm beistehen und helfen. Das finde ich sozial und erzieherisch äußerst wertvoll und wichtig!"

35 Jahre vor Schumacher: Wolfgang Graf Berghe von Trips 1961 im Ferrari. Nach Siegen in Zandvoort und Aintree (*unten*) griff er als erster Deutscher nach dem WM-Titel. Siegerehrung mit Signora Laura Ferrari und Phil Hill (*ganz rechts*) sowie Richie Ginther (*ganz links*).

Zerfetzte Kühler, kochendes Wasser, überhitzte Motoren in der Windschattenschlacht von Reims 1961: Ireland (Lotus) führt vor Graham Hill und Brooks (beide BRM), Bonnier und Gurney (beide Porsche). Ein tragisches Schicksal entschied das WM-Duell in Monza: Trips verunglückt, Phil Hill Weltmeister. Und sein Requiem noch heute, 35 Jahre danach: „Trips was a wonderful guy!"

Porsches erster Grand-Prix-Sieg: Dan Gurney 1962 in Rouen. Neben dem Auto: Huschke von Hanstein, dahinter Joakim Bonnier. Ing. Hans Mezger (*rechts*) hatte schon damals geniale Ideen. *Unten:* Bonnier 1962 auf dem Nürburgring.

Grüne Hölle Nürburgring: Jackie Stewart (*oben*) springt meterweit, gewinnt dreimal, Siegerehrung 1971 mit Regazzoni (*links*) und Cevert. Der Start: immer vor vollen Tribünen!

Schicksale in Hockenheim: Jim Clark, Weltmeister 1963 und 1965, verunglückte bei einem Formel-II-Rennen im Regen. Jochen Rindt (*oben*) gewann 1970 mit dem Lotus 72 in Hockenheim seinen letzten Grand Prix. 25 Jahre später kamen Nina und Natascha Rindt wieder nach Hockenheim.

Deutsche Tradition: Hans Stuck, der „Bergkönig", mit seinem Sohn Hans-Joachim. Deutsche Ingenieurskunst 1948: Der Porsche 360, genannt „Cisitalia". Mit weißer Mütze und Brillen der legendäre Tazio Nuvolari, umgeben von Ing. Rudolf Hruska, Piero Dusio und Carlo Abarth. Deutsches Erbe: Prof. Ferry Porsche bei der Siegerehrung für Dan Gurney auf der Solitude 1962.

Deutsche Power: Ferdinand Piech, David York und John Wyer (*oben*) bei der Targa Florio 1970. „Sie täten mir einen großen persönlichen Gefallen …" Helmut Marko und Gijs van Lennep steuerten den „weißen Riesen" Porsche 917 zum Sieg in Le Mans.

Deutsche Hoffnungen: Jochen Mass und Hans-Joachim Stuck (*oben*), Manfred Winkelhock und Stefan Bellof (*unten*) – ein Komet, der viel zu früh verunglückte. „Weil er zu gut und zu schnell war."

BMW und Raketensprit

„Solange Motorsport auf der Welt gewünscht wird, wird auch BMW um die Teilnahme an dieser faszinierenden Sportart bemüht sein!" Diesen Satz des Vorstandsvorsitzenden Hans-Erdmann Schönbeck – gesprochen 1983 im Münchner „Pavillon" – habe ich heute noch im Ohr.
BMW bemüht sich anfangs bei den Tourenwagen, später in der Formel II. Immerhin mit Piloten wie Jacky Ickx, Jo Siffert, Gerhard Mitter, Dieter Quester.
Unvergessen, wie Jochen Rindt – 1970 auf dem Salzburgring in seinem letzten Rennen – vom letzten Startplatz die ganze BMW-Armada niederfightet und gewinnt. Aber auch, wie Quester 1970 in Hockenheim den stahlharten Clay Regazzoni besiegt – mit Kollision in der letzten Runde.
BMW treibt die Europameister an, zuerst die französischen: Jarier 1973 auf March, Depailler 1974 auf March, Laffite 1975 auf Martini – alles Formel-II-Europameister mit BMW-Motoren.
Aber gleichzeitig wird bei BMW – was heute kaum einer mehr weiß – bereits ein geheimes Formel-I-Projekt gesponnen! Blick in den Rückspiegel: Ing. Paul Rosche will bereits 1972/73 einen 10-Zylinder bauen. Man höre und staune – schon damals. „Weil der 10-Zylinder von den ganzen Schwingungen, der Baulänge und vielen Komponenten her der beste Motor wäre!"
Rosche ist seiner Zeit also um mehr als zwanzig Jahre voraus. Was heute Renault, Peugeot, Mercedes, neuerdings Ford und, sensationell, sogar Ferrari tun, hat Rosche schon 1973/74 gewußt. Aber das Formel-I-Projekt wird abgelehnt.
Danach hat Jochen Neerpasch, der Rennleiter, die geniale Idee eines „Junior-Teams". Er engagiert drei junge, kampfhungrige Piloten für die deutsche Rennsportmeisterschaft (später DTM): zahlt ihnen je 60.000 Mark Jahresgage und gibt ihnen einen BMW 320 als Dienstauto.
Ein farbiges Trio – mit späteren Schicksalsschlägen.
Der Deutsche Manfred Winkelhock aus Stuttgart, ein gelernter Kfz-Mechanikermeister, ist der größte Kämpfer.
Der Italo-Amerikaner Eddie Cheever hat von allen das größte Ego: „Ich bin überzeugt, daß niemand auf der Welt schneller Auto fahren kann als ich." Eddie, in den Fitneßstudios seines Vaters im Rom aufgewachsen, ist jahrelang überzeugter Vegetarier, aber heute, als Star der Indy-Car-Serie, ißt er längst wieder seine Hamburger und Hot dogs – Junk food.
Und der Schweizer Marc Surer ist wahrscheinlich von allen drei der Beste.
Aber die Luft ist rauh und riecht nach Blech.
Duelle Rad an Rad, Türschnalle an Türschnalle, und oft genug hängen die Kotflügel in Fetzen. Bis Neerpasch die Geduld reißt: „Morgen 10 Uhr in München, 22. Stock."

Surer, Winkelhock und Cheever fürchten, ganz zerknirscht, die große Strafpredigt. Aber Hans-Erdmann Schönbeck, der *big boss,* lobt nur: „Ich finde es erfrischend, wie ihr drei hinlangt und zupackt!"

Am Norisring legt sich Surer mit dem Ford-Piloten Hans Heyer an – worauf ihm die ONS für zwei Monate die Lizenz entzieht.

Weil die Kollisionen nicht aufhören, hat Neerpasch genug und sperrt sein komplettes Junior-Team für ein Rennen und setzt in Diepholz ein „Gentleman-Team" mit Stuck, Peterson und Hobbs in die Autos. Zwei Gentlemen fliegen prompt raus, nur Gentleman Stuck kommt durch und gewinnt.

Die „BMW-Junioren" sind eine tolle Marketingidee, schreien aber nach einer Fortsetzung: „Jetzt mache ich weiter mit der Formel II." Die Paul Rosche wesentlich mehr interessiert als die „Rennen mit Dach überm Kopf", die er auch nie besucht – obwohl die Motoren die gleichen sind: 2-Liter-4-Zylinder mit 9500 U/min und 300 PS, später angehoben auf 9800 U/min und 320 PS.

Cheever wechselt zu Ron Dennis, Winkelhock und Surer bekommen italienische Teamkollegen: Bruno Giacomelli, dann den Industriellensohn Beppe Gabbiani, einen total Verrückten: Er drischt seine Rennautos immer mit *full speed* durch die Lagerhallen, obwohl er nie wissen kann, wann die Gabelstapler ums Eck biegen.

Surer wird 1979 mit dem March-Formel-II Europameister, steigt direkt in die Formel I auf, als bester Schweizer nach Siffert und Regazzoni, fährt ein sensationelles Regenrennen in Rio mit dem 4. Platz und der schnellsten Runde, hat in Monte Carlo Platz 3 vor Augen, als er von Warwick gerammt wird.

Er fährt 82 Große Preise, holt 17 WM-Punkte für Ensign, ATS, Theodore, Arrows und Brabham-BMW, überlebt vor allem einen schweren Feuerunfall bei der Hessen-Rallye: Das ist sein größter Sieg.

Winkelhock verunglückt in Mosport (Kanada) ohne seine Schuld. Marc Surer hat ihm gerade den Porsche übergeben, geht hinter die Box, als plötzlich aller Lärm verstummt, das Rettungsauto losfährt. Und dann kommt schon ein Mechaniker und sagt leise: „Der Manfred."

Ein Vorderreifen ist geplatzt, weil die Toleranzgrenze überschritten wurde: Der Pneu hatte sich auf der Felge weiterbewegt – wie man heute weiß. „Ich hätte genauso tot sein können, wäre ich im Wagen gesessen", schaudert Surer noch heute.

Manfred Winkelhocks Frau Martina hat zehn Jahre lang gebraucht, um mit dem Schicksal fertigzuwerden. Ihr 15jähriger Bub Marcus fährt heute auch schon Go-Kart-Rennen.

Heute lebt Surer in München und Alicante, koordiniert das BMW-Sportprogramm und hat wieder mehr Zeit für seine liebsten Hobbys: seine Spring- und Polopferde und Formel-I-Kommentare im Schweizer Fernsehen.

Aber zurück zu BMW in den Siebzigern und zwei anderen aufregenden Autos und Motoren. Das späte Resultat des Formel-I-Projekts ist der M 1 für die Pro-Car-Serie.

Als Hit im Rahmenprogramm: Die fünf Trainingsschnellsten der Formel I erhalten je ein Auto. Dazu kommt eine Reihe von Privatfahrern, die sich einen M 1 gekauft und für die Serie angemeldet haben. Der Motor: ein 3,5-Liter-Reihen-6-Zylinder mit ca. 450 PS.
Der M 1 kostet 113.000 Mark mit Mehrwertsteuer, gebaut werden 386 Stück, alle verkauft. Aber die ganze Herstellung verzögert sich. Irgendwann wird festgestellt: Dieses Auto kann nicht in München gebaut werden, also bei Lamborghini in Italien, aber Lamborghini geht pleite, muß zusperren, alle Pläne sind eingeschlossen. BMW überlegt, Lamborghini zu kaufen, schreckt aber vor der unsicheren wirtschaftlichen Situation (Gewerkschaften, Streik etc.) in Italien zurück. Alles um den M 1 wird ungeheuer kompliziert: Den Rahmen macht ein Hersteller in Modena, Rahmen und Einzelteile gehen nach Turin zu Giugaro, dort entsteht die ausgeschlagene Karosse. Der Motor soll auch nicht in München gebaut werden, aber da beißen bei Paul Rosche alle auf Granit: „BMW-Motoren werden in München gebaut, sonst nirgendwo!"
Die Motoren also in München, die Getriebe bei ZF in Friedrichshafen, bei Bauer in Stuttgart wird alles zusammengebaut. Endkontrolle in München. Also mit der Kirche ums Kreuz, eine einzige Krise. Längst abzusehen, daß das Auto jede Menge Geld kosten würde. Und je mehr man tut, um so mehr kostet es, weil man es nie umlegen kann auf den Preis.
Vorgestellt wird das Projekt 1978 beim GP von Deutschland. Alle warnen: Die Formel-I-Fahrer werden sich das nie antun, nie mitmachen – damit stirbt die M-1-Serie, bevor sie richtig geboren ist.
BMW-Partner ist Bernie Ecclestone, mit dem ein Preisgeldschema ausgehandelt wird: Der Trainingsschnellste bekommt 10.000 Mark, der Zweite 7500 Mark etc. bis runter zum Fünften. Die kriegen richtig Geld.
Und geheim, aber fast wichtiger: Die Formel-I-Piloten bekommen für jeden WM-Punkt, den sie tags darauf im Grand Prix herausfahren, extra 1000 Dollar – der Sieger also nochmals 9000 Dollar.
Und, was damals kein Mensch gewußt hat: Das Team, das den Fahrer zur Verfügung stellt, bekommt nochmals genau das gleiche Geld. Ligier (für Laffite), Tyrrell (für Depailler) usw. können dieses Geld gut gebrauchen.
Den Formel-I-Piloten sind automatisch die ersten fünf Startplätze garantiert – was bei Leuten wie Stuck und Hezemans für hellste Aufregung sorgt. Dr. Helmut Marko, damals Hörttinger-Teamchef, ist auch nicht einverstanden.
Aber allen ist klar: Die Serie kann nur mit den Formel-I-Stars ein Erfolg sein.
Das einzige Team, das sich dagegen wehrt, ist Lotus. Colin Chapman legt sich lang quer, aber Bernie Ecclestone regelt das mit Cash im damals schwarz-goldenen John-Players-Motorhome. Kommt mit seiner braunen Papiertüte rein, und jedesmal, wenn Chapman nein sagt, zieht Bernie noch ein Dollarbündel aus der Tüte und knallt es auf den Tisch.
Nach Bernies altem Spruch *„Everything is for sale, if the money is right"* (für

Geld kannst du alles kaufen) geht Lotus-Pilot Mario Andretti in Zolder auch wirklich an den Start.
Außer Ferrari und Renault – direkte Konkurrenzfabrikate – fahren alle.
Das erste Rennen gewinnt Elio de Angelis, der erste Gesamtsieger ist Niki Lauda, dessen Auto von Ron Dennis eingesetzt wird: mit Marlboro-Sponsorship.
In diesem ganzen Gebilde kommt eine sensationelle Formel-I-Idee hoch: mit Marlboro, McLaren und Lauda.

Die wahre Story beginnt so: McLaren-Amerika hat im Auftrag von BMW ein IMSA-Projekt laufen: mit dem 4-Zylinder-2-Liter-Turbo, der aus dem 2-Liter-Formel-II-Motor entstanden ist.
Der Siegeszug der Turbos ist längst absehbar, anfangs haben nur alle gelacht über Renault: 1977 in Silverstone erstmals aufgetaucht, lange Durststrecke, viele Defekte.
Jochen Neerpasch entscheidet also weitblickend: „Die McLaren-Leute dort drüben in Amerika sollen auch einmal einen 1,5-Liter-Motor machen!"
Mit dem Atlantik dazwischen kann das nicht so richtig funktionieren, hat auch nicht erste Priorität. Den Motor probiert dann auch BMW direkt: Markus Höttinger fährt ihn 1979, als Renault mit dem 1,5-Liter-Turbo sein erstes Formel-I-Rennen gewinnt – Jabouille in Dijon.
Im Sommer 1979 ist das Geheimprojekt unterschriftsreif: ein McLaren-BMW-Formel-I.
Praktisch hätte das so ausgeschaut: McLaren setzt den BMW-Motor in seinem Chassis ein, und Superstar Niki Lauda – damals, 1979, noch bei Brabham – wird ihn ab 1980 fahren!
Das ganze Projekt läuft unter strengster Geheimhaltung. Bei BMW weiß außer Paul Rosche, Rennleiter Jochen Neerpasch, dessen Assistent Dieter Stappert und einer Handvoll verschworener Mechaniker überhaupt kein Mensch davon.
Alles klar vor dem deutschen GP in Hockenheim 1979. Alle sind felsenfest überzeugt, daß der BMW-Vorstand zu diesem Projekt nur ja sagen kann, weil alles perfekt vorbereitet ist. Weil zwischen Marlboro, McLaren, Lauda und der BMW-Motorsport alles klar ist, kann der BMW-Vorstand nur ja dazu sagen.
Aber der BMW-Vorstand sagt nein.
Der damalige Vorstandsvorsitzende Dr. Eberhard von Kuenheim, der Technik-Vorsitzende Dr. Radermacher und der Finanzmensch Dr. Doppelfeld sind dagegen. Hans-Erdmann Schönbeck, der Vorstand für Vertrieb, zu dem auch der Sport gehört, hätte den Formel I sicher gern gesehen, hat aber allein keine Chance.
Der Grund, warum der BMW-Vorstand nein sagt? Weil er so vor vollendete Tatsachen gestellt wird, daß er nur noch ja sagen muß, sagt er nein. Weil von Kuenheim sagt: „So nicht!"
Das ist Freitag nachmittag, während in Hockenheim gerade das Pro-Car-Trai-

ning läuft. Als Neerpasch nach Hockenheim kommt, fragt ihn Stappert sofort: „Na und?"
Neerpasch, völlig zerknirscht: „Dieter, heute ist der schwärzeste Tag in meinem Leben. Der Vorstand hat nein gesagt."
Keiner kann's glauben. Stappert rennt sofort zu Lauda: „Du, die haben nein gesagt." Lauda ist fassungslos: „Das gibt's nicht."
In einer Wahnsinnsaktion – die gar nicht vorgesehen ist – reden Neerpasch und Stappert mit dem ZDF-Sportchef Karl Senne und vergattern Lauda, Samstag abend ins ZDF-Sportstudio zu fliegen.
Lauda redet im TV-Studio mit Engelszungen, aber flammendem Schwert. Nimmt nicht gerade den Namen BMW in den Mund. Erwähnt BMW, verrät nicht gerade direkt, daß soeben ein Formel-I-Projekt abgelehnt wurde, sagt aber, wie es nur er kann:
„Ich hoff' sehr, daß in der deutschen Industrie jetzt irgendwer aufsteht, Manns genug ist, zu sagen: Das machen wir auch, wenn's die Franzosen können – weil die Formel I wirklich ein Schaufenster der Technik ist."
Nach der Sendung fragt Lauda: „Glaubst, haben wir's jetzt gepackt?" – „Glaub' ich nicht", sagt Stappert traurig – es hat wirklich nichts mehr genützt.
Sechs Wochen später, während des Trainings in Montreal, steigt Lauda aus dem Brabham-Ford und tritt zurück – zum ersten Mal.
Die Neerpasch-Position im Haus BMW? Er ist ein Typ, der sich nicht unbedingt scheut, sich Feinde zu machen. Sein Formel-I-Projekt ist abgelehnt. Das M-1-Projekt schlittert immer tiefer in die roten Zahlen.
„Und wegen dem BMW-4-Zylinder hocken die Geier reihenweise am Zaun und warten nur gierig darauf, bis sie auch den fressen können", erinnert sich Stappert BMW-intern.
Neerpasch zieht Konsequenzen. Knüpft Kontakte zu einem anderen Motorhersteller. Wie, davor muß man den Hut ziehen – weil kein Mensch davon weiß.
„Mir fällt das Ganze zwei oder drei Tage vor Weihnachten auf", erinnert sich Stappert. Er steht in der BMW-Tiefgarage, will heimfahren, da kommt Neerpasch und eröffnet seinem Assistenten: „Es ist alles abgesprochen mit dem BMW-Vorstand. Ich geh' zu Peugeot-Talbot, werde dort Rennleiter. Und den Formel-I-Motor nehm' ich mit."
„Und was hat das mit mir zu tun?" fragt Stappert.
Neerpasch: „Mir wäre am liebsten, du gehst mit mir zu Peugeot, weil du dich auskennst und Enthusiasmus hast. Überleg dir das. Aber wenn du nicht willst, schlag' ich dich beim BMW-Vorstand als meinen Nachfolger vor."
Gleich nach Weihnachten kommt ein Anruf vom Schöneck-Sekretariat: „Bitte sofort in den 22. Stock kommen." Dort ist Stappert nur einmal gewesen. Die Gralsburg bei BMW. Da richtet jeder seine Krawatte, schleicht nur hinauf auf leisen Sohlen, absolut bewußt gestylt, Teppich und Plüsch. „Wenn du aus dem Aufzug steigst, wird dir die ganze Ehrfurcht vor diesen Leuten schon eingeimpft."

Neerpasch kommt aus dem Schönbeck-Büro heraus und berichtet: „Du bist als mein Nachfolger akzeptiert, ich geh' jetzt zu Peugeot und nehm' den Formel-I-Motor gleich mit."
Da schießt es Stappert erst so richtig ein: „Was heißt, den Formel-I-Motor nimmst du mit?"
Neerpasch: „Den nehm' ich mit. Der wird bei BMW fertigentwickelt, im Auftrag von Peugeot. Wenn die Entwicklung fertig ist, wird der Motor in den Ligier eingebaut – und zwar als Talbot-Motor."
Stappert schaut groß: „Das kann doch nicht dein Ernst sein."
„Doch", beharrt Neerpasch. Stappert: „Aber das kann ja überhaupt nicht funktionieren. Erstens ist es das einzige, das von der BMW-Motorsport noch da ist, und der Motor wird ein Talbot sein? Wenn er gewinnt, hat Talbot gewonnen, wenn er verliert, hat BMW schlecht entwickelt – und ich bin für alles verantwortlich?"
„Doch, doch", beharrt Neerpasch. „Es ist alles so abgesprochen, unterschrieben und das passiert jetzt."
Damit klopft Stappert an Schönbecks Tür. „Ein guter Typ, heute schon in Pension, aber ich hab' ihn immer gern mögen. Immer so adrett, wie aus dem Modemagazin gesprungen, ein richtig edler Herr."
„Also, Herr Stappert, jetzt kommt möglicherweise eine große Aufgabe auf Sie zu. Ich hab' Sie beobachtet." Und sagt dann: „Wir würden Ihnen diese Position anbieten, Sie können sich das Ganze noch in aller Ruhe überlegen, ich geb' Ihnen ein paar Tage Bedenkzeit."
„Brauch' ich keine", sagt Stappert, „ich mach' das gern, freu' mich über das Vertrauen, sag' Ihnen aber gleich: Den Formel-I-Motor dürfen wir nicht hergeben!"
„Wie soll ich Sie verstehen?"
„Das dürfen wir unter keinen Umständen! Wir machen die ganze Entwicklung, haben die ganze Arbeit, okay, Geld kriegen wir auch dafür, aber wir müssen das unbedingt selber machen."
Darauf Schönbeck: „Herr Stappert, diese Entscheidung ist gefallen. Wir werden den Motor entwickeln, als Auftragsarbeit – und dann geht er weg!"
Dr. Radermacher, der damalige Entwicklungsvorstand, droht: „Von meinen Ingenieuren denkt keiner an die Formel I. BMW geht nicht in die Formel I. Wenn ich einen erwische, der an die Formel I denkt, den schmeiß' ich raus!" Damit wird Radermacher sogar in „auto, motor und sport" zitiert.
Stappert versucht, sich eine Formel-I-Lobby zu schaffen. Erster Gang: natürlich zu Paul Rosche, der aber, zu Stapperts Entsetzen, „gar nicht so richtig mitzieht. Da ist mir klar: den Rosche ist Wurscht, wie der Motor in die Formel I kommt – ob als BMW oder Talbot. Er hat als Ingenieur seine Aufgabe, darf entwickeln, kann endlich in die Formel I. Sein Kindheitstraum, seit er bei BMW angefangen hat – jetzt hat er die Möglichkeit. Jetzt kann er endlich."

Seine Ingenieure, seine Mechaniker sind auch happy, stellen ihm einen Formel-I-Kolben auf den Tisch, mit der französischen Fahne und mit der bayrischen Fahne. Und Rosche grinst: „Schaut's, was sie mir hingestellt haben."
Stappert protestiert. „Aber Herr Rosche, das dürfen wir nicht machen."
Rosche: „Ach, der BMW-Vorstand korrigiert das nie, die haben so entschieden – und es hat noch nie jemand geschafft, daß BMW einen Vorstandsbeschluß umstößt. Hört's auf damit!!"
Stappert glaubt: „Ich spinn', das gibt's ja nicht." 14 Tage später dringt Stappert wieder ins Schönbeck-Büro vor: Das erstemal, daß er ihn direkt bös erlebt.
„Herr Stappert, stehlen Sie mir nicht die Zeit! Sie wissen, daß ein Beschluß existiert, den werden wir nicht umstoßen. Ich will das Wort Formel I aus Ihrem Mund nicht mehr hören!"
Stappert, baff und verdattert, sowieso mit Muffensausen im 22. Stock, ist wie erschlagen, fassungslos: „Weil mir nicht eingeht, daß ein hochintelligenter Mensch wie Herr Schönbeck diese Zusammenhänge nicht sieht, die sich vor mir aufbauen. Weil ich genau seh', wie das geht: die Anti-Turbo-Mafia bei der FOCA, der Bernie Ecclestone, der gegen die Turbos ist. Mit ist klar: Mit dem Motor müssen wir zu Ecclestone – damit treffen wir alle möglichen Fliegen auf einen Schlag. Ich hätte mit Nelson Piquet, mit dem ich mich angefreundet habe, einen genialen Fahrer. Und wenn Ecclestone einen Turbo hat, ist mir auch klar, daß der Turbo in der Formel I endgültig Fuß fassen wird."
All das hat Stappert aufgeschrieben. „Mir ist alles sonnenklar. Ich hab' einfach nicht begriffen, wieso die das nicht kapieren, nicht wissen wollen?"
Stappert erzählt alles Rosche. Der sagt nur: „Ich hab's Ihnen ja gleich gesagt. Und was machen S' jetzt?" Stappert: „Jetzt geh' ich nächste Woche nochmals rauf."
Rosche warnt: „Machen S' das nicht. Die schmeißen Sie raus, die sind dazu imstand."
Die Schönbeck-Sekretärin findet für Stappert immer wieder 30-Minuten-Audienzen. „Sie kommen aber nicht wieder wegen der Formel I, Herr Stappert?" Nein, nein, weil es dafür keinen Termin mehr gebe. Fünf Minuten. Nebenbei. Dann blickt Schönbeck auf: „Sie sind doch sicher wieder wegen der Formel I hier?"
Stappert: „Es tut mir leid, aber mir geht das wirklich nicht ein. Ich möchte mit Ihnen in aller Ruhe nochmals drüber reden, weil wir das machen müssen. Wir haben die Riesenchance, da als erster deutscher Hersteller seit ewigen Zeiten reinzukommen – und wir haben ein Potential. Wir wissen, was der Motor kann – er läuft ja längst bei Rosche am Prüfstand."
Schönbeck verdreht die Augen, sagt aber über Gegensprechanlage alle Termine ab: „Ich hab' jetzt eine Stunde mit Herrn Stappert zu tun."
Nach einer Stunde ist Stappert klar: Die Tür ist offen. Er erklärt nochmals die ganze Strategie. Wie man es machen müßte: Zu Ecclestone gehen, mit ihm einen

Deal finden: daß man mit ihm und Brabham anfängt, später aber anderen Teams den Motor verkauft, um diese tiefe Kluft zwischen den englischen FOCA-Teams, den früheren Bastlerwerkstätten, und den großen Herstellerteams zu kitten.
Bernie, als Power-Figur, ist der ideale Mann dafür.
Eine Stunde lang Pläne, Taktik, Visionen. Dann sagt Schönbeck: „Ihre Unverfrorenheit hat sich insofern gelohnt: Ich sprech' jetzt mit meinem Kollegen Radermacher."
Die Schlüsselfrage: „Wie ist das jetzt mit dem Vertrag?"
Schönbeck: „Es gibt keinen Vertrag!" Es gab auch keinen. Als einziges eine Absichtserklärung, dieses Projekt durchführen zu wollen und in Vertragsverhandlungen einzusteigen. Unterschrieben von Kuenheim und Schönbeck und vom Peugeot-Vorstandsvorsitzenden.
Schönbeck spricht mit Radermacher, damit sind sie schon zu zweit und entwikkeln gemeinsam eine Strategie, zu Kuenheim zu gehen. Sicher nicht einfach. „Den Fehler, den Neerpasch begangen hat, das alles schon 100prozentig vorzubereiten, dürfen wir nicht wiederholen." Weil er weiß, Kuenheim reagiert dann, justament, genau umgekehrt, als man es von ihm erwartet.
Die hohen Herren oben im 22. Stock fangen an zu konferieren.
Stappert ruft Bernie Ecclestone an, der sofort kapiert: *„You want to talk to me about an engine* – du willst mit mir über einen Motor reden?" Natürlich weiß Bernie längst alles, was mit McLaren schiefgelaufen ist – was weiß er nicht?
Und Stappert fliegt, eine Nacht-und-Nebel-Aktion, nach England. Auf den Reiseantrag schreibt er sicherheitshalber „Besuch bei March". Wegen des Formel-II-Teams – was hat er schon mit Bernie zu tun?
Unerwartet hat Stappert nochmals ein Problem: mit Rosche. Denn Paul will dieses Projekt unbedingt mit Robin Herd und March durchziehen, wogegen sich Stappert mit Händen und Füßen wehrt: „Mit dem Robin kommt nie etwas Gescheites heraus." Aber Rosche hält eben immer treu zu seinen alten Kumpeln.
So phantastisch Rosche als Ingenieur ist, die politischen Zusammenhänge sind oft zu schwierig.

Stappert fliegt also zu Bernie, der 1980 noch in seinem Penthouse an der Themse wohnt. Sein Nachbar: die englische Terror-Abwehr und ein Geheimdienst. „Wenn du dort nächstes Mal parkst, wird dein Auto sicher nicht gestohlen..."
Wer Bernies Wohnung zum erstenmal betritt, fällt immer aus allen Wolken. Seine unglaubliche geheimnisumwitterte Sammlung von Elfenbeinschnitzereien, Modigliani und Picasso an den Wänden. „Ach was, alles nur Kopien", dementiert Bernie – natürlich sind es Originale. Wie der BMW-4-Zylinder.
„Würde ich gern machen", sagt Ecclestone sofort, „aber natürlich nur, wenn BMW den Motor auch anderen Teams gibt. Nur das macht für mich Sinn." Kein Problem für Stappert, das will BMW sowieso.

Die Jagd nach dem Motor: Fast eine Agentenstory 161

Vereinbarungen mit Bernie gehen schnell und halten immer – oh, auch ohne Unterschrift. „So, jetzt bring' ich dich noch zum Flugplatz." – „Wäre vielleicht nicht so clever", bremst Stappert, „wenn der frischgebackene BMW-Rennleiter mit Bernie Ecclestone auf der Straße gesehen wird." – „Ach was, London ist so groß, wer soll uns schon sehen?" grinst Bernie.
Aber kaum steigt Stappert in Heathrow aus, um zum Lufthansa-Schalter zu gehen – wer haut ihm von hinten auf die Schulter? Hans-Joachim Stuck, der zum Glück Ecclestone übersieht.
„Was machst denn du da?" – „Ach was, nur ein paar Journalisten getroffen." Small world. Die Welt ist wirklich ein Nest. Stuck, 1980 BMW-Fahrer und „Mr. BMW himself", hätte sofort alles gewußt. Blitzartig Riesenstunk gemacht – denn Stuck hätte natürlich sofort Formel I fahren wollen.

Stapperts Position in der BMW-Motorsport ist in diesen hektischen Monaten reichlich komisch. „Neerpasch sitzt ja immer noch da, unverändert in seinem Chefsessel, ich ihm vis-à-vis, konspiriere quasi gegen ihn, komm' mir ihm gegenüber wirklich schäbig vor. Ich mach' meine Arbeit ganz normal, weiß auch, wie die Formel-I-Vertragsgespräche weiterlaufen, und fühl' mich nicht ganz wohl in meiner Haut."
Irgendwann geht Neerpasch ein Licht auf. Er kommt ganz weiß in Stapperts Büro und fragt: „Was läuft da mit dem Formel-I-Motor?"
Stappert outet sich: „Ich versuch' alles, daß der Motor als BMW-Motor in die Formel I kommt, nicht als Talbot-Motor. Sorry, daß unser Verhältnis darunter leidet, aber du mußt mich verstehen: Ich sitz' jetzt auf dem Sessel, und ich hab' jetzt den BMW-Rock an. Du hättest an meiner Stelle genau das gleiche versucht."
Da hat Neerpasch einen Zornesausbruch, wie ihn noch nie jemand erlebt hat: „Das wird dir nicht gelingen! Dafür werde ich sorgen: BMW wird nie in die Formel I gehen!"

Im März 1980 treffen sich Kuenheim und Schönbeck mit dem Peugeot-Vorstandsvorsitzenden Pellet auf dem Flughafen Charles de Gaulle in Paris. Die Deutschen wollen dem Franzosen mehr oder weniger stilvoll beibringen, daß BMW die Vertragsverhandlungen abbricht, die Absichtserklärung zurücknimmt. Wie hat Radermacher, mit seiner Rausschmiß-Aussage konfrontiert, später gesagt? „Ich bin konsequent. Aber das heißt nicht, für immer und ewig an einer Entscheidung festzuhalten, sondern seine Entscheidungen immer wieder auf deren Richtigkeit unter neuen Bedingungen zu überprüfen."
Gratulation, daß ihm das eingefallen ist – oder war es ein Philosoph?
Die BMW-Strategie in Paris: „Wir haben diese Absichtserklärung unterschrieben, stimmt. Aber im Zug der Vertragsverhandlungen sind uns mehr und mehr Implikationen bewußt geworden: was das für BMW bedeutet, einen Motor zu

entwickeln, ihn fertig zu haben, aber möglicherweise öffentliche Beschwerden hören zu müssen, wenn etwas nicht funktioniert. Auch wenn wir im Vertrag festschreiben, daß BMW nicht schuld ist, wird immer herauskommen, wer den BMW-Motor gemacht hat."
Genau wie später der TAG-Turbo von McLaren. Auch dort will man Porsche komplett draußen haben, weil der Motor so gut ist.
Aber das ist ein anderer Fall. Derjenige, der den Motor gebaut hat, wird immer im weitesten Sinn verantwortlich sein: das Lob einstecken, aber auch Kritik ernten müssen.
Und da sagt sich BMW: „Das ist uns im Zug der Verhandlungen aufgegangen. Deswegen finden wir es sinnvoller, das jetzt selbst zu machen. Deswegen wollen wir die Verhandlungen einstellen."
Kuenheim ist aber noch immer nicht völlig überzeugt. Schönbeck muß ihn oft pushen. Und das Glück, das der kleine BMW-Formel-I-Haufen hat: daß Monsieur Pelletier, als ihm Schönbeck alles erklärt und Kuenheim nur bloß daneben sitzt, völlig ausrastet.
Er springt auf, führt sich auf wie ein Berserker, brüllt Kuenheim an: „Das hab' ich nie von Ihnen erwartet! So eine Schweinerei, unmöglich, Sie sind kein Gentleman!"
Kuenheim hat zum erstenmal in seinem Leben eine emotionelle Entscheidung getroffen. Ist von ihr lang nicht überzeugt. Aber weil sich Pelletier derart aufführt, ist ihm klar: „Mit diesem Menschen arbeiten wir nicht zusammen!"
Kuenheim steht auf, sagt wörtlich: „Die Unterredung ist hiermit beendet. Wer hier kein Gentleman ist, sind Sie. Guten Abend, mein Herr!"
Historische, verbürgte Worte. Und draußen, vorm Tor, sagt Kuenheim zu Schönbeck: „Dieser Mensch kriegt unseren Motor nie im Leben. DAS MACHEN WIR JETZT SELBER!"
Und später wird Schönbeck öffentlich und offiziell danken. „Das Österreichische in Dieter Stappert und das Bayrische in Paul Rosche haben den Motor für BMW gerettet." Und den ersten Turbo-WM-Titel der Geschichte.
Aber so einfach ist auch der Rest der Story nicht.

Zwischendurch ist das Formel-I-Projekt dreimal am Ende, wird über Nacht am Telefon wiederbelebt, weil Brabham plötzlich nimmer will, daß auch andere Teams den Motor kriegen.
BMW will sich das Recht nicht rauben lassen, kann es aber von der Kapazität her sowieso nicht tun – also Streit um des Kaisers Bart.
Stappert telefoniert einmal eine ganze Nacht. „Da ist alles schon beendet. Und im 22. Stock ist die Erklärung bereits aufgesetzt, daß die Zusammenarbeit beendet ist – noch vor dem ersten Rennen!"
Stappert vertelefoniert 500 Mark. Erst mit Herbie Blash, Rosche mit Gordon Murray. Gemeinsam gehen die beiden tags darauf zu Ecclestone, überreden ihn:

„Schick an Schönbeck ein Telex [Fax gab es noch nicht], daß Brabham zustimmt, daß BMW seinen Motor auch an andere Teams verkaufen kann."
Stappert hat Herbie und Rosche hat Gordon weisgemacht, was die beiden Brabham-Leute Bernie weismachen: daß ihm Stappert und Rosche garantieren, daß BMW so etwas sowieso nicht machen würde.
30 Minuten, bevor die BMW-Pressemeldung mit der „beendeten Zusammenarbeit" rausgeht, ruft Ecclestone persönlich bei Schönbeck an . . . Ehe gerettet.
Der Vertrag ist klar: Motoren umsonst. BMW zahlt seine eigenen Entwicklungskosten, Brabham die seinen.
Der BMW-Turbo ist ein Wunder. Ein ganz gewöhnlicher, billiger Motorblock aus der Serie, dazu der Formel-I-Motor und drauf der Turbolader. Sehr billig am Anfang – aber nicht mehr billig am Ende.
BMW führt die Formel I in eine völlig neue Ära: mit dem Elektronikgehirn für den Motor, ECU, ist BMW allen weit voraus. Der absolute Spitzenmann ist Dr. Udo Zucker von Bosch, heute Chef der TAG-Electronics.
Der Vorstoß ins Ungewisse ist schwierig, die Geburtswehen sind schlimm. „Der Turbo wird zum erstenmal harter Konkurrenz ausgesetzt. Turbos explodieren, weil niemand so richtig weiß, wie man mit ihnen arbeitet, wie man sie kühlt, der Turbospeed geht rauf, und wir haben immer neue Probleme . . .", erinnern sich alle.
Sogar interne: Anfangs sind die Engländer „die Inselaffen", und die BMW-Leute sind für Brabham „die Krauts". Aber es gibt Leute, die von Anfang an über den Rand rausschauen: Gordon Murray, den Konstrukteur, Herbie Blash, den Rennleiter, Charlie Whiting, den Chefmechaniker – später Sicherheitschef der FIA.
„Aber an der Schnittstelle zwischen Brabham und BMW brennt es am Anfang lichterloh . . ."
Auch Rosche muß begreifen, daß ihm die ganzen PS nichts nützen, wenn man sie nicht auf den Boden bringen kann.
Die erste Turbo-Zeit ist mühsam: Brabham ist frustriert, weil die Motoren nicht halten, außerdem nicht schnell genug sind.
Murray weigert sich mit Händen und Füßen, ein Auto zu bauen, in dem er mehr als 200 Liter Sprit unterbringen muß.
Dazu: Der berühmte Streik wegen der Superlizenzen. Niki Lauda – als McLaren-Pilot in die Formel I zurückgekehrt – organisiert in Kyalami 1982 den Fahrerboykott. 24 Stunden lang hält er alle Piloten ohne Ausnahme im Ballsaal eines Hotels in Johannesburg fest zusammen – was noch nie da war.
Die Fahrer setzen sich durch. Nur in der Brabham-Box von Kyalami klebt auf allen drei Autos das Namensschild „Patrese". Auf Piquet, einen der Rädelsführer, ist Bernie bös . . .
„Wirklich ein hartes Leben, bis wir endlich angefangen haben, zu fahren", seufzt Stappert heute.
In Kyalami fährt Brabham noch mit mechanischer Einspritzung, weil die elek-

tronische noch nicht funktioniert. Zuvor der berühmte Test in Le Castellet, wo BMW innerhalb von 14 Tagen neun Motoren kaputtgehen.
Renault hat Lehrgeld bezahlen müssen für die Lader, von denen BMW profitiert: die Garrett oder KKK hat man dann im Griff.
BMW muß Lehrgeld bezahlen für die elektronische Zündung und Benzineinspritzung, weil das Zeug pausenlos kaputtgeht. Als dann alles bei Bosch fertig ist, profitiert Porsche davon ...
In Kyalami scheidet der Brabham-BMW beim Premierenrennen aus: Bremsdefekt. Danach ist Pause, und Bernie baut den Ford-Motor ein.
Weil Gordon Murray, der Brabham-Konstrukteur, richtigerweise als erster erkennt: „Der BMW-Turbo ist noch kein Motor, der sofort geht, wenn du ihn anstartest. Das ist immer eine Fiedlerei, bis das Ding wirklich läuft. Wenn in Monte Carlo oder Long Beach oder Kyalami weit weg von zu Hause irgend etwas nicht funktioniert, sind wir weg vom Fenster, können nicht trainieren, uns nicht qualifizieren – das darf nicht passieren."
Drei Rennen fährt Brabham mit dem Ford-Motor, in Imola überhaupt nicht. Dann kommt ein blödsinniges BMW-Presse-Ultimatum an Ecclestone: „Er muß ab Zolder zwei Autos einsetzen."
Schlecht genug, aber sowieso total überschattet von einer Katastrophe: Gilles Villeneuve ist im Training verunglückt.
Darauf einigt man sich endlich: Piquet fährt ab jetzt Brabham-BMW. Patrese Brabham-Ford.

In Detroit kann sich Piquet, was bitter ist, überhaupt nicht qualifizieren. Aber eine Woche später gewinnt er in Montreal!
Ein paar Runden vor Schluß muß Ecclestone, eilig wie immer, zum Flugplatz, übergibt die Brabham-Kommandozentrale an Stappert und setzt ihm die Kopfhörer-Sprechgarnitur auf: „Da, Dieter, übernimm jetzt du!" Dieter lenkt Nelson zum Sieg.
In Hockenheim führt Piquet souverän. Ein Heimtriumph wäre wegen der BMW-Bosse als Augenzeugen unheimlich wichtig – da schießt der Chilene Eliseo Salazar den Brabham in der Schikane ab, weil er beim Überrunden nicht aufpaßt. Piquet ist stocksauer, traktiert Salazar live im TV mit Fußtritten.
„Alle Welt findet es lustig, wenn sich zwei Rennfahrer öffentlich prügeln", mokiert sich Lauda. „Aber keiner weiß, wie lebensgefährlich solche blödsinnigen Manöver sein können."
Eine WM-Vorentscheidung fällt in Zandvoort, als Prost und Piquet in der Tarzan-Kurve kollidieren. Für Nelson ganz simpel: „Prost verbremst sich und knallt mir seitlich rein – das ist alles."
Als Piquet in Monza gewinnt, weint er während der Auslaufrunde, überwältigt von Emotionen, in seinen Helm hinein.

WM-Finale in Kyalami, letztes Duell Prost gegen Piquet. Renault fliegt zum vermeintlichen großen Triumphtag Hunderte französische Reporter nach Südafrika ein und bucht in allen großen Zeitungen der Welt für den folgenden Montag ganzseitige Anzeigen: „Renault, der erste Turbo-Weltmeister der Formel I".
Pech für die Franzosen, daß Prost ein Turbolader kaputtgeht. Piquet führt, winkt aber kameradschaftlich in der letzten Kurve noch Patrese vorbei zum Sieg: Auch Platz 2 genügt Nelson, Brabham und BMW für den WM-Titel.
Die Zeitungsanzeigen übernimmt dann BMW von Renault, und die Renault-Krisensitzung am Montag in Paris endet mit einem Knalleffekt: Scheidung Prost – Renault, der „Professor" wechselt zu McLaren-Porsche! Als Partner von Niki Lauda, weil John Watson ungeschickt pokert und sich zu lange mit seiner Vertragsverländerung ziert – aber das ist wieder eine andere Story.
Das ist deutsches Tempo: „Wir haben fünf Jahre Verspätung gegen Renault, zwei Jahre gegen Ferrari – aber wir werden Weltmeister am schnellsten von allen!" freut sich Piquet noch heute. Und blickt in den Rückspiegel: „Wir sind das erste Team mit Elektronik, mit Telemetrie, haben die ersten Leute und die meiste Power."
Und den besten Fahrer? „Ich hab' einen Leistungsvorteil", wehrt Nelson heute bescheiden ab, „und gewinn dank meiner PS. Und alle meine Siege kommen mühelos!"
Von 500 PS zu 1300 PS: Die BMW-Story in der Formel I ist atemberaubend, hintergründig, sensationell. 1981 leistet der Motor, „wenn wir Glück haben", vielleicht 500 PS und ist äußerst unzuverlässig. Binnen zweieinhalb Jahren wird die Leistung fast verdreifacht: auf unglaubliche 1300 PS.
Der stärkste Motor, den es in der Formel I je gegeben hat. Und für Herbie Blash, den damaligen Brabham-Rennleiter, „der größte Sprung, der im Motorsport je gelungen ist".
Mit ein Grund: der Raketensprit, der den Brabham-BMW zu einer echten Rakete macht. Hier ist der ganze Background:

Als die Alliierten im Krieg das deutsche Raketenforschungszentrum Peenemünde bombardieren („Geheimaktion Crossbow"), werden die Geheimlabors ins österreichische Salzkammergut verlegt.
Gebraut wird das Benzin für das „Kraftei", die Me 262 von Messerschmitt, und andere „Wunderwaffen" der deutschen Luftwaffe.
Fast 40 Jahre später spinnt sich der Faden zu einem Ingenieur von „Wintershall", der jene Zeit miterlebt hat und sich genau noch erinnern kann, wo der „Raketensprit" versteckt wurde. Keine geheimnisvollen Vorräte, sondern die Geheimformel: Die lag in einem Tresor.
BASF in Ludwigshafen produziert für BMW den Raketensprit nach alter Formel: sogenanntes „Schweres Benzin", sehr dicht, und nicht ganz harmlos.
Die Brabham-BMW-Mechaniker müssen natürlich Handschuhe tragen, wenn sie

mit Sprit arbeiten. Einer vergißt. Ein tropfen Sprit fällt auf sein Uhrarmband aus Plastik, das sofort durchbrennt – worauf die Uhr zu Boden fällt. Da halten alle den Atem an.

Verboten ist der Sprit nicht, sondern absolut legal. Weil aber die Regeln damals sehr offen sind, haben clevere Techniker viel Spielraum. Wer smarter als die Konkurrenz ist, holt Vorteile. Die Engländer haben für ihre „Spitfire" keinen ähnlichen Sprit.

Es ist bleifreies Benzin, das verschiedene Komponenten hat – genannt Aromaten. „Ein Großteil von dem Benzin hat überhaupt nie ein Erdöl gesehen: reines, synthetisches Zeug – hat absolut perfekt funktioniert", verrät Stappert.

Der Sprit und dazu Nelson Piquet als Fahrer, „der mehr Telemetrie im Hintern hat als alle anderen draußen mit ihren Apparaten im VW-Bus", und dazu die Schwäche von Renault – darum wird BMW Weltmeister.

„Wir können aufgrund dieses Treibstoffs höhere Ladedrücke fahren – trotzdem fängt der Motor nicht zu klingeln an: keine Detonationen, keine Kolben, die kaputtgehen. Wir können mit mehr Leistung fahren als Renault. Die Franzosen können das nicht."

Die unheimlichen Ladedrücke, die die Brabham-BMW-Piloten fahren, kann man auf dem Prüfstand nie simulieren – der zeigt nur bis 1200 PS.

Auf der Rennstrecke aber gilt das Kommando. „Okay – Ladedruck bis zum Anschlag!" Und noch ein Geheimkommando: „Killer-Chip!" Wenn man dieses Computerprogramm eingibt, verstellt sich die Zündung auf Frühzündung, kommt zusätzlicher Sprit in den Brennraum, um die Kolben zu kühlen – weil sich sonst unweigerlich Löcher in die Kolben brennen. Aber all das bringt zusätzlich Leistung.

Es ist jedesmal ein Abschuß wie von der Rampe in Kap Kennedy oder Houston in Texas: „Zweiter Satz Reifen – Killer-Chip – Piquet hämmert los – Pole-position!

Und kommt meistens, in Rauch gehüllt, zurück an die Box. Die BMW-Turbo-Piloten sind erdgebundene Astronauten.

Alle reißen sich um die BMW-Motoren. Stappert, vergügt: „Ich ess' und trink' mich durch die Mobilhomes im Fahrerlager – und alle sind freundlich zu mir."

Der Vertrag mit Arrows ist so: Die Motoren werden für eine Summe X verleast. Den Vertrag mit Benetton für 1986 macht nicht mehr Stappert, sondern sein oberg'scheiter Nachfolger, der alles wieder kaputtschlägt.

Ein mexikanischer Millionär kauft Gerhard Bergers Siegerwagen von Mexiko 1986, ehe ihn BMW jetzt für 200.000 Dollar zurückholt und Berger für ein Oldtimer-Rennen anbietet. Gerhard lehnt ab: „Erst nach meiner Karriere. Was ist, wenn ich mir jetzt den Fuß brech'?"

Am längsten fahren Piquet und Patrese für Brabham. Aber Bernie hat auch de Cesaris, Alliot, Hesnault. Als sich der Franzose in Le Castellet auf der Geraden gegen die Leitplanken dreht, warnt ihn Bernie: „Hör im eigenen Interesse auf!"

Statt ihm kommen Marc Surer, der damals schon fürs Schweizer TV kommentiert. Bernie: „Macht nichts. Nach drei, vier Runden fällst du sowieso immer aus – dann kannst immer noch rüberlaufen und im Fernsehen reden..."
„Das Auto ist kaum mehr fahrbar", erinnert sich Marc Surer. „Soviel Flügel kannst du gar nicht geben, daß du die Kraft auf den Boden bringst. Du mußt ganz vorsichtig beschleunigen, damit nicht die Räder durchdrehen. Schön wird das Autofahren erst ab dem 4. Gang ... nur wird die Gerade immer viel zu kurz."
„Wenn du das Auto heute anschaust: mit großen Flügeln und trotzdem so schnell. Piquet ist der einzige, der mit dieser Höllenmaschine richtig umgehen kann: gleichzeitig bremsen und Gas geben – plötzlich schiebt er – du mußt sofort mit dem Gas zurück, sonst fährst du geradeaus. Eine Scheißfahrerei! Nur Piquet ist richtig synchronisiert."
Boutsen sagt später einmal zu Surer: „Weißt du noch bei Arrows? Bei Williams verdien' ich zehnmal so viel." Heute sind die Autos wesentlich sicherer geworden – und die Fahrer verdienen mehr.
Oder: Ein Drittel zahlt fürs Fahren, ein Drittel verdient ein bißchen, ein Drittel sehr viel. Damals: Astronautengagen.
Es sind Raketen, absolute Raketen. Piquet hämmert in Monza 354 km/h auf den Asphalt, Surer in Le Castellet 351. In Adelaide, mit hohem Ladedruck, drehen von der Zielkurve bis zur ersten Kurve die Räder durch – aber die ganze Zielgerade.
Bis 330 oder 340 km/h registriert Berger „keinen Unterschied. Aber danach spürst du jeden Kilometer". Piquet nickt: „Ob 250 oder 354 km/h ist genau dasselbe."
Die Motoren werden immer in Kisten transportiert. Und die Hohlräume mit Weißbier aufgefüllt... Es geht auch locker zu.
Unvergeßlich ist allen der Marathontest von Kyalami, wo Piquet zur Hochform aufläuft. Nicht nur im Cockpit, besonders außerhalb. Ihm gehen nie die Ideen aus. Piquet zaubert Rosche Schlangen ins Essen, Caterpillars in den Koffer. Und einmal, als Rosche im Auto schläft, wirft Piquet einen rauchenden, glosenden Ölfetzen hinein und sperrt alle Türen ab.
Rosche, in Panik, muß glauben, daß sein Auto brennt – und schlägt ein Fenster ein, um sich zu retten. Draußen steht Nelson und grinst.
Als Ecclestone in Brasilien einmal totenübel wird, er sogar vom Sterben redet, schauen sich Murray, sein Konstrukteur, und Herbie Blash, sein Rennleiter, kurz an: „Jetzt ist der richtige Moment, ihn um eine Gehaltserhöhung zu bitten..."
1986 bietet Bernie Ecclestone Niki Lauda für eine Saison 6 Millionen Dollar – so viel kassiert damals Sean Connery für sein Comeback als James Bond 007. Lauda lehnt ab. Elio de Angelis fährt den ultraflachen Brabham-BMW und verunglückt bei Testfahrten in Le Castellet tödlich.
Viele Vermutungen, bis zu einem abgebrochenen Flügel. Und die tragische Par-

allele: de Angelis stirbt, weil er Rauch und Flammen einatmet, an inneren Verbrennungen.

Das Sauerstoff-Rettungssystem an Bord hilft nur für drei Minuten. Keine Feuerwehr, kein Rettungshubschrauber. Es sind ja nur Testfahrten . . .

Am Ende verliert Ecclestone sein Interesse an Brabham, verkauft sein Team und schaut auch BMW gar nicht mehr nach einem neuen Motor. Daß BMW auch Arrows und ATS beliefert, kühlt die Beziehung Brabham – BMW weiter ab. Aber Bernie hört mit Brabham auf – was das Kapitel BMW beendet.

Wieso das Ende?

BMW hätte unmittelbar nach dem WM-Triumph 1983 einen neuen Motor bauen können – und auch bauen wollen.

BMW ist klar, „daß wir mit dem Motor nicht mehr ewig konkurrenzfähig sind. Wir brauchen einen Motor, der speziell für den Turbolader gebaut ist: einen V-6 wie Porsche – das hätten wir auch können." Aber dazu ist BMW nicht mehr bereit.

Und das Hauptproblem: Als der Erfolg da ist, ist bei BMW plötzlich jeder wichtig. Anfangs, beim Scherbenhaufen, nur Rosche und Stappert, alle sagten: „Laßt den Todl arbeiten, weil daraus wird sowieso nichts."

Dadurch kann Stappert allein arbeiten. Aber kaum ist der Erfolg da, gibt es 100 Rennleiter. Alle reden drein, und alles geht schief.

Bernie Ecclestone hat seine früheren Brabham-BMW-Mechaniker alle in Spitzenpositionen bei der FOCA gehievt:

Charlie Whiting ist FIA-Chefingenieur und Sicherheitschef.

Eddie, den Nelson „Reddie" nannte, weil er so leicht errötete, ist heute Bernies FOCA-Fernsehchef usw.

„Aber wann immer wir uns treffen, reden wir über die gemeinsamen goldenen Zeiten bei Brabham-BMW." Am liebsten mit Nelson – jedes Jahr beim Brasilien-GP.

Piquet ist Lebenskünstler. Einmal verrät er einem Freund am Telefon: „Im August werde ich wieder Vater . . . und im Oktober noch einmal."

Heute hat er fünf Kinder mit vier Frauen („im Moment"). Der Älteste, Gerardo, fährt seit 1994 Go-Kart-Rennen.

Und Piquet heute? Seine Autovertretungen hat er verkauft, sich nur das Pirelli-Busineß behalten, aber ein neues Riesengeschäft entdeckt: „Ich kann über Satelliten und Computer sämtliche Lkw in Brasilien verkehrsgünstig dirigieren. Mit meiner Firma Omni-Sat verdien' ich in spätestens zwei Jahren mehr, als ich in der Formel I je verdient habe."

Irgendeine besondere Erinnerung an Brabham-BMW? „Nicht an einzelne Rennen. Nur an die Kameradschaft und Freundschaft im Team – wie eine große Familie. Und ich geh' erst weg, als das Team unten ist." Fast wie ein Kapitän: als letzter von Bord.

Kunstwerk Turbo

In den achtziger Jahren steht der deutsche Motorsport in Hochblüte. Nach dem Brabham-BMW kommt der McLaren-Porsche, finanziert von TAG mit fünf bis zehn Millionen Dollar pro Jahr – so genau weiß das heute keiner mehr.
„Aber die Leute, die das machen, sind lauter Vollblut-Porsche-Ingenieure", bestätigt Niki Lauda heute. „Eine wirklich tolle Herausforderung."
Niki Lauda ist damals der „Anti-Turbo" der Formel I, aber das wird ihm bald zu fad: „Weil das Rennfahren sinnlos wird, wenn die Chancengleichheit absolut nicht gegeben ist."
Die Turbos haben 1983 bis zu 160 PS mehr als der Ford-Cosworth-Saugmotor. „Nur zum Vergleich: Wenn du nur 5 PS weniger hast, kannst du deinen Gegner nicht mehr überholen. Wir aber reden von 160 PS Unterschied!"
1983 fahren in Silverstone bereits 14 Turbo-Raketen mit – mehr als je zuvor. Drei Tage danach kommt der 15. dazu: Der McLaren-TAG-Turbo-Porsche mit Niki Lauda hat die ersten – noch geheimen – Tests in Silverstone.
Laudas Vertragsrechte: Er darf alle wichtigen Tests als erster fahren – John Watson schaut anfangs nur zu und stoppt die Zeiten.
Der Experimentierwagen: der McLaren MP 4, gefahren 1981 von de Cesaris, jetzt ein rollendes Versuchslabor, ehe die Turbomotoren in die neuen Autos eingebaut werden.
Hans Mezger präsentiert den Motor, den Porsche im Auftrag von McLaren entwickelt hat: 1,5 Liter Hubraum, ein 6-Zylinder-V-Motor mit 80-Grad-Winkel – das ganz spezifische Merkmal dieses Motors, das Honda später schamlos kopiert.
„80 Grad sind ungewöhnlich. Wurden nach besonderen Gesichtspunkten für diesen Motor gewählt. Weil sich gezeigt hat, daß dieser Motor eine sehr hohe Laufruhe besitzt."
Bitte weiter, Herr Mezger.
„Der Turbo heißt Turbo, weil er Abgas-Turbolader verwendet. Zwei, einen auf jeder Seite. Der Abgas-Turbolader besitzt einen Turbinen- und einen Verdichtungsteil. Die Turbine wird angetrieben durch die Auspuffgase des Motors, die von jeweils drei Zylindern hereinkommen. Die Turbine treibt dann den Verdichter des Motors des Turboladers an, der Verdichter saugt Luft an, verdichtet sie, dann kommt die Luft, die bei der Verdichtung erhitzt wird, in den Ladeluftkühler – von dort wird die Verbrennungsluft in die Zylinder geleitet."
Was ist beim Porsche-Turbo anders als bei der Konkurrenz Renault, BMW, Ferrari etc.?
„Auffallend ist für jeden: daß unser Motor einer der kompaktesten 1,5-Liter-Turbos der Formel I ist. Innen drin hat er ein paar Dinge, die andere nicht haben – wir haben noch nicht drüber geredet."

Außerdem ist der TAG-Turbo sehr leicht. Gemessen am Ford-Cosworth: fast das gleiche Gewicht.

„Das ist auch eines unserer Ziele. Daß wir mit zwei Abgas-Turboladern, zwei Ladeluftkühlern und zwei Wastegate auf das Gewicht eines Saugmotors kommen – der diese Dinge ja nicht braucht."

Was beeindruckt Lauda bei der Zusammenarbeit mit Porsche am meisten?

„Zuerst einmal die Sprache. Ich hab' keine Schwierigkeiten, mit den Herren zu reden, brauch' mich nicht anzustrengen auf englisch oder italienisch ... Aber was einen Rennfahrer an einem neuen Motor immer am meisten beeindrucken muß, ist die Leistung. Weil alles andere nicht zählt. Wenn ich 10 PS mehr habe und den anderen wieder um die Ohren fahren kann, ist es für mich das Schönste. Klingt sicher komisch, aber ich freu' mich sehr, als der Motor das erstemal 400 km in einem Satz durchläuft. 400 km für ein Normalauto ist überhaupt nichts, aber für einen vollkommen neu entwickelten Turbomotor schon sehr viel. Wenn man die mit der Konkurrenz vergleicht ... Die sind schon nach wenigen Runden auseinandergeflogen. Aber der TAG-Turbo läuft 650 km ohne die geringsten Probleme."

Man schleppt Computer, Elektronikzeug am Auto herum, um Aufzeichnungen zu machen: welche Brennraumtemperaturen, welche Zündungen, welcher Zündzeitpunkt eingestellt ist für die Einspritzung, welche Menge in welchem Moment – was beim Turbo sehr kompliziert ist.

Diese Testergebnisse werden auf einem Farbband aufgezeichnet und ausgewertet, um den Motor erstens richtig einzustellen und zweitens: um genau zu wissen, was in ihm steckt.

Turbofahren, das neue Abenteuer für Niki.

„Die Gänge sind alle um 300 bis 370 U/min länger, ich schalt' überall früher, und die Höchstgeschwindigkeit ist jetzt schon um 39 km/h schneller, mehr als beim normalen Auto!"

Der Vergleich mit dem Ford-Cosworth drängt sich auf:

„Unglaublich, der PS-Unterschied. Hier gibt es Kurven, die man mit einem Cosworth-Auto gar nicht als Kurven bezeichnen kann. Da fährt man einfach voll durch – weil einem die Kurve gar nicht als Kurve erscheint. Aber jetzt: Halt, da mußt aufpassen, sonst fliegst gleich raus – weil die Geschwindigkeit so hoch ist."

Wer vom Saugmotor zum Turbo wechselt, muß natürlich auch seinen Fahrstil umstellen.

Aber das haben auch die Brabham- und Ferrari-Piloten schon lernen müssen. Auch Lauda: „Weil die volle Leistung erst einsetzt, wenn der Ladedruck da ist. Diese kleinen Turbinen, die oben die Luft hineinblasen. Und das braucht, nachdem man Gas gegeben hat, eine Zeit, bis der Druck sich aufbaut und dann der Motor die volle Leistung bringt.

Das heißt; Man kommt zur Kurve, bremst, gibt aber schon wesentlich vor der

Kurve wieder Gas – weil es eine Sekunde dauert. Dann muß man im richtigen Punkt der Kurve sein, hat die volle Leistung und zieht durch." – Wie schon alle anderen entdeckt haben.
„Aber ich glaub', daß ich das genau lernen kann wie meine Kollegen. Und daß wir da noch einiges verbessern müssen – damit das Gasannehmen eben schneller geht."
Und was Lauda am TAG-Turbo besonders freut: „Daß er nicht kitzelt! Der Cosworth-Motor geht mir schon so auf die Nerven: Immer, wenn man ihn anstartet, hat er solche Vibrationen, die dem Fahrer über den Rücken, über die Nieren laufen, ihn den ganzen Grand Prix ununterbrochen kitzeln. Wir dürfen darüber nicht viel reden – bleibt auch nichts anderes übrig. Aber das Angenehme am TAG-Turbo: Er ist leiser, vibriert nicht und kitzelt nicht."
Und Lauda hat schon Visionen.
„Wir können natürlich zwei verschiedene Ladedrücke fahren: einen im Training, einen nur im Rennen. Höherer Ladedruck heißt mehr Verschleiß, aber natürlich mehr PS. Das heißt: Das ganze Rennfahren wird jetzt mit so vielen neuen Aspekten soviel interessanter, weil man am Ladedruck herumdrehen, die Konkurrenz austricksen kann: indem man im richtigen Augenblick den richtigen Druck fährt und den Motor soweit schont, daß man auch ins Ziel kommt."
Ein Jahr hat McLaren den Motor exklusiv, und Mansour Ojjeh träumt schon von „einem ganzen Starterfeld mit lauter TAG-Turbos" – was Illusion bleiben wird.
Als die Rakete endlich fertig ist, läßt Ron Dennis in Stuttgart quasi eine „Berliner Mauer" aufbauen: Nur ja kein Blick aufs neue Auto! Darauf kommen die findigen Fotoreporter von „auto, motor und sport" mit einer Feuerwehrleiter.
Was niemand weiß, was Lauda erst jetzt preisgibt: daß er mit List und Tücke, mit charmanter Erpressung Weltmeister geworden ist – daß die sensationelle Siegesserie einem Lauda-Trick zu verdanken ist.
McLaren will erst 1994 mit dem Turbo fahren, aber Lauda protestiert heftigst: „Ich weiß genau, daß die Entwicklung eines solchen Motors Zeit braucht. Die Saison 1983 ist ohnehin schon fast vorbei, also sollen wir die restlichen Grand Prix als Testrennen verwenden – damit wir dann 1984 voll auf den Titel losgehen können."
John Barnard, der Konstrukteur, lehnt kategorisch ab: „Das Auto ist noch nicht fertig. Wir fahren damit erst 1984, aus, Schluß."
Worauf Lauda seinen direkten Draht zum großen Geldgeber Marlboro spielen läßt und den Zigarettenbossen vorschlägt: „Wenn Ron Dennis und John Barnard 1984 wirklich nicht mehr mit dem Turbo kommen, müßt ihr McLaren weniger Geld zahlen!" Lauda hat Marlboro und Dennis und Barnard wirklich vor die Alternative gestellt: entweder – oder.
Ron Dennis tobt gegen Lauda ohne Ende, Barnard sowieso. Aber in Zandvoort steht das Auto in der Box. Und das ist richtig.

„Denn wir erkennen, daß die Bremsen zu klein sind, die Kühlung nicht funktioniert, die Flügel zu klein sind etc. – wird alles schnell modifiziert."
In Kyalami versucht das Team zwei Tage lang vergeblich, den Motor zu starten – weil er in der dünnen Höhenluft nicht anspringt.
John Barnard besteht darauf, daß der Motor computergesteuert wird, Hans Mezger will mechanisch fahren – wieder irre Diskussionen.
Diesmal ist Lauda auf Barnards Seite, „weil die Elektronik sicher die Zukunft ist". Und er setzt sich durch.
Es ist eine tolle Phase, „weil der Motor in kürzester Zeit entwickelt wurde. Und er funktioniert!"
Ein Auto zum Gewinnen. Aber auch ein neuer Stallkollege: Alain Prost, von Renault wegen seiner ständigen Kritiken über Nacht entlassen. „Der schnellste Teamgefährte, den ich je hatte, und mein größter Gegner im Kampf um den WM-Titel."
Der kleine Franzose hat Niki schon als Kart-Pilot verehrt: „Ein Champion von solchen sportlichen und menschlichen Dimensionen", streut er Rosen, „hätte gar nicht das Recht, von der Formel I abwesend zu sein."

Die McLaren-Porsche walzen 1984 alles nieder. Von 16 Rennen gewinnt Prost sieben, Lauda fünf. Aber den Pulverdampf von damals schmeckt Lauda nicht mehr. „Ich kann mich nimmer genau erinnern, aber da müssen ein paar gute Rennen gewesen sein."
Prost gewinnt in Rio, Lauda in Kyalami, nachdem Farbige an seinem Mercedes so lange hantierten, bis er in die nächste Auslage donnert – worauf Willi Dungl richtig prophezeit: „Der Niki wird ein sehr gutes Rennen fahren, wirst sehen. Er ist nämlich sehr aggressiv."
Auch in Dijon, „wo ich wie ein Irrer gefahren bin". Das muß er auch, um zweimal (nach Boxenstopp) den führenden Tambay einzuholen – weil McLaren-Boß Ron Dennis den Lauda-Reifenwechsel so lange verzögert hat, bis es fast zu spät ist.
Dritter Sieg in Brands Hatch: nur noch 1,5 Punkte Rückstand auf Prost. Immer mehr im Formel-I-Zirkus hoffen und prophezeien, daß Niki Weltmeister wird. „Sagen wir's doch offen: Was die Formel I heute weltweit zu verkaufen hat, ist Niki Lauda – wer sonst?" sagt mir ein hoher FIA-Funktionär.
Aber ob zwei- oder dreimal Weltmeister, war für Lauda lange nicht wichtig, erst wieder 1984 – wegen der Herausforderung durch Prost. „Wenn er gewinnt, dann freuen sich alle bei McLaren. Wenn ich gewinn', schauen alle bös." Und weil ein dritter Lauda-Titel, beim ganzen Lauda-Charisma, ein äußerst persönlicher Triumph wäre, nicht der Sieg des Teams, spürt Lauda aufkeimende Eifersucht: „Das gleiche Problem, das ich schon bei Ferrari hatte. Wenn ich Weltmeister werde, heißt es: Der Lauda ist Weltmeister geworden. Aber wenn Prost Erster wird: McLaren hat gewonnen. Im Grund bekämpfen sie das Phänomen Lauda."

Nicht mit der Technik, nicht mit Sabotage. Aber das McLaren-Herz schlägt nicht für Lauda.

Das Turbofahren für dich damals, das Gefühl? frag' ich Lauda heute.
„Das Turbofahren für mich war ein ‚Schas' – wegen der Mehrleistung für diese eine Runde im Training. Hab' ich in Wirklichkeit immer abgelehnt, weil ich nicht einsehen wollte: Warum muß ich ein Mörderrisiko eingehen, nur um mich zu qualifizieren? Damals meine Schwäche. Prost hat mich immer ausqualifiziert, ich aber mich immer schnell konzentriert darauf, für das Rennen zu arbeiten und nicht für das Training."
Wie immer, wenn die Widerstände am größten sind, wir er am stärksten. Lauda gewinnt Zeltweg trotz totalen Getriebeschadens. „Ich muß die letzten Runden soviel denken, was als nächstes bricht, daß ich Kopfweh krieg'." Er triumphiert auch in Monza.

Schlußpunkt ist Estoril. Im Exil so vieler unerwünschter Monarchen muß der neue Formel-I-König gekürt werden – Lauda oder Prost. Wenn Alain gewinnt, muß Niki Zweiter werden. Aber er ist auf dem elften Startplatz eingekeilt.
Vorn stürmt Prost auf und davon, aber Lauda rennt bis zur 27. Runde gegen Johansson an wie gegen eine Mauer, dreht am Dampfrad, peitscht den Ladedruck hoch – erst Tage später wird er wissen: Der linke Turbolader war defekt – Schaufeln heruntergerissen, Ölpumpe abgebrochen.
800 Millionen zittern an jenem 21. Oktober mit Lauda mit, als er, endlich an Johansson vorbei, Alboreto, Rosberg und Senna niederfighted, schon glaubt: „Ich bin Zweiter, aber dann kommt der nächste Schock: nur dritter Platz hinter Prost und Mansell." 39 Sekunden hinter dem Lotus, zu fahren noch 35 Runden. „Kann ich nur mit wahnsinnigem Einsatz gutmachen."
Er kämpft wie verrückt, fährt das beste Rennen seines Lebens, wird halb wahnsinnig wegen ein paar Überrundeten, die nie Platz machen – und dann sieht er den mit Bremsdefekt ausgerollten Lotus.
Endlich Zweiter. Das genügt. Was hat er da gespürt? „Angst, nur noch Angst. Wenn jetzt der Sprit ausgeht oder irgendwas kaputt wird, ist alles weg." Niki muß derart aufgeheizt, aufgedreht sein, daß er sich an Einzelheiten (Johansson ausgenommen) lange Zeit nicht erinnern kann, „weil ich das ganze Rennen wie ein Mörder fahren muß. Fast wie in Trance". Die letzten Runden in Estoril beschwört er sein Auto: „Bitte, fahr bis zum Schluß."
Aber vieles weiß Lauda im Cockpit gar nicht. „Der Ladedruck zeigt immer richtig an, aber ein Lader lädt nicht – damit ist keine Leistung da."
13 Sekunden hinter Prost Zweiter, ist Lauda World Champion. Die Formel I hat ihren Wunschweltmeister. Piquet gratuliert noch aus dem Cockpit, Marlene stürmt aufs Siegerpodest, „was sie normal haßt".
Prost weint, Lauda muß ihn trösten. Die Disco-Nacht ist lang und stürmisch.

Und sogar Bio-Papst Willi Dungl gibt, wie die Engländer staunen, „*a sensationel guest performance as Whisky drinker*".
Was ist dir der dritte WM-Titel wert? frage ich Niki.
„Mehr als alle anderen. Der erste Titel ist wichtig für dich selber. Der zweite fürs Publikum – weil du damit die Leute gewinnst. Aber der dritte war der schwierigste – wegen Prost."
Und wenn du 1975, 1977 und 1984 vergleichst?
„Da gibt es nur von außen Parallelen. Für mich ist alles hundertmal schwieriger geworden. Aber an der Reaktion der Leute, an den Menschen, die mir gratulieren, merke ich: Irgendwie muß mein dritter Titel mehr Leute aktiviert haben als irgendwas anderes."
Daß man einen Stallrivalen, der an 32 Grand-Prix-Wochenenden in zwei Jahren die Trainingsduelle 30:2 gewinnt, in der WM schlagen kann – mathematisch fast unmöglich, nur mit viel Herz und noch mehr Hirn. Sein Rezept: „Wenn du gewonnen hast: dich kurz freuen, aber ja nicht in Wollust baden, sonst fahren dir die anderen beim nächsten Rennen um so sicherer um die Ohren!"
In seiner letzten Saison, 1985, schlägt ihn weniger die Konkurrenz, sondern mehr die Technik. Ausfallserie, dann die Rücktrittserklärung in Zeltweg. Ron Dennis zerstört den historischen Moment, indem er öffentlich seinen Konstrukteur hochloben muß. Aus Zorn fährt Lauda danach beste Trainingszeit und führt auch im Rennen – bis zum Turboschaden.
Eine Woche später: Zandvoort, in den holländischen Dünen. Ich sitz' vor dem Rennen bei Niki im Wohnwagen. „Ich schwör' dir: Wenn das Wetter schön bleibt und das Auto hält, hat heute niemand eine Chance gegen mich!"
Prost kommt hinzu und fragt vorsichtig: „Was hast du heute vor, Niki?" Gewinnen, sagt ihm Lauda, daß sich der Franzose auskennt, und eröffnet eines der mörderischsten Stallduelle, das die Formel I je erlebt hat.
Verärgert über Dennis, der ihm beim Boxenstopp einen harten statt weichen Reifen montieren läßt, kämpft Lauda gegen Prost mit letztem Einsatz. „Um mich zu überholen, hätte mich Prost umbringen müssen!"
Niki gewinnt mit 0,232 Sekunden. Sein 25. Grand-Prix-Sieg bleibt sein letzter: einer mehr als Fangio, so viele wie Jim Clark.
Letztes Rennen, unwiderruflich, in Adelaide. „Wichtig ist jetzt nur noch das Aufhören, egal wie. Die Droge Rennsport muß raus aus mir, wird bekämpft mit allen Mitteln." Sogar mit ein paar Glas Wein am Abend vorm Training, „damit ich richtig Kopfweh krieg' und schlecht fahr'." Der 16. Startplatz ist für seinen Gefühlabbau grad' richtig.
Was wünscht du dir für dein letztes Rennen? frage ich Niki, und er sagt ehrlich: „Ein mieses, schlechtes, schwitzendes Rennen, am besten ohne Ergebnis – so etwa an 15. Stelle ausfallen. Daß ich ja nichts bereuen brauch'. Sonst werde ich ja wahnsinnig, daß ich aufhör'. Ich muß mich abbauen, darf ja keine Freud' am Rennfahren kriegen, muß ganz emotionslos dahinraspeln."

Und wenn du gewinnst? „Das", sagt Niki, „wär' für mich das schlimmste."
Nach 56 Runden, als sich die ersten Heißsporne niedergemetzelt oder ihre Reifen zerschlissen haben, liegt Lauda sensationell auf Platz eins.
Dann hat er Bremsdefekt und schmeißt den McLaren mit 300 km/h an die Mauer. Ein Abschied zum Lachen und zum Weinen. Und ein unheimlich starker Abgang.
Jetzt hat Alain Prost für die nächsten Jahre freie Bahn – bis Senna gefährlich wird.
Mit dem Abstand von fast zehn Jahren frage ich heute Alain Prost: Der McLaren-TAG-Turbo – deine schönste Zeit im Rennsport?
„Meine glücklichste Zeit", sagt Alain spontan. „Sogar 1984, obwohl ich den Titel um einen halben Punkt verlier'."
Unglaubliche Rennen ziehen in der Erinnerung an ihm vorbei. Der frühe Titelgewinn 1985 oder der ganz späte 1986, im dramatischen Finale von Adelaide.
Dreierstechen Prost – Piquet – Mansell um den Titel, Alain also gegen zwei Williams-Honda. Mansell muß nur Dritter werden, dann ist er Weltmeister. Und ist auch Dritter, als ihm bei 320 km/h der Reifen explodiert. Darauf wird Piquet sicherheitshalber zum Reifenwechsel hereingeholt – und Prost gewinnt um vier Sekunden.
Spannender war eine WM-Titelentscheidung nie mehr wieder – bis zum K.-o.-Duell Schumacher – Hill 1994, wieder in Adelaide.
Deine besten McLaren-Porsche-Siege?
Da braucht Prost nicht lang nachzudenken: „Natürlich Adelaide 1986. Und Rio 1987 – nach 2,5 Sekunden Rückstand im Training. Aber das Schönste für mich: die Happiness im Team. Ich hab' nur gute Erinnerungen."

Soweit Niki Lauda und Alain Prost – die menschliche Seite der Turbo-Ära. Aber wie sieht die technische Seite aus? Alle wichtigen Daten blieben bis heute praktisch geheim.
McLaren, der Auftraggeber, will sie nicht sagen – und Porsche darf nicht. Also feiern wir die deutsch-englischen Weltmeistertitel jetzt mit allen technischen Daten kräftig nach.
Der V6 TAG-Turbo (Winkel 80°), von Ingenieur Hans Mezger ab Oktober 1981 in Weissach konstruiert, ist gleichzeitig mit dem Honda-Motor 1983 rennfertig geworden. Aber als die Japaner im fünften Jahr ihren ersten Fahrer-WM-Titel schaffen (Nelson Piquet), haben die McLaren-Porsche-Piloten Niki Lauda (1981) und Alain Prost (1985/86) schon drei WM-Titel gewonnen!
Für TAG-Chef Mansour Ojjeh kann es keinen besseren Beweis dafür geben, daß er seinen Auftrag an der richtigen Stelle plaziert hatte.
Der Blick in den Rückspiegel ist ein Blick ohne Zorn, nur voll Freude.
Anatomie eines Supermotors: Hans Mezger, schon in Porsches erster Grand-Prix-Ära mit dem GP-Sieg von Dan Gurney in Rouen 1962 maßgeblich in-

volviert, hat den Würfel ursprünglich für ein „Wing Car" konstruiert. Als die „Flügelautos" der Bannfluch trifft, ist ein kleiner, kompakter Motor immer noch günstiger, weil McLaren-Konstrukteur John Barnard dem extremen „Flaschenhals"-Prinzip huldigt. „Das Heck muß aussehen wie eine Cola-Flasche."
Dem ersten Prüfstandtest (Dezember 1982), ersten Probefahrten von Roland Kussmaul in Weissach und Silverstone folgen 1983 die ersten vier Testrennen: Zandvoort, Monza, Brands Hatch, Kyalami.
„Wir haben damals schon 700 PS", erinnert sich der für den Test und Rennbetrieb zuständige Ralf Hahn (41). „200 PS mehr als die Cosworth-Saugmotoren." Der Premierenmotor ist mit 6,9 verdichtet, in Kyalami bereits 7,2. Der Ladedruck: damals 3,1 bar. „Aber unsere Möglichkeiten des Motormanagements haben wir nicht voll ausgenützt. Spritverbrauch ist kein Problem, weil man 1983 ja noch nachtanken darf."
Wie der spätere McLaren-Pilot Keke Rosberg (damals Williams) noch genau weiß: Beim GP von Brasilien sprang er, durch Feuer erschreckt, aus dem Cockpit und trotzte sogar den Befehlen seines Bosses, sofort wieder einzusteigen: „Ich verbrenn' mir doch nicht meinen schönen Schnurrbart . . ."
Die McLaren-Porsche sehen 1983 noch keine Zielflagge. Es gibt Probleme mit den Kühlern und Bremsen – beide waren ja ursprünglich fürs Saugerfahrzeug ausgelegt. John Barnard vergrößert die Kühler mit jedem Rennen, aber wegen der unterdimensionierten Bremsen müssen Lauda und John Watson jeweils 150 m früher in die Eisen steigen, worauf es entsprechend länger dauert, die Motordrehzahl wieder hochzukitzeln.
Das war der berühmte Turbo-Delay. In Kyalami hat McLaren erstmals die Bremsen im Griff – und prompt hat Lauda fast gewonnen.
Nach den zehn Versuchsmotoren 1983 gilt es, die Triebwerke für 1984 auf die 220-Liter-Formel einzustellen: mit auf 7,8 höhergesetztem Verdichtungsverhältnis, viel stärker ausgereizter Elektronik, sequentieller Einspritzung: Ab sofort spritzt nicht mehr die ganze Zylinderreihe, sondern jeder Zylinder zeitgetaktet ab.
Durstig ist der Porsche-Motor nie: Als Prost anfangs 1984 in Rio erstmals gewonnen hat, werden noch 20 Liter aus den Tanks gepumpt.
In Kyalami gibt es sogar einen Doppelsieg: Lauda vor Prost – aber erst nach Herzklopfen. Niki ist nach dem Warm-up der Hauptstecker den Motronic heruntergesprungen (seither mit einem Plastikband festgebunden), Alain durch den unterkühlten Treibstoff die Benzinpumpe festgegangen, weshalb er aus den Boxen starten muß. Für Ralf Hahn das Paradebeispiel, „wie nahe Triumph und Niederlage beisammenliegen".
Viel Triumph, kaum Niederlagen: Die McLaren-Porsche rasen 1984 von Sieg zu Sieg. Siebenmal gewinnt Prost, fünfmal Lauda, der sich an Prof. Ferry Porsches 75. Geburtstag bei Nürburgring-Testfahrten ein Hinterrad über den Fuß rollt, aber nach dem Sensationsfinale von Estoril als erster Porsche-Weltmeister der

Formel I feststeht: einen halben Punkt vor Prost. Die 113,5 Punkte im Konstrukteurwettbewerb sind lange Weltrekord.

1985 bekommen die McLaren-Porsche eine neue Motronic-Generation von Bosch: mit vier statt zwei Kennfeldern und elektronischer Ladedruckregelung. Oft muß der Pilot im Zweikampf den Ladedruck erhöhen, aus Verbrauchsgründen aber wieder zurücknehmen. Normaler Rennladedruck: 3,3 bar. Im Qualifikationstraining bis 3,8 bar. Leistung im Rennen: 800 PS.

Und eine Premiere zur Saisonmitte, ab dem französischen Grand Prix in Le Castellet: symmetrische, spiegelgleiche anstatt zuvor nur in eine Richtung (rechts) drehende Lader – die übrigens immer von KKK kommen. „Wir testen zwar auch Garrett, stellen aber keinen eindeutigen Vorteil fest. Und die 120-km-Distanz nach Frankental ist günstiger als nach den USA."

Prost wird 1985 souverän Weltmeister – aber Lauda fällt oft durch Vibrationsschaden (Steuergerät, Lichtmaschine) aus. Außerdem will Niki im Gegensatz zu Prost nie gern ins Ersatzauto umsteigen – weshalb er öfter mehr Laufzeit und doppeltes Risiko hat.

1985 ist Spritkühlung bereits verboten. 1986 wird das Tankvolumen auf 195 Liter reduziert. Nach anfangs störenden Nebengeräuschen wie Klopfen und Klingeln hat Porsche zusammen mit Shell andere Spritsorten getestet und auch angewandt.

Die Verdichtung wird auf 8,0 erhöht, die 3,4 bar Renn-Boost entsprechen 850 PS, im Qualifikationstraining fahren Prost und Lauda-Nachfolger Keke Rosberg mit 4,2 bar.

Man freut sich über die bereits dritte Motronic-Generation, mit einem kleinen Speicher gibt es die ersten Anfänge der Datenaufzeichnung der Motor-Parameter, und der geniale John Barnard hat die Lader nach innen verlegt, um den Staueffekt auszunützen.

Prost verteidigt mit vier Siegen seinen WM-Titel, aber mit etwas Herzklopfen, denn die Williams-Honda fordern McLaren bis ans Messer.

Ralf Hahn: „Ich will nicht sagen: Unser Motor ist besser, kann aber nicht einfach akzeptieren, wenn ich höre: Der Honda-Motor war besser." Ein Duell, das in Hockenheim bis zum letzten Benzintropfen geht: Ein Prozent, nicht mehr, entscheidet gegen Prost und Rosberg, denen in der letzten Runde der Sprit ausgeht – aus den Tanks des Siegers Piquet quetscht man nachher auch keinen Tropfen mehr.

Das McLaren-System: Cockpit-Anzeigen mit den noch im Tank befindlichen Litern Sprit und den noch zu fahrenden Restrunden, die der Pilot mit der Boxenanzeige vergleicht. Er weiß also, ob er im Plus oder Minus ist.

Mehr und mehr sind die Großen Preise zu Spritrennen geworden. „Und wer im Verbrauch besser ist, kann mit mehr Leistung länger fahren", ist das Kampfmotto für die Saison 1987: mit 900 PS, 3,5 bar und Verdichtung 8,7.

Prost und der neue Mann Stefan Johansson haben die Möglichkeit, aus dem Cockpit heraus das Gemisch abzumagern (drei Positionen).
Aber Alain Prost, der von allen Piloten den geringsten Materialverbrauch hat, am wenigsten Reifengummi, Bremsbeläge und Sprit verbraucht, muß nie umstellen. Alain fährt immer etwas fetter, mehr Innenkühlung hieß kleineres Risiko.
Und als in Spa seine Spritanzeige ausfällt, fragt Alain Prost über Funk an der Box nach: „Wieviel Benzin verbraucht der Stefan Johansson?"
Die Drehzahl ist, peu à peu, von 11.200 U/min im Jahr 1983 auf kurzfristig 12.600, ja sogar 13.000 U/min geklettert, die Datenerfassung wurde immer mehr „sophisticated", und in Mexiko 1987 feiert die Funkübertragung Premiere, „weil wir versprochen hatten: Das tun wir auch noch." Der Sender steckt im Fußbereich, der Empfänger an der Boxenmauer.
Was Prost, McLaren und Porsche 1987 den WM-Titel kostet, ist der berühmte Pfennigdefekt: ein gerissener Keilriemen in Imola und Hockenheim. Warum, klären Hochfrequenzkameras mit Stroboskopie auf einem extra aufgebauten Prüfstand.
Die Konsequenz daraus: der Twin-Belt-Riemen. Damit war das zweite Bagatellproblem gelöst, nachdem man die Serienstecker schon 1985 durch „Militärstandard" ersetzt hatte. „Denn ohne Militärstecker wäre unser Kabelbaum immer dicker geworden – den hätten wir nicht mehr verlegen können."
„The long good-bye" hat sich bereits während der Saison 1987 abgezeichnet. Im Spätsommer ist die Trennung endgültig. Danach erzwingt Alain Prost in Estoril mit dem „TAG Turbo made by Porsche" noch den Weltrekordtriumph: seinen 28. Grand-Prix-Sieg, mit dem er Jackie Stewarts Ewigkeitsrekord (27 Siege) übertrifft.
Prost in Portugal: „Bin ich glücklich, daß ich den Weltrekord noch mit den Deutschen geschafft habe! Jetzt will ich gar nicht mehr über meine WM-Titelchancen nachdenken, sondern mich nur noch freuen, die ganze Nacht, die ganze Woche."
Für Prost der Weltrekord, für Porsche ein Jubiläum: der 25., leider auch letzte Grand-Prix-Sieg des erfolgreichsten deutschen Rennmotors, seit um die Formel-I-Weltmeisterschaft gefahren wird. Der im Turbo-Zeitalter die absoluten Maßstäbe gesetzt hat und nicht nur durch seine Siegesserie, sondern fast mehr noch durch seine Haltbarkeit verblüffte. Besser als Porsche hat im High-Tech-Krieg der Formel I keiner das Zeitproblem gelöst.

Vier Tage vor dem Formel-I-Saisonfinale in Adelaide lädt McLaren-Direktor Ron Dennis die Porsche-Crew zum Abendessen ein: „Projektbegleiter" Ing. Ralf Hahn, den für die Datenerfassung zuständigen Ing. Wolfgang Steck, Werkstatt-Gruppenmeister Gerhard Küchle und Mechaniker Lothar Feucht.
„Mr. McLaren" in seiner Tischrede: „Ich danke euch für die Zusammenarbeit, die mit drei WM-Titeln kaum erfolgreicher hätte sein können. Aber es gab auf beiden Seiten Gründe, die Zusammenarbeit zu beenden."

Leichenschmaus, Schwanengesang, ein kurzes Wort zum langen Abschied – oder Requiem für einen Sechszylinder-Turbo?
Was Prost und Johansson im 68. und letzten Porsche-Rennen stoppt, sind Bremsdefekte. Mit dem berühmten rostigen Nagel im Herzen und etwas Wehmut verabschiedet sich die Porsche-Crew von Grand-Prix-Zirkus.
Porsche-Ingenieur Ralf Hahn tut das Aufhören weh, „weil ich überzeugt bin: Wir wären auch 1988 vorn mitgefahren." Und wieviel PS wären nach der neuen 2,5 bar/150-Liter-Regel denkbar gewesen? „Gute 650 PS – also mehr, als man von den neuen Saugmotoren erwarten darf."
Die grüne Lampe, die unter 3500/min die Porsche-Piloten an die geänderte Übersetzung der Lichtmaschine erinnerte, seit Prost in Zeltweg der Motor abstarb, ist verloschen: Im Grand-Prix-Zirkus, der faszinierendsten Arena höchster Rennsporttechnik, ist ein Licht ausgegangen. Die TAG-Turbomotoren „made by Porsche" wandern ins Museum. Vielleicht kehren sie – wegen ihres sensationellen Leistungsgewichts – als Hubschraubermotoren wieder. Glaubt man anfangs, aber das bleibt Illusion.
Und überhaupt: *„They never come back"* gilt längst nicht mehr. Seit James Bonds Comeback heißt es: Sag niemals nie, auch wenn das neue Motto lautet: Porsche à la CART.

„Es wäre gescheiter gewesen, weiterzumachen", sagen heute viele – auf beiden Seiten. „Aber hinterher ist man immer klüger ..."
Die 150 TAG-Turbomotoren stehen, eingemottet, bei McLaren. Ein Plan, Helikoptermotoren daraus zu machen, ist geplatzt. McLaren hat die Motoren nie verkauft.

„Scharf wie ein Wachhund"

Was McLaren und Porsche vorexerziert haben, wollen Arrows-Boß Jack Oliver und Porsche 1991 wiederholen. Leider mit untauglichen Mitteln. Die Idee: Der japanische Multimillionär Ohashi zahlt, damit Porsche exklusiv für Arrows „den besten Motor der Welt" entwickelt, für 25 Millionen Dollar.
Außerdem zahlt Ohashi 35 Millionen Pfund an Arrows. Und Jacky Oliver erinnert sich heute: „1991 ist das Jahr, in dem ich das meiste Geld hatte. Leider auch den geringsten Erfolg: ganz am Schwanz der Konstrukteur-Rangliste, an letzter Stelle."
Eine traurige Story, die wie ein Märchen begonnen hat. „Deutsche Menschen und große deutsche Firmen", blickt Oliver heute in den Rückspiegel, „können auch sehr arrogant sein." Engländer auch, lieber Jacky.
Eine absolute Katastrophe, diese Partnerschaft zwischen Oliver und dem sehr feinen Ohashi, dem Besitzer von Footwork und Porsche – abgesehen davon, daß die technischen Leistungen von Porsche absolut nicht genügend sind und die technischen Leistungen von Arrows auch nicht.
Max Welti kommt dazu, „als das Fahrzeug mit Porsche-Motor bereits in seine rennvorbereitende Testphase geht. Da kann man an keiner Stellschraube mehr drehen, das ist alles schon definiert."
Aber wie?
Es kriselt schon bei den ersten Verhandlungen und technischen Meetings. Während McLaren-Konstrukteur John Barnard mit millimetergenauen Vorgaben zu Porsche gekommen ist, welchen Motor er braucht, sagt Porsche jetzt: „Laßt uns das machen – wir können das schon."
In Wirklichkeit, kritisiert Oliver heute, haben sie nur zwei 6-Zylinder-Motoren zu einem 12-Zylinder zusammengebaut.
„Aber zum Glück hat mir Ron Dennis einen heißen Tip gegeben: Bau genaue technische Klauseln und Performance-Bedingungen in den Vertrag ein!" Was später wichtig wird, als nicht mehr die Fahrer Gas geben, sondern nur noch die Anwälte.
John Barnard hat den Deutschen seinerzeit jahrelang Zeit gegeben, den perfekten Motor zu bauen. Jetzt, mit Arrows, wird das Saugmotor-Projekt im Eiltempo durchgepeitscht – und kommt trotzdem nur schleppend in Gang.
Ich erinnere mich: Im Winter 1990/91 flieg' ich zweimal nach England, um die Geburt des neuen Wunderautos mitzuerleben. Gebaut von Alan Jenkins, mit charakteristischem Flügel.
Alles verzögert sich, nichts paßt.
Der Motor zum Beispiel. Oliver: „Ich hör', der Ferrrari-Motor wiegt 132 Kilo – könnt ihr 130 Kilo schaffen?" Kein Problem. „Und Ferrari dreht angeblich

schon 15.000 U/min – auch für euch machbar?" Natürlich, eine Spielerei für Porsche.

Als der erste Motor nach Milton Keynes geliefert wird, trifft Oliver – sagt er – fast der Schlag: 213 Kilo! Im Vertrag stehen 150 . . . Und der Motor ist, schimpft Oliver, weder stark noch zuverlässig. Das Chassis aber auch nicht.

Porsche kritisiert das Arrows-Auto und verlangt: „Dann müßt ihr eben den Vorjahreswagen einsetzen!" Oliver tut, als wäre er einverstanden, fügt dem korrigierten Vertrag nur eine Zusatzklausel bei: „. . . außer, wir werden daran gehindert."

Weil er genau weiß: Der Vorjahres-Arrows von 1990 hat klarerweise nicht den von der FIA verlangten Crash-Test absolviert.

Und zeigt Porsche darum voll Bedauern den Brief, den ihm die Technische Kommission der FIA als Antwortschreiben geschickt hat – mit abschlägigem Bescheid: „Sorry, meine Herren, aber ihr seht, ich darf nicht . . ."

Eine Geschichte, nur lösbar nach dem Sprichwort „Lieber ein Ende mit Schrecken, als ein Schrecken ohne Ende". Deshalb reist Max Welti nach dem Grand Prix von Mexico frühzeitig ab, direkt nach Stuttgart, und schlägt dem Vorstand vor, „sich sofort vorläufig aus der Formel I zurückzuziehen, weil sonst der Schaden mit Sicherheit zu groß würde".

Es hat ja so schon genug gekostet, bestätigt Welti: „So ein Programm einzuleiten und die technischen und administrativen Vorbereitungen – das kostet immer viel Geld."

Nach dem siebenten Rennen – in Mexico City – hat auch Oliver genug, baut den erprobten Cosworth-Motor in ein Auto und läßt Michele Alboreto, den alten Haudegen und Vizeweltmeister auf Ferrari, die beiden Autos gegeneinander testen. Aber das kann man ja steuern . . .

Ergebnis: Der Cosworth-Arrows ist um 1,5 Sekunden schneller!

Womit die Entscheidung gefallen ist: Alboreto und Caffi fahren die zweite Saisonhälfte mit dem Cosworth-Motor.

„Das könnt ihr nicht, dürft ihr nicht!" poltern die Porsche-Chefs. „Das ganze Porsche-Prestige steht auf dem Spiel."

Worauf Oliver droht: „Gut, dann trommle ich beim letzten Europarennen in Jerez die Weltpresse zusammen, sag' ihnen die ganze Wahrheit und leg' euren Motor öffentlich auf die Waage. Von mir aus euren leichtesten – der hat immer noch 192 Kilo."

Porsche ist entsetzt und stimmt der Cosworth-Idee zu. Aber was sich hinter den Kulissen abspielt, bleibt lang ein Geheimnis.

Vorstandsvorsitzender Arno Bohn und Max Welti, sein Rennleiter, fliegen gemeinsam nach Osaka, um heimlich den Arrows-Besitzer Ohashi aufzusuchen. Und überfallen den Japaner mit einem sensationellen Geisterprojekt: Ohashi soll sein ganzes Geld von Arrows abziehen und samt Motor zum neugegründeten Formel-I-Team von Jordan überlaufen.

Eine Todsünde in der Formel I? Schon McLaren hat TAG seinerzeit Williams abspenstig gemacht, und keiner hat sich aufgeregt.
Ohashi hört sich alles in Ruhe an, dann greift er zum Telefon und ruft Oliver in England an: „Hast du am Donnerstag Zeit zum Abendessen? Gut – 20 Uhr beim Chinesen in Victoria."
Und dort die Frage: „Willst du die unglaublichste Story vor oder nach dem Essen hören?" Oliver will sofort. Ohashi erzählt vom geheimen Besuch – und Oliver wird blaß.
Aber der Japaner weiß schon, was als nächstes zu tun ist: „Du rufst einfach Mister Bohn an und sagst ihm in meinem Namen ab."
Noch nie hat Oliver so vergnüglich zum Telefon gegriffen wie damals im Sommer 1991, als er Stuttgart wählt und Herrn Bohn verlangt.
„Herr Bohn, ich ruf' Sie an im Auftrag von Mister Ohashi. Er läßt Ihnen sagen: Nochmals vielen Dank für ihren freundlichen Besuch in Osaka. Ihre Idee mit Jordan findet er zwar sehr interessant – aber er macht es nicht!" Die Schrecksekunde in Stuttgart ist total, erinnert sich Oliver.
Zum nächsten Meeting Ohashi – Arrows – Porsche kommen nur noch die Anwälte: „Zehn auf jeder Seite. Und sie haben sich nur noch angeschrien."
Ohashi bekommt seine 25 Millionen Dollar von Porsche auf Mark und Pfennig zurückgezahlt. „Ein Fehler von dir", rügt ihn Oliver, „du hättest das Doppelte verlangen müssen!"
Ohashi lächelt unergründlich: „Jacky, ich hab' zu Hause in Osaka ein paar Terrier im Garten. Du bist genauso scharf wie meine Hunde..."
Und wie geht es Porsche?
Nicht gut damals. Und der erste prominente Kopf, der fällt, ist der Kopf des damaligen Entwicklungsvorstands Dr. Ulrich Bez. Der erste, der gehen muß – ob da die F I die Hauptursache ist oder nur noch das Pünktchen auf dem i, weiß man nicht.
Und der zweite, der gehen muß, wobei die F I mit Sicherheit nur eine zweitrangige Rolle gespielt hat, ist der Vorstandsvorsitzende Arno Bohn.
Oliver hat sein Team 1991 an Ohashi zwar verkauft, aber längst von ihm zurückgekauft. „So stand's im Vertrag. Alles ehrlich und korrekt. So trickreich, wie man Briatore, Dennis und uns allen immer vorwirft, sind wir gar nicht."
In seinem geschäftlich besten Jahr – 1991 – hat Oliver einen Umsatz von 35 Millionen Pfund. „Und bin Letzter der Konstrukteurwertung. Du siehst: Geld und Erfolg gehen in der Formel I nie parallel. Erinnere dich an Lotus 1978: Mit Andretti/Peterson 1978 die erfolgreichste Formen-I-Saison aller Zeiten – und im Winter verlieren sie ihren Sponsor John Players ..."
Dabei hätte Max Welti, der Porsche-Rennleiter, eine goldene Idee: „Warum kauft sich Porsche nicht mit 25 Prozent bei der englischen Rennwagenschmiede Ilmor ein und läßt den Formel-I-Motor dort weiterentwickeln?"
Leider abgelehnt. Aber vier Jahre später tut Mercedes mit dem McLaren-Motor

haargenau das gleiche. Und 1996 verkauft Oliver sein Arrows-Team zum zweiten Mal: an Tom Walkinshaw, 1994 noch technischer Direktor bei Benetton, dann Ligier-Chef.

Von allen englischen „Racing people" ist Frank Williams wahrscheinlich der größte Deutschland-Fan: „Ich lese alles über Mercedes und Auto-Union, kenn' viele Filme." Wen er am meisten bewundert? „Caracciola war für mich immer etwas Besonderes."
Am Nürburgring freut sich Williams nicht nur auf seine geliebte Ochsenschwanzsuppe (die er sogar deutsch ausspricht), sondern auch auf die „unvergleichliche Atmosphäre".
Und warum hat er – als einziges Spitzenteam außer Ferrari – nie einen deutschen Formel-I-Motor?
„Anfang der achtziger Jahre rede ich mit BMW über einen Motor, aber BMW verlangt wahnsinnig viel Geld – die Turbos sind auch ein extrem teures Busineß. Gleichzeitig wird die Honda-Möglichkeit für mich realistisch. Und als Porsche möglich ist, sind wir Honda fest verpflichtet. Du siehst, wir sind nie wirklich nahe dran. Und dann gibt es keine deutschen Motoren mehr – bis Mercedes zurückkehrt."
Faszinierende Visionen: ein Williams-BMW oder Williams-Porsche – wie hätte sich die Formel-I-WM wohl entwickelt?

Verraten wir jetzt die größte deutsche Formel-I-Sensation: 1992/93 baut Audi – unter strengster Geheimhaltung – bereits einen Formel-I-Motor für McLaren!
Die Konkurrenz wittert Verdacht und kommt drauf, weil manche Teile, etwa Kolben oder Pleuel, beim gleichen Zulieferer diskret in Auftrag gegeben werden. So läuft der geheime Info-Fluß in der Formel I.
Der Motor wird auch gebaut, aber gesehen hat ihn niemand.
Bleibt die Frage: Warum platzt das Sensationsprojekt? Wer gibt das Kommando zum Rückzug?
McLaren, weil man schon die ersten heimlichen Netze zu Mercedes 1 knüpft? Oder Ferdinand Piech, ehe er von Audi als Chef zu VW wechselt?
Abstreiten kann heute niemand mehr, daß McLaren damals intensiv mit Audi verhandelt hat: daß Audi als Motorenlieferant einsteigt.
Warum wirklich das Sensationsprojekt platzt?
Wahrscheinlich, weil im Endeffekt die Lopez-Geschichten dazwischenkommen und Piech nicht ein drittes Feuer anzünden will.
Im nachhinein sagt man vielleicht bei Audi: Gott sei Dank, denn hätte uns McLaren so über den Tisch gezogen wie Mercedes, das wäre ein Problem geworden!
Denn eines ist klar: Eine Firma wie Renault kann in der Formel I nur an Prestige gewinnen. Aber kann es sich Mercedes leisten, gegen Renault zu verlieren?

Jedenfalls hört man später von Piechs Audi-Nachfolger die Worte: „Heute darf es sich kein deutsches Automobilwerk mehr leisten, über die Formel I NICHT nachzudenken..."

Daß im Konzern ab und zu über die Formel I diskutiert wird, ist klar, aber Audi in der Formel I ist derzeit nicht ganz realistisch. Weil immer deutlicher wird, daß man als Motorlieferant allein nicht mehr bestehen kann.

Man muß ein Team haben, das bestimmt, wie der Motor aussehen muß – das hat die Erfolgsehe McLaren–Porsche gezeigt.

Aber heute zu suggerieren: „Wir bauen einen Motor und verkaufen ihn", ist völlig unmöglich. Auch einen Porsche-Motor würde man nicht von der Stange kaufen. Porsche müßte mit einem Team eng verbunden sein, das dezidiert erklärt, wie der Motor ausschauen muß – anders geht das nicht mehr.

Deswegen verstehen manche nicht ganz, warum eigentlich Mercedes nicht gleich McLaren gekauft hat.

Und die anderen Deutschen?

Momentan ist der Zug an BMW vorbeigefahren. Mit dem Stand von seinerzeit kann man nichts anfangen, müßte bei Null beginnen.

Sicher machen BMW und Porsche alle zwei, drei Jahre Machbarkeitsmodelle. Aber für BMW ist die Formel I derzeit kein Thema und von der Entscheidungsfindung für einen Konzern auch sehr schwierig. Oder ist im 22. Stock schon wieder etwas im Busch?

Jochen Rindt, der erste deutschsprachige Weltmeister, hatte einen deutschen Paß, aber österreichische Lizenz. Niki Lauda ist ohnehin Mr. International. „Aber daß der deutsche GP vom Nürburg- zum Hockenheimring verlegt wird, war schon beschlossen, hat also mit meinem Unfall nichts zu tun."

Deutsche Fremdenlegionäre in englischen Autos: Rolf Stommelen mit dem Hill-Ford von Damons Vater Graham (*oben*). Stefan Bellof mit dem Tyrrell, Jochen Mass mit dem McLaren, alle drei mit Ford-Motoren

Günter Schmid mit ATS und Rial, Erich Zakowski (mit Bernd Schneider) hüteten in Deutschland das Flämmchen Formel I. Mit dem neuen Nürburgring (Luftaufnahme) begann die moderne Zeit.

Nelson Piquet wurde 1983 mit BMW-Power der erste Turbo-Weltmeister der Geschichte:

Fight mit Keke Rosberg, Siegerjubel in Le Castellet.

Der erste Turbo-Weltmeister: Nelson Piquet mit dem Brabham-BMW, angetrieben von Raketentreibstoff nach einer geheimen alten Formel: Der Motor, schon an Talbot verkauft, wurde von Dieter Stappert für BMW gerettet.

Der zweite Turbo-Weltmeister: Niki Lauda mit dem McLaren-TAG-Porsche nach Foto-Finish gegen Teamkollegen Alain Prost 1984 in Estoril. Aber Alain holte seine Titel noch nach.

„Wenn Mercedes nicht bald zurückkommt, kriegt die Formel I noch Schlitzaugen." Der Sportwagen war noch silber lackiert, der Formel-I-Silberpfeil ist rot-weiß lackiert. *Links:* Schumacher mit Hakkinen, *unten:* Prost bei McLaren-Mercedes als „fahrender Ingenieur, dritter Pilot" oder bald Teamchef?

Elefanten-Hochzeit

Als Alfred Neubauer 1955 in Pension geht, wird Karl Kling sein Nachfolger als Rennleiter, kann aber nur ein Schmalspurprogramm koordinieren: Eugen Böhringer gewinnt mit dem 300-SE-Schwalbenflügelauto die Fernfahrt Lüttich–Rom–Lüttich, die Rallye Monte Carlo und die Tourenwagen-Europameisterschaft.
Der Dreizack leuchtet nur ganz gedimmt, das Programm brennt auf Sparflamme. 1979 etwas mehr angeheizt von Rennleiter Waxenberger, in der Hauptabteilung für Technik verantwortlich für den Motorsport, das heißt Rallye und Tourenwagen, in Zusammenarbeit mit Snobeck.
Aber Konstellationen und Ereignisse signalisieren bald ein Comeback der Silberpfeile. Vielleicht sogar Annäherung zu Porsche, technisch wie finanziell, 1988 gemeinsame Teststrecke. Und mit Jochen Neerpasch wird bis Sommer 1988 ein Konzept ausgearbeitet.
Zuerst für die Langstrecken-WM. Weltpremiere des Sauber-Mercedes C 9 in Jerez, in Spanien. Ein 5-Liter-V-8-Motor, zwei Turbolader, im Rennen 700 PS bei 7000 U/min, im Training 800 PS und im Cockpit noch ein Knopf für mehr Ladedruck.
Ein internationales Fahrerteam: Jean-Louis Schlesser (Frankreich), Mauro Baldi (Italien) und der Deutsche Jochen Mass.
Man geht also haargenau den gleichen Weg wie schon beim ersten großen Comeback 1952: zuerst in die Langstreckenrennen, damals Carrera Panamericana, Mille Miglia etc., heute Jerez, Jarama, Monza, Silverstone – und auch wieder Le Mans.
Offiziell unterstützt Mercedes ein Team, mit dem man schon früher zusammengearbeitet hat – nur jetzt wesentlich intensiver: Peter Sauber.
In den Boxen: Motor- und Getriebespezialisten von Mercedes. Boxenstrategie wie zu Alfred Neubauers Zeiten. Das Duell des Jahres: Mercedes gegen Jaguar – wie schon 1955.
Aber im Sauber-Team arbeiten 18 Mann, für „Major Tom" Walkinshaw, den militärisch strengen Oberbefehlshaber der Jaguar-Streitkräfte, 450.
Trotzdem gewinnt der jetzt dunkellackierte Silberpfeil gleich sein erstes Rennen mit 25 Sekunden Vorsprung. Alle drei Piloten sind happy, „und am meisten für Mercedes".
Genau 33 Jahre, nachdem der berühmte Juan Manuel Fangio mit Polohemd und einem ähnlichen Sturzhelm Weltmeister geworden war, 1955, bekennt sich Mercedes also wieder zum großen Motorsport, leuchtet der Dreizack wieder auf den berühmtesten Rennstrecken der Welt. Aber alle warten auf das große Comeback in der Formel I, die Rückkehr der Silberpfeile.

Jürgen Hubbert vertraut mir 1988 an: „Was sich für mich im Moment abzeichnet, ist: daß die Formel I das stabilste Reglement hat, die größte Öffentlichkeitswirkung, so daß in einer Überlegung: Wo geht das Haus hin? natürlich auch die Formel I hineinspielen muß."
Wann frühestens, Herr Hubbert? 1990 oder 1991?
„Sie kennen die Situation relativ sehr genau. Wenn man davon ausgeht, daß neue Motoren zu entwickeln sind mit dem 3,5-Liter-Sauger, auch Fahrwerkentwicklungen stattfinden müssen, kann man davon ausgehen, daß, wenn es im Lauf des Jahres 1988 zu einer Entscheidung käme, vor 1990/91 sicher kein Renneinsatz möglich ist."
Können Sie sich schon Ihr Fahrerteam vorstellen? Senna oder Prost, also der Beste der Welt, plus den schnellsten Deutschsprachigen – wie schon 1954 mit Fangio und Kling? Oder Lauda als Berater, Berger als Fahrer?
„Ich kann mir vieles vorstellen, weil eines klar ist: Wenn wir antreten, dann nur mit dem bestmöglichen Team, das es gibt. Das gilt auf der Entwicklungs- und Konstruktionsseite und auf der Fahrerseite. Und je nachdem, wer greifbar ist, werden wir uns das sehr sorgfältig überlegen. Die genannten Persönlichkeiten genießen in diesem Geschäft eine hohe Reputation – und das werden wir sicher zu gegebener Zeit berücksichtigen."
Überlegt haben Sie es sich schon?
„Wir haben uns viele Dinge überlegt ..."
Es geistern ja auch schon Summen – 850 Millionen Mark für fünf Jahre?
„Diese Summe geistert, das ist richtig, aber sie hat nichts, wie ich meine, mit der Realität zu tun. Sondern wir werden uns sehr sorgfältig überlegen, was es bedeutet, mit einem solchen Aufwand in der Formel I tätig zu sein."
Bernie Ecclestone sagte mir schon öfter: „Das wäre das Beste, das der Formel I passieren könnte: die Rückkehr der Silberpfeile."
„Wir werden uns bemühen. Aber nicht wegen Herrn Ecclestone, sondern wegen der Hoffnung, daß es auch für das Haus das Beste ist ..."
Mit oder ohne großem Erfolgszwang?
„Würde ich anders formulieren", sagt mir Jürgen Hubbert 1988 in einem Fernseh-Exklusivinterview. „Man kann heute nicht antreten mit dem Ziel, siegen zu MÜSSEN. Das kann keiner. Auf der anderen Seite müssen wir vorne mitspielen, und wenn Silberpfeile auf der Strecke sind, könnten sie langfristig nicht der Konkurrenz in den Auspuff schauen – sondern sie müßten auch zuerst andere in den Auspuff schauen lassen."
Soweit Jürgen Hubbert, exklusiv im Sommer 1988. Aber wann immer ich in „auto, motor und sport" sanfte Andeutungen übers Mercedes-Comeback in der Formel I schreibe, streicht sie der damalige Sportchef weg: „Du irrst dich, Mercedes geht nie in die Formel I."
Sein Name: Norbert Haug, heute Rennleiter und Sportchef bei Mercedes in der Formel I. Aber wahrscheinlich hatte er damals den direkteren Draht zu

Alfred Neubauer im Himmel. „Ich hab' mit ihm das letzte Interview gemacht ..."
Hinter dem Mercedes-Formel-I-Projekt stehen Niefer und Hubbert. Die beiden Herren bereiten alles vor, wie seinerzeit bei BMW kann der Vorstand nur ja sagen. Aber der Vorstand sagt nein.
Ende 1991 wird das Projekt im Vorstand abgeschmettert. Daimler-Chef Edzard Reuter sagt nein – wegen der hohen Kosten.
Offiziell, „weil die Formel I zwar gut ist, aber wir sind auf anderen Gebieten gefordert, müssen andere Aufgaben lösen".
Worauf Harvey Postlethwaite in Hinwill den schon halbfertigen Formel-I-Wagen stehenläßt und zu Ferrari zurückkehrt – später zu Tyrrell. „Schade", gesteht er mir, „ich hätte so gern den neuen Silberpfeil gebaut."

Der spätere Formel-I-Einstieg erfolgt auf ganz anderer finanzieller Basis: nicht mehr als kompletter Rennwagenhersteller, sondern als Motorpartner.
Zunächst wieder weiter mit Sauber: das berühmte „Concept by Mercedes". Finanziell heißt das: Mercedes zahlt Sauber weiter das Gruppe-C-Budget und natürlich die Motoren. 50 Millionen Mark: Dafür kann man schon Williams oder McLaren kriegen.
Für 1994 gilt die Vereinbarung: Sauber kümmert sich selber um Sponsoren, aber sämtliche Aktionen mit Lighthouse, Brokker, Havard erweisen sich als *monkey business,* totale Luftgeschäfte.
Wendlinger stürzt in Monte Carlo ins Koma, Frentzen zeigt unerhört viel Charakter, als er am gleichen Wochenende ein Williams-Angebot ablehnt: „Ich kann in dieser Situation mein Team nicht verlassen." Ob ihm das je gedankt wird?
Aber auch Mercedes hat Herz, deckt die vollen (ausgebliebenen) Sponsorgelder: 50 Millionen plus 20 Millionen für die Motoren = 70 Millionen Mark!
„Das Jahr 1994 mit Sauber kostet uns mehr als eine Saison mit McLaren heute", rechnet man in Untertürkheim.
Darum die Gretchenfrage an Sauber schon im Herbst 1994. „Habt ihr Sponsoren für 1995?" Nein. Damit ist die Zusammenarbeit beendet. Es steigt die Elefantenhochzeit Mercedes/McLaren – *„Join the best!"*
„Ich mach' Geschichte, und ihr schreibt bloß darüber", kanzelt Ron Dennis die internationale Reporterrunde ab. Sein Ruf als „Englands bester Manager" (so ein Cover) bröckelt bald ab. Und bald hört er von Mercedes schärfere Töne: „Wir sind Niederlagen nicht gewohnt." Oder: „Über einen 5. Platz können wir nicht glücklich sein."

Was kostet Mercedes heute der Rennsport? Das große Geheimnis im Grand-Prix-Zirkus. Darf ich es lüften? Weniger als 200 Millionen Mark für die Formel I, Indy-Cars und Tourenwagen!

Die Hälfte der ITC-Einsatzgelder kommt von Sponsoren – weil das TV so fleißig überträgt.

Knapp 200 Millionen Mark: Das ist soviel, wie Mercedes 1990 für Tourenwagen und Gruppe C ausgegeben hat – oder soviel, wie Ferrari heute allein in der Formel I pro Jahr verfeuert.

Pro Saison baut Mario Illien 60–80 Formel-I-Motoren und nochmals genau soviel Triebwerke für die Indy-Teams!

Der Mann, der die Mercedes-Motoren für die jetzt rot-weiß lackierten Silberpfeile baut, ist ein Schweizer: Mario Illien aus Chur. Also der Uhlenhaut der neunziger Jahre, der am Nürburgring nur wenige Sekunden langsamer fuhr als Fangio – unglaublich. Und später Weltumsegler wurde.

„So schnell wäre ich nie", weiß Illien. „Weil ich mir zu viel überlegen würde. Ich wollte auch nie Rennfahrer werden." Aber immer schon Motorenkonstrukteur.

Wie Bernie Ecclestone, bereits als Volksschüler (erzählt er mir selber) mit Kugelschreibern und Fahrradpumpen handelte, zerlegte Mario schon als Zehnjähriger seine ersten Motoren. „Ich hab' an irgendeinem Einzylinder-Kleinmotor herumgebastelt."

Wie für Porsche-Ingenieur Hans Mezger, ist auch für Illien das Motorgeräusch die schönste Musik: „Für mich sind Rennmotoren ähnlich wie Beethoven. Aber ich mag auch Freddie Mercury und Queen – die waren für mich die Größten."

Ein Motor namens Beethoven. Und ein Vorbild namens Keith Duckworth, der zusammen mit Mike Costin zu „Cosworth" wurde. „Ich hatte das Glück, mit ihm zu arbeiten, und ihn sehr bewundert." Später ging Mario nach Amerika, stieg bei Penske ins Indy-Car-Busineß ein.

Es gibt auch andere Kontakte: Porsche, BMW, „aber das ist schon länger her". Mario Illien – ein Schweizer als Teil der großen deutschen Motorsportgeschichte?

„Mercedes hat natürlich eine riesige Tradition. Also müssen wir alles versuchen, da anzuschließen. Sehr wichtig für uns alle, eine siegfähige Auto-Motor-Kombination zu haben."

An Mario und Mercedes liegt es nicht. Auch nicht an exotischen Materialen: „Wir haben zum großen Teil konventionelle Materialien, die am Markt erhältlich sind."

Und weil Illien einen speziellen 3-Liter-Motor macht, also nicht einen 3,5 auf 3 Liter adaptiert, wird der neue V-10 relativ klein, also kurz, kompakt und leicht: „Etwa 120 kg, inklusive sämtlicher Kabelbäume, Einspritzung, Luftfilter. Alles, was im Motor ist, wenn er ins Auto eingebaut wird."

Ist es für dich ein perfekter Motor?

„Der Motor ist nie perfekt. Man ist dauernd daran, zu verbessern, und hat neue Ideen, also, das ist nicht wie ein Werk, das fertig ist."

Für dich ein Kunstwerk, wie ein Maler ein Bild malt?
„Nein, sicher sollte ein Motor gewisse Ästhetik haben, Harmonie zeigen, aber als Kunst würde ich das nicht bezeichnen."
Was ist es dann für dich, ein Motor?
„Für mich eine Herausforderung und eine Leidenschaft. Deshalb natürlich wichtig, daß man sich mit den anderen messen kann und versucht, besser zu sein."
Hast du einen Motor im Kopf, bevor du ihn wirklich baust, mit jeder Schraube – oder entwickelt er sich am Computer?
„Nein, grundsätzlich weiß ich, bevor ich anfange, genau, wie der Motor aussehen wird. Wichtig: Wenn man eine gewisse Harmonie reinkriegen will, muß man erst mal das Gesamtbild sehen, bevor man anfängt."
Was ist früher, Auto oder Motor?
„Der Motor."
Also kann McLaren seinen Wagen um deinen Motor herum bauen?
„Ja und nein, McLaren hat bestimmte Vorstellungen von der Aerodynamik her, was dann auch den Motor etwas beeinflußt hat: daß wir die Antriebe für die Pumpen und die Pumpenposition so richten, daß von der Aerodynamik her mehr Spielraum ist – da ist sicher eine Beeinflussung von McLaren da."
Stillstand heißt Rückschritt, in der Formel I ganz besonders. Aber 1995 treibt Mercedes die Motorenentwicklung noch schneller voran als alle anderen.
Mario Illien: „Unsere Zielsetzung mit McLaren ist von Anfang an: für jedes Rennen eine kleine Verbesserung, im Detail auch manchmal eine größere Veränderung. Das ziehen wir durch!"
50 Minuten lang läuft jeder Mercedes-Motor auf dem Prüfstand. Mit modifiziertem Motor fährt man normal im Test Renndistanzen, aber dazu ist nicht immer Zeit – am wenigsten vor Hockenheim.
„Wir haben uns natürlich entschlossen, sehr schnell zu entwickeln und auch Entwicklungsstufen auf den Rennplatz zu bringen, bevor sie in dem Maß erprobt sind, wie man es an sich machen sollte. Aber das hat mitgeholfen, daß wir viel schneller den Anschluß zu den anderen Motorenherstellern bekamen – ein bewußtes Risiko. Wir müssen dafür mit gewissen Ausfällen bezahlen."
Bist du mit den Gedanken beim Fahrer draußen auf der Strecke? Mit dem Motor mehr verbunden als mit dem Fahrer? Fährst du im Geist mit ihm die Runden mit, ah, jetzt schaltet er, jetzt ist es kritisch?
„Eigentlich nicht. Ein Motor muß jeden Fahrstil eines Fahrers aushalten können, da mache ich mir keine großen Sorgen. Ein Motor muß so sein, daß er auch mißhandelt werden kann, und wenn man da Schwachstellen findet, muß man sie ausmerzen. Das ist kein Thema, daß man dann mitlebt. Gut, für mich ist der Motor Musik. Ich höre natürlich, wo geschaltet wird, wie geschaltet oder wie das Gas angenommen wird – daran bin ich natürlich interessiert. Aber was jetzt der Fahrer im Detail macht, das muß der Motor aushalten."
Wie sehr trifft dich ein Motorschaden als körperlicher Schmerz?

„Es ist immer ein Schmerz. Wenn eine Schwachstelle aufgedeckt würde, ist das immer ein Stich, aber andersherum natürlich wieder eine Aufforderung, weiterzumachen und zu verbessern."

Relativ am lustigsten – aber nur für Außenstehende – ist der Computer-Crash in Buenos Aires. Ein Motor wird in der McLaren-Garage aufgewärmt, als plötzlich der Computer abstürzt und die Drehzahl auf 19.000 hochschnellt. „Er hält immer noch, aber sicherheitshalber bauen wir den Motor aus: wirklich nichts Wesentliches kaputtgegangen."
Die beste Geisterstory über Motoren, seit ein japanischer Honda-Mechaniker einmal mitten in der Nacht in der Silverstone-Garage einen Rennmotor anstartete, um ihn seiner Freundin akustisch zu präsentieren – woraufhin sofort die Anfrage aus Japan kam: „Wieso läuft jetzt unser Motor – mitten in der Nacht?"
Die Wunder der Technik, Elektronik, Telemetrie und Spionage.

Wem gehört McLaren? Mansour Ojjeh besitzt 60, Ron Dennis 40 Prozent der ganzen TAG-McLaren-Group. Dazu gehören: McLaren International, McLaren Cars, TAG-Elektronik und TAG-Marketing.
Offiziell sagt Mercedes gern: „Wir fahren schneller als Ferrari, wozu sollten wir uns verstecken?" Tatsächlich fährt man auffallend lang dem Erfolg hinterher. Trotz aller großen Prophezeiungen? „Da haben ein paar Leute den Mund zu voll genommen . . .", weiß man heute.
Seit Jahren wechselt McLaren die Motoren jedes Jahr. Honda, Ford, Peugeot, Mercedes V-10. Jedes Jahr neue Motoren, stets zu Saisonbeginn das Problem. „Du startest den Motor und weißt nicht, ob er anspringt – das verzögert die Autoentwicklung, und ein Jahr später fängst du wieder bei Null an.
Nicht so 1996: Die Chassisleute kennen den Motor, seine Maße, sein Gewicht, die ganze Technik. Und McLaren kann sofort weitertesten – zum erstenmal seit 1991 mit unverändertem Autokonzept", freut sich Mika Hakkinen in Adelaide.
Tags darauf stürzt die Welt für ihn ein – der Finne hat schon einen Fuß im Himmel.
Prof. Sid Watkins erkennt zum Glück sofort, daß Hakkinen Blut in der Nase, in den Ohren und im Rachen hat – akute Erstickungsgefahr. Deshalb der sofortige Luftröhrenschnitt.
Weil das Wunder der Siege 1995 ausgeblieben ist, macht Ron Dennis aus dem Hakkinen-Unfall rasch ein Wunder der Genesung. „Er sitzt aufrecht im Bett, trinkt und redet", berichtet Dennis begeistert – und das einen Tag nach dem Koma?
Als ich Mikas Manager Didier Cotton drei Tage später frage: Wie hat Hakkinen aufs Rennergebnis reagiert? – totales Unverständnis: Er habe vom Rennen überhaupt nichts mitgekriegt, so schlecht geht es ihm.

McLaren läßt einen finnischen Reporter aus dem Hotel Hilton werfen, „weil er nur auf Hakkinen-Fotos wartet". Diese nervöse Hektik verunsichert alle.
Aber im Februar gibt ihm Prof. Watkins Trainingserlaubnis. Bald darauf sitzt Hakkinen zum erstenmal wieder im McLaren – und wundert sich: „Normal ist um mich herum immer Lärm und Wirbel. Diesmal überhaupt nicht. Es ist fast geisterhaft ruhig. Sogar die Mechaniker scheinen nervös, reden kein Wort. Alles ist stumm. Wie im Film, wenn der Ton ausfällt. Dann starte ich den Motor, fahr' langsam aus der Box hinaus – und spür' sofort: Genau das ist es, was ich tun will. Nie mehr wieder etwas anderes als Autorennen fahren" ist dem Finnen sofort klar.
Hakkinen verlüfft mit jedem Tag mehr. Am Ende der Estoril-Testfahrten ist er der Schnellste von allen!
Alain Prost hilft ihm dabei: als „fahrender Ingenieur" und „Entwicklungspilot" und „Reservefahrer" mit Superlizenz „für den Fall, daß ein Fahrer in der Badewanne ausrutscht und der andere sich beim Fischessen vergiftet", formuliert Ron Dennis. „Mehr steckt nicht dahinter."
„Wirklich nicht?" Gerade Alain hat immer behauptet: „Formel-I-Testen ohne Rennen zu fahren ist wie eine Ehe mit einer schönen Frau ohne Sex."
Jetzt klebt er an der Boxenmauer, mit Kopfhörern, im Formel-I-Zölibat. Aber die Wetten laufen schon: Wann wird Prost, der bei Renault keine Motoren für ein eigenes Team loseisen konnte, Teamchef bei McLaren-Mercedes?

An einem speziellen Gebäude der McLaren-Fabrik hängt der McLaren-Honda von Prost 1989 außen an der Wand. Drinnen schlägt ein deutsches Herz: der BMW-5-Motor im Luxussportwagen „McLaren F 1", einem High-Tech-Kunstwerk aus Carbonfiber, stark und sicher wie ein Grand-Prix-Wagen, fast teurer: 540.000 Pfund in der Straßenversion, 680.000 Pfund als GT-Rennwagen.
In der Rennversion wie 1995 in Le Mans – wo das Trio Lehto/Dalmas/Sekiya gewinnt: Der einzige McLaren-Sieg mitten in der größten Niederlagenserie des stolzen Ron Dennis – weit über 30 Grand-Prix-Rennen ohne Sieg!
Alles am „F 1" ist vom Feinsten. Gordon Murray, der Konstrukteur, bastelte allein fünf Tage an der richtigen Einstellung der Lautsprecher. Im „F 1" ist nichts gut genug. Falsch war nur der Zeitpunkt. „1994/95 ist für uns sehr, sehr hart – aber jetzt geht's aufwärts."
Über 50 Straßenautos sind verkauft – davon eines an den Ex-Beatle George Harrison. „Alle anderen VIP-Kunden wollen geheim bleiben."
Wie die zwei deutschen Generaldirektoren, die ihre „F 1" auf der Autobahn crashen – aber das passiert sogar Ron Dennis in Suzuka, als er Berger im „F 1" das Autofahren erklärt. Gerhard hat herzlich gelacht.

Ron Dennis ist der einzige Formel-I-Teamchef, der mit allen drei großen deutschen Motorherstellern – Porsche, BMW, Mercedes – zusammengearbeitet hat.

Was Probleme schaffen kann. Nur logisch die Frage an den McLaren-Chef, die drei Automobilgiganten miteinander zu vergleichen.

„Sie sind alle drei verschieden: andere Kultur, andere Ziele. Bei Porsche waren wir zahlende Kunden, und Porsche war der Motorhersteller – während unser Verhältnis zu Mercedes-Benz eine Partnerschaft ist. Für besser oder schlechter, für arm oder reich. Und diese Beziehung hält! Wir haben Schmerzen, haben Probleme, aber eins habe ich bei Mercedes schon gelernt: Das sind keine Schönwetterfreunde. Sie fühlen sich verpflichtet, sind extrem loyal unter Umständen, die für sie nicht leicht zu ertragen sind."

Waren Sie mit Porsche 1982 bis 1987 glücklicher oder unglücklicher?

Ron Dennis: „Alle Perioden meines Lebens, die mit Rennsiegen zusammenhängen, machen mich glücklich. Aber das ist lang her. Ich kram' nicht in der Vergangenheit, sondern blick' die meiste Zeit immer nur nach vorn."

Also gut – dann reden wir vom „McLaren F 1" mit dem BMW-Motor: Wie verkauft sich das Auto, was bringt der Le-Mans-Sieg?

Ron Dennis: „Ich diskutier' das Programm nicht im Detail. Es war erfolgreich, natürlich schon vor Jahren strukturiert, geplant und unterschrieben. BMW war ein guter, aufrichtiger Partner. Wir haben ein eher positives Verhältnis mit beiden Firmen. Wir wissen alle, was in diesem Dreieck vor sich geht. Das ist der Schlüssel zur ganzen Situation. Nichts, das innerhalb dieser Gruppe passiert, ist nicht auch den anderen bekannt – nur das macht es mir möglich, eine sehr schwierige Situation in der Balance zu halten. Aber jetzt steig' ich voll auf die Bremse: Weil jedes weitere Wort unpassend wäre."

Die Bayern von BMW sind natürlich anders als die Schwaben aus Stuttgart. Ist das auch eine andere Partnerschaft? Ich denk' nur an eure früheren lustigen Oktoberfeste auf der Wies'n?

Ron Dennis: „Nein, ich hab' alles gesagt, was ich sagen will und sagen kann!"

Und wie klang der Vertrag mit BMW: auch ein Geheimnis?

Ron Dennis: „Darüber sag' ich jetzt nichts mehr – darüber rede ich erst zur richtigen Zeit, irgendwann."

Dafür seid ihr jetzt im zweiten Jahr einer fünfjährigen, exklusiven Partnerschaft mit Mercedes. Enttäuscht wie so viele?

Ron Dennis: „Mehr als alles andere ist das eine gewaltige Herausforderung. Mercedes hat von allen Automobilfabriken in der Welt das meiste Prestige, das stärkste Image und ist natürlich ein fester, außergewöhnlich erfolgsgewohnter kommerzieller Partner. Sehr schwierig für eine so kleine Firma wie McLaren, diesen Vorgaben zu entsprechen, bei diesem Standard mitzuhalten. Die Challenge ist sogar noch größer, weil wir für 1996 das Fahrerteam verstärkten, die Teamkultur weiterentwickelten: noch sorgfältiger, behutsamer mit Mercedes in Stuttgart und Ilmor in England. 1995 war die schwierigste Saison, die McLaren je hatte. Aber daraus entwickelte sich viel Positives. Die menschlichen Beziehungen, das tiefe Verständnis zwischen den Chefs aller Firmen ist außergewöhn-

lich. Total unüblich, aber sehr fruchtbar für die Zukunft ist der persönliche Einsatz von Herrn Erner und Herrn Hubbert. Ihr Verständnis für die Probleme unserer Partnerschaft, warum die Ergebnisse nicht so sind, wie wir sie alle gewünscht hatten. Was steckt hinter diesen Rückschlägen? Mercedes-Benz hat kommerziell unvergleichlich viel PS. Jede Macht kann sehr konstruktiv oder sehr destruktiv eingesetzt werden. Aber wir alle spüren, das wird positiv. Und wenn wir alles hinkriegen, kommen auch die Resultate – und dann macht sich das Vertrauen in unser Team bezahlt."
Die Mercedes-Fans fragen nur: Warum dauert das alles schon so lang?
Ron Dennis: „Wegen meiner gefährlichen Annäherung. Ich setze meine Ziele immer sehr hoch, weiß ja selber, daß sie nur schwer zu erreichen sind. Aber wenn du das nicht tust, bremst du den Speed zum Erfolg. Die Leute verwenden dann Phrasen wie ‚Übergangsperiode' oder ‚Lernkurve' usw., um zu verschleiern, daß sie nicht konkurrenzfähig sind. Ich will jedes Rennen gewinnen, versteh' aber natürlich, wie schwierig es ist, ganz schnell Erfolg zu haben – aber das darf die Sehnsucht und Motivation nicht einbremsen. Der Nachteil dieser unrealistischen Einstellung: Enttäuschung, wenn es schiefgeht. Aber damit gewinnen wir früher Rennen als mit vorsichtiger, diplomatischer Annäherung. Aber ich nehm' den Schmerz in Kauf, weil ich glaube, daß wir damit mehrere Rennen früher gewinnen als mit vorsichtiger Taktik, step by step."
Mitten im Netz deutscher Supermotoren: Fühlen Sie sich als Teil der deutschen Renngeschichte, als Teil des deutschen Mythos in der Formel I?
Ron Dennis: „Statistik ist mir egal. Mich interessiert nur, zu gewinnen – genau wie Mercedes und Ilmor. Und ich bin sicher: Sobald wir gewinnen – gewiß nicht nur einmal –, dann werden wir mit Erfolg überschüttet, und die Partnerschaft wird sehr lang dauern. Momentan müssen wir durch eine schwierige Periode – aber nach dem Schmerz kommt Freude."
Aber wann, Mr. Dennis?

Formel I mit Dach

Jackie Stewart, messerscharf wie immer: „Deutschland hat ein phantastisches Motorsport-Erbe aus den zwanziger, aus den dreißiger, aus den fünfziger Jahren – und natürlich heute noch. Mich hat überrascht, daß Deutschland den Autorennsport lange nicht so ernst genommen und betrieben hat wie früher – was man schon vor vielen Jahren hätte tun sollen, weil Deutschland ja eine so große Autonation ist. Ich war ziemlich enttäuscht, daß die Deutschen so lang gebraucht haben – aber ich bin glücklich, daß sie heute da sind." Und zwar stärker denn je!
„Wenn ich mir heute Audi anschaue, ist die Philosophie ganz anders als heute bei Porsche. Aber 1985 war die Porsche-Philosophie ganz anders als bei Audi", vergleicht Stuck.
„Strietzel" hat lange seinen Werkvertrag mit Audi für alle Audi-Renneinsätze und die Konzern-Motorsportkommunikation. Zweitens mit Porsche für die amerikanische IMSA-Serie plus gezielte Rennen wie Le Mans oder Japan – ehe er 1996 auf Opel umsteigt.
Nur mit Mercedes hat sich „nie etwas ergeben". Dafür hat Stuck noch einen anderen Wunsch: „Einmal ein Indy-Car-Auto fahren!" Nur wenige wissen: Eines hat er schon getestet, streng geheim, auf dem Straßenkurs von Sebring 1992: Das Auto von Eddie Cheever. „Aber Ford mit Chevrolet-Motor, das wird nicht gehen!"
Die Deutschen sind sehr markentreu. Gäbe es keinen Schumacher, wäre die DTM wohl die Formel I der Deutschen geworden. Oder die ITC, wie sie heute heißt.

Was heute kaum mehr jemand weiß: 1987 gibt es um ein Haar ein Lauda-Comeback als Rennfahrer – auf BMW.
BMW-Sportchef Hans-Peter Flohr fragt Lauda am Genfer Salon: „Willst du beim Tourenwagen-WM-Lauf in Monza fahren? Als letzte große Einstimmung auf unsere M-3-Weltpremiere? Um unseren jungen Fahrern deine Linie, deine Tricks zu verraten – ihnen zeigen, wie's in Monza geht?"
Darauf Lauda: „Eine Superidee! Ich fahr', macht mir wieder einen Riesenspaß ... aber jetzt muß ich mir die Konsequenzen überlegen."
Er verrät mir das Sensationsprojekt am Telefon.
„Ich sag' dir ganz ehrlich: Ich bin ein bißl verwirrt. Ich fahr' also am Donnerstag, im freien Training, gegen die Stoppuhr natürlich. Aber ich frag' mich: Wenn ich Donnerstag trianier', warum nicht auch Freitag und Samstag? Und wenn ich trainier' – warum soll ich dann nicht am Sonntag das Rennen fahren? Andererseits: Hab' mich seit 1985 geweigert, ein neues Comeback zu riskieren. Und

wenn schon Comeback, dann gleich Formel I und nicht Tourenwagen" – wie Stirling Moss und Denis Hulme (50jährig).
Aber Moss hatte damals gerade zum dritten Mal geheiratet, vielleicht wollte er auch zeigen: Schaut her, was für ein Kerl, flott noch mit 50.
Lauda muß niemandem etwas beweisen. Oder? „Ein Theater ohne Ende. Ich weiß nicht, wie es ausgeht."
Einerseits schnuppert er ganz gern von der „Droge Rennsport", andererseits fürchtet er, wieder schwach zu werden. Ein drittes Comeback? Oder nur ein Seitensprung? Niki hat den Auf- und Umstieg zum Flugunternehmer grandios geschafft, jetzt will er mit der Frage: „Fährt er wieder oder nicht?" niemanden vor den Kopf stoßen.
Im Niki-Deutsch: „Ich will nicht, daß jemand denkt, der Lauda spinnt."
Oder hast du Angst, daß dich das Rennfahren wieder packt?
„Ja, das auch." Lauda also wieder im Rennwagen.
Zuerst sucht er verzweifelt seine Rennausrüstung. Nach seinem Rücktritt wollten sie ihm alles abjagen. Helm, Overall, Balaclava. „Aber ich gab nix her. Kam mir fast vor wie Leichenfledderei. Nicht einmal der Helm ist mehr da."
BMW rüstet Lauda aus. Die OSK muß die Rennlizenz nach Monza nachschikken. Bedingung ist, daß er die ärztliche Untersuchung nachholt – aber als Flugkapitän ist Niki sowieso immer fit.
Und dann fährt er wieder, im Autodrom von Monza, peitscht den 300 PS starken M 3 durch die Curva Grande, die beiden Lesmo-Kurven, Unterführung, Parabolica – und die drei Schikanen.
Bist wieder fasziniert? frag' ich ihn.
„Nein, angewidert. Die Straße ist naß, und ich bin nicht so besonders gut drauf. Aber ich brauch' nur kurz, bis ich alles beherrsch'. Das Rennfahren verlernst nie – so wie Skifahren oder Schwimmen."
So vergehen die ersten 20 Runden. „Ich bin nicht nervös, muß mich auch nicht überwinden, sondern bin ganz brav und flott unterwegs." Für einen Herrn in Freizeitkleidung, jedenfalls.
Über Mittag trinkt Niki ein Viertel Wein, dann gibt er richtig Gas. 2:00,38. Als Lauda aussteigt, hat er Pole-position! „Mein Job ist erledigt, ich weiß jetzt, wie der M 3 läuft. Aber jetzt sind die Jungen dran. Es war a Hetz – und eine einmalige Aktion."
Nie mehr wieder?
„Das kannst nie sagen . . . einmalig nur für den Moment."
Nichts kann die endgültige Story über Niki Lauda sein, nichts das endgültige Kapitel.
Und auch Schumacher hat noch sehr lang Zeit . . .

Die Tourenwagenszene – für manche Deutsche immer noch der liebste Rennsport – hat sich inzwischen natürlich gespalten: hier die 2-Liter-Supertourenwagen (STW) für die Ländermeisterschaften, die als Finale in einem „World Cup" gipfeln – dort das „International Touring Car Championship" (ITC), das eine echte Weltmeisterschaft werden soll.

Denn ITC, das ist Formel I mit Dach.

Ich zwänge mich auf der Mercedes-Teststrecke in Untertürkheim ins Cockpit des Mercedes der S-Klasse, klappe mich ins Gestell des „heißen Sitzes" neben Ellen Lohr, die den Wagen im Renntempo um den Kurs drischt.

Es braucht eine Runde, bis man als Beifahrer halbwegs synchronisiert ist. Wenn du bereits längst in die Bremsen steigen würdest, schaltet Ellen Lohr gerade noch einen Gang hinauf. Manchmal sogar zwei Gänge.

Die ITC-Autos sind Wölfe im Schafspelz: 2,5-Liter-V-6-Rennmotoren mit 500 PS, Drehzahl bei 11.000 U/min eingefroren, Karbonfiberchassis, Kohlefaserbremsen – eben Formel I mit Dach.

Für Mercedes fahren in der ITC: der Sieger beider Serien von 1995, Bernd Schneider, dessen Vater Rosemeyer so bewundert hat. Stewart-Entdeckung Dario Franchitti, trotz italienischem Namen ein echter Schotte, Ellen Lohr, Jan Magnussen, der erste Saisonsieger 1996 in Hockenheim.

Für Alfa Romeo: der Ferrari-Testpilot Nicola Larini, dazu Alessandro Nannini, Bruder der Popsängerin Gianna, dem nach einem Hubschrauberunglück der abgetrennte Arm wieder angenäht wurde, Christian Danner, Michael Bartch, Stefano Modena, Gabriele Tarquini, Fisichella – alle Formel-I-erprobt.

Und für Opel, das ITC-Team mit den meisten Fans: u. a. Klaus Ludwig, J. J. Lehto, Yannick Dalas, Manuel Reuter, Alexander Wurz – und natürlich „Strietzel" Stuck nach seinem sensationellen Frontwechsel.

Dafür fährt Karl Wendlinger einen der vier STW-Audi, neben Philipp Peter und Emmanuele Pirro.

Zwei Österreicher, zwei Italiener in einem deutschen Team?

Gerät Audi-Sportchef Dr. Ulrich da nicht unter Druck? „Auch die Österreicher reden ja deutsch . . ." Wendlinger vergleicht: „Bei den Tourenwagen wird im Gegensatz zur Formel I keine Politik gemacht – vor allem keine schlechte . . ."

Bernd Schneider zum Thema Stallregie: „Wir haben seit Jahren, seit ich dabei bin, immer Fahrer, die voll und ganz akzeptierten: Wenn ein anderer in der Lage ist, die Meisterschaft nach Stuttgart zu holen, ist es gar kein Thema, zurückzustecken. Man macht es nicht gerne, doch jeder von uns akzeptiert es, wenn die Stallregie rauskommt. Aber wir müssen keine Tafel rausgezeigt kriegen, man sagt es uns über Funk. Wir akzeptieren es und stehen voll dahinter. Denn das ist der moderne Motorsport, der so betrieben wird: Man ist ein Team."

Nur beim direkten Vergleich mit den alten „Silberpfeilen" tut sich auch Bernd Schneider – nach einem Test am Norisring – ein bißchen schwer:

„Was für mich absolut faszinierend ist: daß das Auto so viel Power hatte. Daß man mit so schmalen Reifen, mit so wenig Grip und so schlechten Bremsen so schnell fahren konnte. Immer wieder: Wenn ich in das Auto eingestiegen bin, den Motor höre, dazu den Geruch des Methanolgehalts, da kann ich mich irgendwie in die Zeit zurückversetzen: die Faszination und das Spiel mit dem Leben. Weil es einfach viel gefährlicher war als heute und wahnsinnig faszinierend gewesen sein muß. Ich glaube, daß das damals absolute Helden waren! Denn sie haben viel, viel mehr riskiert als wir heute."

Aber dazu kommt die Astronautenbeschleunigung, das Computergehirn – wenn man hört, was mir Stuck über Schumacher sagt. Kennt er seine Geheimnisse?
„Schumacher als Rennfahrer? Eine Nummer für sich, ganz bestimmt. Weil er in der Lage ist, aus sich und seinem Auto das Allerbeste zu machen, weil er körperlich extrem fit ist. Nicht nur fit, sondern eine unglaubliche Bewegungskoordination hat – Abläufe zu koordinieren. Rennfahren geht ja vom Kopf zum Fuß und wieder zurück zum Kopf. Und da, glaub' ich, hat Schumacher speziell kurze Wege, weil er immer alles unheimlich schnell überreißen und realisieren kann. Aber dazu brauchst du die nötige Fitneß und das richtige Sportgerät."
Wenn man ein aktuelles Formel-I-Cockpit von heute erklärt, mit den hundert Knöpfen – das ist ja unfaßbar?
„Deswegen sag ich ja: diese Koordination. Wir haben heute in unseren ITS-Tourenwagen auch 100 Knöpfe. Und ich muß dir ganz ehrlich sagen: Manchmal fällt's mir schwer, alle Knöpfe zur richtigen Zeit zu bedienen. Keine Schande, das ist einfach so. Und eine der Fähigkeiten, die Schumacher hat: Er kann immer rechtzeitig analysieren, was er wann, wo, wie technisch machen muß – und das ist unheimlich wichtig."
Wozu mir Schumacher verrät: „Ich habe heute im Ferrari weitaus weniger Knöpfe als im Benetton – vor allem im Benetton von 1994."
Trotzdem ist Schumacher allen voraus – auf der Fahrt ins nächste Jahrtausend?
„Fahrerisch steht er außer Frage, sicher momentan ein Kaliber ohnegleichen."
Und vom Image her? frag' ich Stuck.
„Es gibt eine Parallelgeschichte: Michael wird ja manchmal kritisiert, auch in Deutschland. Da hat er das gleiche Problem wie Boris Becker am Anfang: ein Newcomer-Bursche, der sich sehr schnell hochgearbeitet, Super-Erfolge hat – was nicht von allen Schichten bedingungslos akzeptiert wird. Als Becker zum erstenmal Wimbledon gewann, war er auch noch kein voll ausgebildeter Charakter. Aber laß den Michael noch ein, zwei Jahre machen – dann wird er wie Becker ein Vorzeigesportler sein."
Ist er schon, lieber Strietzel.

Bernd Rosemeyer hatte einen Bruder, der mit dem Staßenauto tödlich verunglückte. „Bernd hatte es befürchtet, kommen sehen und seinen Bruder gewarnt", erinnert sich Elly Beinhorn. „Aber er wollte unbedingt zeigen, daß er auch so schnell Autofahren kann . . ."

Ralf Schumacher, Michaels Bruder, tobt sich zum Glück auf den Rennstrecken aus.

Alle reden von Michael – reden wir also mit Ralf, der auch schon immer Rennfahrer werden wollte, aber überraschend in einem ganz anderen Sport angefangen hat: als Springreiter, also auf den Spuren von H. G. Winkler, Fritz Thiedemann, Alwin und Paul Schockemöhle, Steenken, Koof und Olympiasieger Beerbaum?

Ralf: „Da war ich ja erst zwischen 12 und 15, hatte meine Pferde Sinclair und Clarence, ein Schimmel und ein Brauner – hat mir viel Spaß gemacht. Ich hab' das angefangen, aber wieder aufgegeben.

Warum – weil das Benzin im Blut stärker war?

Ralf: „Weil ich das Rennfahren zur Priorität machte – da mußte ich aus Verletzungsgründen aufhören. Weil es ja nicht ganz ungefährlich ist. Ich bin zwar ein paarmal hinuntergefallen, aber es ist nie etwas passiert. Und fällt man dann unglücklich, bricht sich den Arm, kann ich das Rennfahren vergessen..."

Hattest du viel Talent?

Ralf: „Kann ich nicht beurteilen, hab' mich auch nie darum gekümmert. Ich hab' das auch nur aus Spaß angefangen, weil mir das normale Herumreiten einfach zu langweilig war. Hat gut funktioniert, und mein Pferd ist gut gelegen. So hab' ich das ein bißchen weiterbetrieben. Ich wollte dann auch an ein, zwei Turnieren teilnehmen. Ging aber leider nicht, weil ich schon Renntermine hatte."

Du hast dem Michael zugeschaut bei den Kart-Rennen?

Ralf: „Nur selten. Da sind sechs Jahre Unterschied. Als er die ersten Kart-Rennen gefahren ist, hab' ich noch im Sand gespielt. Das hat mich, wo die hier ihre Runden gedreht haben, nicht so interessiert..."

Bist du also nicht aus Bruder-Ehrgeiz Rennfahrer geworden?

Ralf: „Ich hab' schon immer gemacht, was mir am meisten gefallen hat, nie etwas aus Trotz. Ich hab' meine Vorstellungen, die versuche ich zu realisieren. Da mach' ich keinem etwas nach – weder aus Trotz noch sonst."

Deine Stärken als Rennfahrer?

Ralf: „Kann ich nicht so beurteilen. Ich hab' verschiedene Dinge, an denen ich noch arbeiten muß, und das tu' ich jetzt. Konzentration während des Rennens, teilweise. Das Zeitfahren ist eigentlich ganz gut geworden."

Wieso, was lenkt dich im Rennen ab?

Ralf: „Daß man hin und wieder mal viel zu viele Dinge über das Auto im Kopf hat. Dinge, an denen ich noch etwas ändern muß. Vielleicht auch ein paar Konzentrationsübungen – aber ansonsten geht das schon ganz gut."

Was ist entscheidend für einen Rennfahrer, der jetzt Schumacher heißt oder anders?

Ralf: „Ich denke, was einen Rennfahrer auszeichnet, ist, daß er erst einmal darüber nachdenkt, was er tut. Was er da eigentlich unter dem Hintern hat für ein Gerät. Und was er anderen und sich selbst damit für einen Schaden zufügen könnte – je nachdem. Das tun leider viel zu wenige Kameraden, fahren wie die

Verrückten – das hört zum Glück in den Formeln schon auf. Man sollte wirklich versuchen, sich langsam an seine Grenzen heranzutasten. Und wenn der Teamchef sagt: So, Du fährste jetzt raus und bremst in der ersten Runde bei 50 Metern, dann muß ich mir sagen: Der hat sie nicht mehr alle. Ich kann zwar in der 20. Runde einmal bei 50 Metern bremsen, aber nicht, wenn alles noch kalt ist. Aber ich taste mich selbst ans Limit heran. Also, der Verstand ist für mich eigentlich ein großer, wichtiger Punkt."
Bist du auch so ein Fitneß-Freak wie dein Bruder?
Ralf: „Mein Fitneßprogramm mach' ich jetzt seit drei Jahren relativ konstant und viel, und deswegen hab' ich auch dieselben Berater wie der Michael. Das Fitneßprogramm ist gleich, ja. In Monte Carlo im Loews oder zu Hause in Kerpen. Ich geh' ihn häufiger besuchen, aber ansonsten bleib' ich noch hier."
Alles wartet auf deine ersten Formel-I-Testfahrten.
Ralf: „Darüber hab' ich mir noch gar keine Gedanken gemacht, weil eigentlich anderen Prioritäten waren. Hängt natürlich davon ab, wie diese Saison verläuft. Ich bin ja erst 20."
... und alle sagen: erstaunlich reif! Was fehlt dir als Rennfahrer? Erfahrung oder technische Abstimmung?
Ralf: „Je länger, je mehr man mit einem Auto fährt, um so mehr kann man sich auf das Auto und auf die Abstimmung konzentrieren. Das hab' ich natürlich auch gemerkt. Aber dazu braucht man natürlich auch die Kilometer."
Ralf, du bist gut drauf, hattest du früher Scheu vor Journalisten? Gefürchtet, es fragt dich jeder nur nach deinem Bruder? Oder war es der Streß eines Rennwochenendes?
Ralf: „Eigentlich bin ich so, wie ich jetzt bin. Am Anfang hat mich das alles ein bißchen genervt. Vielleicht der falsche Ausdruck, aber man muß ja realistisch sehen, warum die Presse zu mir gekommen ist. Gut, durch die Ergebnisse war das bald auf den Ralf Schumacher bezogen, aber am Anfang ja permanent nur auf den Michael Schumacher – und das hat dann schon ein bißchen genervt. Seit 1995 geht das schon ein bißchen besser."
Spürst du Eifersucht, oder sagst du dir, laßt mir Zeit?
Ralf: „Das schlimme ist ja, daß man permanent versucht hat, über mich an meinen Bruder heranzukommen. Aber das sind einfach Dinge, die ich nicht akzeptiert und auch gesagt habe. Dabei stieß ich natürlich auf Gegendruck, aber der stört mich herzlich wenig."
Die Geschichten und Fragen über Michael?
Ralf: „Alle Geschichten, und als die Skandale waren, 1994 mit dem Benetton."
Aber der Vergleich zwischen euch auf der Kart-Bahn ist schon erlaubt? Du warst um zwei Hundertstel schneller?
Ralf: „Ich hab' den Rundenrekord gebrochen, war ein bißchen schneller. Aber das ist Quatsch. Ich denke, mich da mit dem Weltmeister zu vergleichen, wäre töricht."

Vergiß Schumacher. Hier Ralf, dort Michael. Die Stärken von jedem?
Ralf: „Also ich denke, daß mein Bruder von mir eigentlich recht wenig lernen kann. Und daß Micha zu lange aus der deutschen Formel-III-Meisterschaft weg ist, daß er mir da jetzt konkrete Tips geben könnte. Man kann darüber reden, und er kann auch nur rätseln. Das ist alles zu schwierig. Und ich kann mich da schon auf meine Ingenieure und mein Team verlassen."
Seid ihr euch charakterlich ähnlich?
Ralf: „Michael ist ein Typ, der immer sehr ehrgeizig war, immer erreicht hat, was er wollte, und auch alles darangesetzt hat. Das ist auch heute noch so. Und er war auch immer der Typ, der auf unterlegenem Material anderen noch überlegen war."

Ferrarissimo!

Jetzt geht's looos: Das „Dream Team" der Formel I hat am 10. März 1996 beim Großen Preis von Australien in Melbourne seine Weltpremiere: Deutschlands Doppelweltmeister Michael Schumacher fährt sein erstes Rennen für das Team der Märchen, Mythen und Millionen – Ferrari!
Als der große Challenger, noch nicht als der große Favorit. „Der WM-Titel ist erst für 1997 programmiert. Aber ein paar Rennen sollten wir heuer doch schon gewinnen..."
Wenn du schon zweimal Weltmeister warst, wäre jeder weitere Titelgewinn bloß eine Wiederholung. Also kannst du deinen Erfolg nur verdoppeln, wenn du für Ferrari den Titel eroberst – ist die Philosophie seiner Umgebung.
„Für Ferrari zu fahren ist immer noch das Schönste in der Formel I. Vor allem: Für Ferrari zu gewinnen!" beteuert Gerhard Berger, mit 96 Formel-I-Einsätzen für die „Squadra azzurra" fleißigster Ferrari-Pilot aller Zeiten, immer wieder – Berger wüßte Tausende Stories über Ferrari. „Wie in Maranello und Fiorano die Siege gefeiert werden. Und wie Ferrari-Mechaniker weinen, wenn ihr Auto ausfällt.
Als Berger im Sommer 1994 nach langer Durststrecke für Ferrari in Hockenheim – Schumacher ausgefallen – den 105. Grand-Prix-Sieg holte, einen mehr als McLaren, kam der weltberühmte Tenor Placido Domingo in die Ferrari-Fabrik und sang „Vincero!" – den Song von der Fußball-WM „Italia 90". Jeder aus der Ferrari-Rennabteilung bekam eine Erinnerungsmedaille. Und das sind 400 Mann.
Mythos Ferrari: Als die „Traumhochzeit" Schumacher – Ferrari im Sommer 1995 langsam publik wurde, sagte Michael: „Was der berühmte Ferrari-Mythos ist, konnte mir noch keiner so richtig erklären."
Niki Lauda, mit zwei WM-Titeln und 15 Grand-Prix-Siegen für die Italiener erfolgreichster Ferrari-Pilot aller Zeiten, präzisierte schon seinerzeit, als er Enzo Ferrari zum 80. Geburtstag gratulierte: „Jedes Ferrari-Auto ist auch nur ein Stück Bleck. Der ganze Ferrari-Mythos ist Enzo Ferrari, der Mann selbst, er ganz allein."
Leider hat der legendäre Commendatore, der 1988 verstarb, den brillanten jungen Deutschen nie gekannt. Aber Michael verrät, daß er im Oktober 1995, während der Benetton-Testfahrten in Imola, heimlich nächtens in die „Maßschneiderei für Rennwagen" gefahren ist:
Die Ferrari-Ingenieure zeigten ihm zwischen 22 und 2 Uhr früh die Rennabteilung und maßen ihm gleich einen Sitz an. Michael: „Als ich vor der angestrahlten, gelbgestrichenen Ferrari-Fabrik stand, da spürte ich zum erstenmal Kribbeln: die Ferrari-Gänsehaut."

Ferrari hatte schon immer ein Herz für deutsche Rennfahrer: Nicht nur für den kühnen ritterlichen Wolfang Graf Berghe von Trips. Günther Klass war ein starker Ferrari-Sportwagenpilot, ebenso der Düsseldorfer Wolfgang Seidel. Aber das große Ferrari-Geheimnis war der Giessener Stefan Bellof. Und sein streng geheimgehaltener Vorvertrag für 1986.

Deutschland hat 1994 die USA als größtes Ferrari-Importland abgelöst, ist also für Ferrari der wichtigste Markt. Dazu kommt die Offensive von Shell: Der Mineralölgigant, der nach 22 Jahren „agip" ablöst, zahlt an Ferrari jährlich 30 Millionen Dollar. Und Schumachers persönlicher Hauptsponsor „Dekra" hat südlich des Brenners auch manches vor.

Die 50 Millionen Dollar für den höchstbezahlten Privatangestellten der Welt, rechnen seine Rivalen, „sind also nicht nur Schumachers Marktwert als Rennfahrer".

Als Pilot ist er für Niki Lauda „sowieso das deutsche Jahrhunderttalent. Zu meiner Zeit konnten noch drei, vier Fahrer ihre Autos für die Rennen perfekt abstimmen – heute ist Schumacher scheinbar der einzige, der das immer zuwegebringt."

Die Geheimverträge: Wie schon 1993 bei Benetton hat der clevere Manager Willi Weber eine heimliche Vertragsklausel eingebaut: Wenn Schumacher 1996 nicht unter die ersten drei der WM kommt, hat er das Recht, den Rennstall zu wechseln – aber wo noch könnte er 25 Millionen Dollar kassieren?

Besonders eindrucksvoll war der oberste Fiat-Chef Giovanni Agnelli, schon immer der heimliche Staatschef Italiens, der Schumacher im September, ganz locker im Bademantel, auf seiner Yacht in St-Tropez empfing:

„Also, wie machen wir?"

Präsident Luca Montezemolo stellte es Schumacher frei, selber zu entscheiden, ob er mit dem 10- oder 12-Zylinder-Motor auf die Weltmeisterschaft losgehen wolle – aber mit solcher Entscheidungsfreiheit übernimmt der Pilot auch Verantwortung. Damit man ihm – im Fall eines Mißerfolgs? – die Schuld in die Schuhe schieben kann?

„Ich habe Ferrari den besten Fahrer der Welt gekauft! Wenn Ferrari trotzdem nicht Weltmeister wird, ist das Team dran schuld", sagt Agnelli.

Der Anfang: Weil Freitag, der 17. November, für die Italiener ein doppelter Unglückstag ist, wird die große Schumacher-Präsentation um einen Tag vorverlegt.

Bei Ferrari eingelebt hat sich Michael schnell. „Die ersten Nächte komm' ich immer erst um Mitternacht heim. So lang haben mich die Ingenieure festgehalten, um Infos durchzugehen, Daten zu analysieren."

Der Arbeitsstil bei Ferrari ist anders als bei Benetton: „Bei Ferrari ist der Fahrer ein bißchen mehr ins Team integriert, wie er sein Auto abgestimmt haben will, bei Benetton gibst du deine Infos, dann diskutiert der Renningenieur mit dem Computer und arbeitet alles aus."

Anfangs denkt Schumacher noch: „Da bricht eine Welt zusammen! Wir sind arg

weit weg von dem, was ich mir vorstelle. Aber schon in der ersten Testwoche kann ich den Ferrari auf meinen Fahrstil abstimmen."
Ob auf trockener oder nasser Strecke macht einen Unterschied. „Der Ferrari liegt im Regen traumhaft. Aber auch auf trockener Strecke ist er schon besser geworden."
Die Single-Auskoppelung von Schumachers goldenem Album 1995?
„*Meine zwei besten Rennen fuhr ich im Regen. Das beste am Nürburgring, das zweitbeste in Spa.*" *Das war jedesmal Racing pur, Schumacher unplugged.*
Ferrari-Stalldramen sind Geschichte. Nicht nur das gnadenlose Ausleseverfahren 1956–58, bis zu sechs junge Ferrari-Piloten um zwei Cockpits. Castellotti, Musso, de Portago, Trips, Collins starben im Rennauto, Hawthorn nach seinem Rücktritt. Vielleicht hätte eine klare Stallorder 1961 die Trips-Tragödie verhindert.
1982 widersetzte sich Didier Pironi in Imola der Ferrari-Stallorder. Gilles Villeneuve müsse gewinnen – der Stallkrieg endete 13 Tage später in Imola für den Kanadier tödlich.
Und 1995 in Estoril negierte Jean Alesi die Funkbefehle von Rennleiter Jean Todt, er müsse Berger vorbeilassen – worauf ihm Ferrari 300.000 Mark Strafe aufbrummte.

Die Stallorder: Ferrari hat für 5 Millionen Dollar den Iren Eddie Irvine von Jordan freigekauft. Mit seinem neuen Stallkollegen kommt Schumacher gut zurecht: „Ein flotter, dufter Typ, schnell und professionell. Wir werden noch viel Flachs miteinander haben."
Bisher sind fast alle Teamgefährten an Schumacher zerbrochen. „He kills you in the head", weiß Martin Brundle, der mit Michael 1983 bei Benetton fuhr. „Er macht dich fertig mit seiner Jugend, seiner Kraft, seiner Kondition und seinem Speed." Wie reagiert „Crazy Eddie"?
Berger rät dem lebenslustigen Iren: „Ich vererb' dir alle meine Zettel'n mit den Telefonnummern der Mädchen von Bologna . . ."
Aber Eddie lebt durchaus keusch und spartanisch; 8 Uhr aufstehen, bescheidenes Frühstück, dann laufen und Gymnastik. Zum Mittagessen ein Cola, abends ein Bier.
„Ich bin fit und stark, aber ich brauch' noch mehr Kondition!"
Und Johnny Herbert rät dem Iren: „Beobachte Schumacher scharf wie ein Adler, damit dir ja nichts entgeht."

Für Ferrari war der 12-Zylinder immer Religion. Man flüstert sogar: Wann immer Enzo Ferrari in seiner Villa auf dem Testgelände Fiorano eine junge Dame zum Mittagessen empfing, ließ er draußen, in der Box, einen Formel-I-Motor anstarten. Erst dessen Aufheulen machte dem alten Herrn so richtig Appetit.
Würde er jetzt im Grab rotieren? Chefkonstrukteur John Barnard: „Ferrari hat

nie wirklich nur aus Tradition am 12-Zylinder-Motor festgehalten, sondern, weil man mit dem 10-Zylinder keinerlei Erfahrung hatte – und daher etwas Angst. Aber jetzt konnte ich, ohne das technische Handicap des längeren Motors, zum erstenmal einen Formel-I-Ferrari wirklich so bauen, wie ich will."
Berger hat den V-10 schon immer vorgeschlagen, „aber jetzt kriegt ihn der Schumacher". Für Michael gab es nie eine Alternative: „Das ganze Projekt ist auf den 10-Zylinder ausgerichtet."
Der schon Mitte Dezember – noch im alten Chassis – seinen ersten richtigen Dauertest bestand: eine komplette Grand-Prix-Distanz in Estoril. Zwar geht zwischendurch das Differential k. o., aber der Motor hält die 300 km durch.
Freilich warnt Berger: „Der Ferrari-Motor verliert während eines Grand Prix, von Start bis Ziel, 30 bis 35 PS Leistung. Dagegen hält der Renault-V-10 seine Leistung den ganzen Tag konstant."
Zusätzlich kämpft Schumacher gegen den Ferrari-Defektteufel: Wurden 1995 bei Benettono nur zwei Ausfällt aus technischen Gründen registriert – bei Schumacher in Budapest eine gebrochene Benzinpumpe –, so blieben Michaels Ferrari-Vorgänger Berger und Alesi während der letzten Saison insgesamt 18mal stehen!
„Aber Schumacher", trotzt Alesi, „ist mit seiner Rekordgage ja nicht nur als Fahrer bezahlt, sondern auch als Ingenieur engagiert. Also wird er die technischen Probleme schon lösen."
Und Berger, befragt, ob Schumacher schon 1996 bei Ferrari Weltmeister wird: „Na klar! Der Ferrari war 1995 immer um eine Sekunde zurück. Und Schumacher, sagt Ferrari, wurde verpflichtet, weil er um eine Sekunde schneller ist als alle anderen."
Als Schumacher in Estoril endlich zum ersten richtigen Test kommt, begeistert er John Barnard: „Jetzt versteh' ich, warum dieser Junge zweimal Weltmeister geworden war – so unglaublich unheimlich präzis sind seine Angaben!"
Nach seinen ersten zwei Meetings mit Barnard ist auch Schumacher überzeugt von John Barnard „ziemlich beeindruckt. Ich freu' mich, er ist bereit, zu allen Rennen zu kommen. Ich seh' uns gut zusammenarbeiten. Ob auch erfolgreich, ist eine andere Frage."

Die Warnungen: Worauf muß Schumacher bei Ferrari aufpassen? Vor allem auf die Spaghetti-Presse. Vier tägliche Sportzeitungen, dazu die Tages- und Motorsportpresse können für jeden Piloten Fegefeuer erzeugen. Denn Ferrari ist nationales Heiligtum, und die Rennfahrer müssen durch Himmel und Hölle. „Am besten, ich les' gar keine Zeitungen", hat Schumacher schon entschieden.
Berger rät ihm: „Sag den Italo-Reportern immer die Wahrheit. Verschweig, was du ihnen nicht sagen willst oder nicht sagen kannst – aber lüg sie nicht an. So bin ich immer am besten ausgekommen."
Und Berger weiß ganz genau: „Wenn du bei Ferrari Erfolg hast, brauchst du dir

keinerlei Sorgen zu machen. Aber wenn die Erfolge ausbleiben, bist du – wie seinerzeit Ivan Capelli –, bevor du es noch richtig merkst, nicht mehr Ferrari-Fahrer."
Das geht oft schnell. René Arnoux wurde über Nacht gefeuert, weil er Enzo Ferraris minderjähriger Enkeltochter nahezutreten versuchte. Und sogar der vierfache Weltmeister Alain Prost wurde vor die Tür gesetzt, weil er sich getraut hatte, den Formel-I-Ferrari mit seiner Kritik zu entweihen: „Der fährt sich ja wie ein Lastwagen."
Schumacher, clever und gut beraten, startet schon sein Kontrastprogramm: „Im Regen fährt sich der Ferrari so leicht wie ein Go-Kart."
Aber eine Formel-I-Saison ist immer ein Regenbogen: für Schumacher und Ferrari ganz besonders.
Die Zeit brennt, denn Ferrari hat viel zuwenig Testfahrten: nur 1000 km mit dem neuen Auto in Fiorano und Estoril – gegen 4000 km von Williams und 3500 km von Benetton.
„Uns fehlen 4–7 km/h Topspeed gegen die Williams und Benetton. Aber das ist nicht so problematisch. Viel wichtiger, daß die Basis des Autos stimmt."
Ferrari hat keinen guten Ruf, was die Haltbarkeit betrifft. Stört dich das nicht?
„Ich weiß nicht, was mich dort alles erwartet. Neues Projekt, neue Motoren, neues Auto. Sicher, Haltbarkeit war ein Fragezeichen bei Ferrari, ist aber besser geworden. Warum soll es nicht noch besser werden?"
Und wie Schumacher immer sagt: „Ich erwarte nicht, daß ich 1996 Weltmeister werde. Wir müssen vieles aussortieren, lernen, sind aber dann 1997 hoffentlich gerüstet."
Michael fühlt sich bei Ferrari wohl, ist total relaxt.
„Anfangs glaub' ich, ich müßte in der Nähe von Maranello ein Haus mieten, weil ich vermute: Ferrari testet Tag und Nacht in Fiorano – wie früher Niki Lauda." Damals, als man auf der Ferrari-Teststrecke alle wichtigen Kurven nachgebaut hat.
„Aber inzwischen weiß ich: Dauernd in Fiorano zu testen, bringt überhaupt nichts. Weil die Teststrecke vom Belag, den Kurvenradien, von der Welligkeit nicht mehr den heutigen Grand-Prix-Strecken entspricht. Funktionstests für Motor, Getriebe, Bremsen ja – aber fürs Testen bringt Mugello oder Le Castellet mehr."
Niki Lauda bleibt der „Piccolo Commendatore" bei Ferrari, direkte Berater von Präsident Luca Montezemolo, der die große Linie festlegt. Jean Todt als Rennleiter ist fürs Tagesgeschäft verantwortlich – da redet ihm wieder Lauda nichts drein.
Dafür wird Lauda „Ambassador für Ferrari bei den Sportwagen". Botschafter, sagt er, das gefällt ihm sehr gut. Gleich in Melbourne zum erstenmal.
Dort, wo Schumacher das Ferrari-Getriebe im Stich läßt. Worauf sofort beschlossen wird: Nach Südamerika nehmen wir das alte Getriebe mit – das ist sicherer.

Und weil der Bruder des Sultans von Brunei in der Londoner Bond Street einen Juwelenladen hat und Ferrari sponsert, macht Schumacher zwischen Melbourne und Interlagos einen exklusiven Boxenstopp – der noch in Brasilien alle fasziniert.
Als Michael Schumacher von seinem Besuch beim Sultan von Brunei erzählte, seinen 900 Pferden, die Corinna geritten, und seinen fast 20 Ferrari, die er ausprobiert hat, fügte er an: „In den Sultansgemächern bin ich draufgekommen, daß ich eigentlich arm bin..."
Dafür hat 50-Millionen-Dollar-Mann Schumacher ein Herz für Tiere. Zum springenden Ferrari-Pferd kommt noch ein Hund dazu: Der nicht ganz reinrassige Golden Retriever, Corinna auf der Interlagos-Strecke zugelaufen, wird sofort mit der feinsten Ferrari-Mortadella gefüttert. Und nachdem Schumacher noch für die halbe Nacht einen Tierarzt engagiert hat, wird beschlossen: „Den Hund nehmen wir heim!" Er wird Schumi-Hund Nummer 4.
Eines Morgens, in Sao Paulo, fährt Ken Tyrrell mit dem Taxi nach Interlagos, steigt beim Haupttor aus – als Schumacher heranrollt und den Autostopper auffordert: „Kann ich dich mitnehmen?"
Tyrrell steigt ein, bei den Boxen wieder aus, bedankt sich höflich, und Schumacher lächelt: „Es wäre nett, könnte ich wenigstens einmal für dich fahren."
Sofort, sagt Tyrrell, wenn es mich nur kein Geld kostet.
„Ich hab' dir noch nicht meine Rechnung geschickt", sagt Schumi. „Die kommt noch..."
Er hat Abstimmungsprobleme. „Wir finden kein gescheites Set-up fürs Auto." Eine reine Fahrwerkgeschichte, weil sich in Fiorano deutlich zeigt, daß zwischen altem und neuem Getriebe kein Unterschied ist. Aber das alte hält.
Enttäuscht ist er nicht: „Ich hab' erwartet, daß Williams hier besser sein wird als in Australien..."
Trotzdem schafft Schumacher seinen ersten Podestplatz für Ferrari, hinter Damon Hill, dem Abonnementsieger der ersten Rennen 1996, und Jean Alesi – aber überrundet.

Der erste Grand Prix von Argentinien ohne Juan Manuel Fangio – als Requiem für den fünffachen Weltmeister, größten Rennfahrer aller Zeiten. 1995 hat ihn noch eine McLaren-Mercedes-Delegation besucht, aber Fangio hat nicht mehr viel wahrgenommen.
Als er Juli 1995 starb, war er längst eine Legende. Sein bestes Interview war sein letztes. Als die Fahrergagen in Rekordhöhe schnellten, wurde Fangio gefragt: „Was wären dann erst Sie wert gewesen?"
„Ein paar hunderttausend Dollar", sagte Fangio bescheiden.
„So wenig?" staunte der Reporter. „Ayrton Senna kassierte schon 23 Millionen Dollar – und Sie, als fünffacher Weltmeister, wollen nur ein paar hunderttausend?"

"Sie haben schon recht", lächelte Fangio, "aber Sie dürfen nicht vergessen: Ich bin schon über 80 . . ."

Im Fangio-Museum von Balcarce sind alle seine Ruhmestaten verewigt. Und jener Juan Manuel Fangio II., der heute in der Indy-Car-Serie fährt, ist sein Neffe. Aber er hat einen Sohn, "Cacho" Fangio, dem erst später erlaubt wurde, sich Fangio zu nennen – genau wie Piero Lard-Ferrari, der außereheliche Sohn des Commendatore. Cacho hat heute Autovertretungen in Mar del Plata und Balcarce. Er war gut in der Formel III, immer voll Stolz für seinen Vater: "Der fuhr noch mit 70 fast jeden Tag das Dreieck Buenos Aires–Mar del Plata mit dem Auto."

Fangio hat viel Geld ins Museum gesteckt – seit 1981 geplant, 1986 eröffnet. Als sein Vater starb, weinte ganz Argentinien. Für sein Land ist Fangio immer noch der Größte – für uns auch.

Und typisch für Fangio: Als sein Sarg vom Präsidentenpalast zum Automobilklub getragen wurde, fuhr ihn ein schlichter Militärjeep mit kleinem Anhänger, dazu die argentinische Nationalflagge – sonst nichts. Der echte Fangio: einfach und bescheiden.

In Buenos Aires ist Schumacher beim Staatspräsidenten Carlos Mennem, einem glühenden Ferrari-Fan, in den Präsidentenpalast eingeladen – danach geht er mit Corinna in eine Hafenkneipe Abendessen.

Im Autodrom peitscht er den Ferrari in einem wahren Teufelsritt in die erste Startreihe: Alle sind begeistert, weil er den Ferrari "wie ein Rallyepilot um den Kurs drischt", applaudiert sogar Williams-Konstrukteur Patrick Head.

Einmal gedreht, viermal durch die Wiese – na und? "Auch ein Weltmeister muß manchmal seine Reaktionen testen", grinst Gustav Brunner, der den Barnard-Ferrari weiterentwickelt. Und Schumi lobt: "Der läßt das Auto in jeder Kurve rutschen. Eine Freude, ihm zuzusehen!"

Bis auf 0,105 kommt Schumacher an Hill heran. Ist der Ferrari schon so gut? Oder was macht Schumacher anders als Berger und Alesi 1995? Brunner: "Er hat mehr Methodik, ist jünger und fitter."

Auf der buckligen Piste mit drei gefährlichen Bodenwellen zählt vor allem der Fahrer.

"Aber wir brauchen halt ein besseres Auto", weiß Gustav Brunner. Vor allem bessere Aerodynamik. Aber das ist das Problem der Entfernung zwischen England und Italien: zwischen der Zauberwerkstätte von John Barnard in London und der Basis in Maranello und Fiorano.

Fax ist nicht alles. Ich erinnere mich, daß eifersüchtige italienische Techniker einmal absichtlich falsche Windkanaldaten nach England übermittelten. Die Folge waren Fehlkonstruktionen, gefährliche Materialdefekte und haarsträubende Unfälle. In der ersten Berger-Ferrari-Ära, also lange vor Schumacher.

Drittes Ferrari-Rennen, zweiter Ausfall. Und wieder ohne seine Schuld: Der junge Brasilianer Marques crasht, dessen Wrackteile beschädigen Schumachers Heckflügel an der Oberkante. Der Ferrari verliert 400 kg Bodendruck – so kann niemand weiterfahren.
Wie fühlst du dich bei Ferrari?
„Sehr wohl, ich bin genau in der Situation, in der ich mich erwartet hab'. Ich hab' schon immer gesagt, daß meine Erwartungen für mich am wichtigsten sind – und die haben sich alle bestätigt und erfüllt. Im Gegensatz zu allen Gerüchten, um die Situation ein bißchen spannender zu gestalten. Aber am Ende wird man sehen, wo wer steht."
Bißchen Schmerzensgeld in der Gage inbegriffen?
„Warum Schmerzensgeld? Ich spür' momentan keine Schmerzen . . ."
Und alle fragen: Wie lange kann Michael mit soviel gewaltigem Einsatz fahren, mit soviel Risiko?
„Kein Problem für mich, so fahr' ich immer am liebsten", lächelt Schumacher, als wir uns Mitte April zu einem „Boxenstopp" treffen: einer Talk-Show vor geladenen Gästen.
„Den Benetton konnte ich nie so rutschen und fliegen lassen wie den Ferrari. Und darum fahr' ich ja Autorennen: immer am Limit, weil ich dabei das Leben, die Freiheit, das Abenteuer am besten spüren kann: beim Rennfahren auf der Rasierklinge – manchmal wie in Spa auf der extra geschärften Rasierklinge."
Schumacher tritt im Ferrari nur zwei Pedale: „So etwas haben wir bei Benetton nie probiert." Sobald aber Eddie Irvine auf zwei Pedale umstellte, wollte auch Schumacher sofort umbauen: „Hab' ich im Winter getestet, und das gefiel mir."
Wie bremsen Ferrari-Piloten? Irvine mit dem linken, Schumacher mit dem rechten Fuß. „Obwohl ich eigentlich vom Kart-Fahren her das Linksbremsen besser gewohnt sein müßte."
Kannst du dir vorstellen, frage ich den Superstar, nach Ende deiner Rennkarriere als Entwicklungspilot für Ferrari weiterzuarbeiten – wie Jackie Stewart bei Ford? Oder interessiert dich nur das reine Rennfahren?
Michael: „Ich kann mir diese neue Karriere sogar sehr gut vorstellen. Schließlich gibt es ja schon den Schumacher-Escort von 1994 – in 250 Exemplaren."

Wie lebt Schumacher bei Ferrari – und wie lebt Ferrari mit ihm? Fragen wir direkt den Ferrari-Rennleiter nach den ersten Rennen.
Jean Todt, träumen Sie schon von Michael Schumachers erstem Ferrari-Sieg?
Todt: „Um Himmels willen, nein. Das Auto in der Box daneben – Williams – ist immer noch überlegen. Wenn wir wieder regelmäßig aufs Podest fahren, unter die ersten drei, find' ich das schon ganz toll."
Ihr arbeitet jetzt ein halbes Jahr zusammen. Wie finden Sie Schumacher als Mensch und als Rennfahrer?
Todt: „Michael ist ein sehr netter Kerl und verdient auch, daß man ihn als sol-

chen kennt. Er hat ein Riesenherz, interessiert sich für alles, auch außerhalb des Motorsports, ist sehr konstruktiv, sehr positiv, in seiner Arbeitsweise sehr pragmatisch und logisch, weiß ganz genau, was er will und wie er es kriegt. Als er zu Ferrari kam, wußte er ganz genau, daß er nicht in der bequemsten Position ist, die er haben kann – aber damit lebt er. Sehr positiv. Und wir haben ja gemeinsame Ziele."
Niki Lauda hat den ersten Kontakt Ferrari/Schumacher hergestellt. Wann habt ihr zum erstenmal geredet?
Todt: „Mit Willi Weber, seinem Manager, kurz vor Imola 1995. Mit Michael dann im Juli. Da war noch alles ziemlich offen. Aber er sagte mir schon damals: Ich liebe diese Herausforderung Ferrari!"
Das gilt wohl für euch beide ...
Todt: „Das Ziel für 1996 ist, zu versuchen, Rennen zu gewinnen. Und unser A-Team, unser Auto, unseren Motor soweit zu bringen."
Stimmt die Marschrichtung, euer Tempo, oder nicht?
Todt: „Ganz ehrlich, ich dachte, wir waren konkurrenzfähiger. Nicht, daß der neue Williams besser ist, als wir dachten. Er ist genau so gut wie erwartet. Aber wir müssen mit unserem neuen Auto noch sehr viel lernen – immer noch."
Kommuniziert ihr viel miteinander während eines Rennens?
Todt: „Überhaupt nicht. Der Boxenfunk ist für die Renningenieure da. Wenn ich Michael etwas sagen will, dann über die Ingenieure."
Sie sind seit 30 Jahren im Renn- und Rallyesport, ist Ihnen je ein Pilot wie Schumacher untergekommen?
Todt: „Ich mag Menschen nicht miteinander vergleichen. Jeder ist anders. Aber Michael ist für 27 unheimlich reif. Er hat schon zwei Weltmeistertitel gewonnen, das kommt nicht von nichts heraus. Er ist sehr speziell, widmet sein Leben seinem Job."
Todt und Schumacher, eine perfekte Kombination?
Todt: „Für mich ist das Wichtigste in einer Beziehung Bescheidenheit. Ich mag keine großen Worte, bin kein Showman. Ich erfülle nur alles, was man mir befohlen hat – und Michael genauso. Wir haben die gleiche Richtung."
Aber der Druck muß gewaltig sein?
Todt: „Ich weiß, was ich mir aufgeladen habe. Aber solange ich nachts schlafen kann, kein Problem. Wenn einmal nicht mehr, ist alles wieder anders."
Wie oft telefoniert ihr?
Todt: „Sehr oft, aber immer nur, wenn wir uns wirklich etwas zu sagen haben. Wir sind beide immer sehr leicht erreichbar."
Aber in Fiorano testet ihr weniger als früher?
Todt: „Manchmal schon. Aber Fiorano ist nicht der bestgeeignete Kurs fürs Formel-I-Testen. Früher ja, aber heute nicht mehr."
Sie leben unverändert in Maranello?
Todt: „Ich hab' kein Schloß, aber ein schönes Haus mit riesigem Garten, fünf

Minuten von Maranello. Sogar mit eigenem Koch. Manchmal kocht er für uns, wenn Michael da ist. Oder wir gehen ins Ristorante."
Sonstige gemeinsame Aktivitäten? Motorbootfahren? Oder in die Mailänder Scala?
Todt: „Noch keine Zeit. Aber ich hoff', sie kommt noch – damit ich mit Michael und meinem Sohn Nicolas Go-Kart fahren kann. Jetzt müssen wir noch konzentriert arbeiten."
Gemeinsam mit John Barnard, dem Konstrukteur. Hat er Michael nicht versprochen, er kommt zu jedem Rennen?
Todt: „Nur wenn es notwendig ist. Wie in Brasilien – in Argentinien war's nicht nötig. Jetzt hat er viel Arbeit, das Auto weiterzuentwickeln."
Man kennt die Vorteile des neuen Williams-Cockpits. Welche positiven, welche schwachen Punkte hat der Ferrari?
Todt: „Der neue V-10-Motor scheint haltbarer zu sein, als wir geglaubt hatten. Aber die Ankommensrate – viermal bei sechs Starts – kann sich sehr rasch ändern. Negativ ist, daß das Auto wahnsinnig nervös zu fahren ist. Und die Aerodynamik ist nicht sehr effizient."
Aber dafür die nur zwei Pedale . . .
Habt ihr vertraglich eine Prämie für den Gewinn des WM-Titels festgelegt?
Todt: „Das ist ganz privat. Aber wir kämpfen nicht wegen Geld um die Weltmeisterschaft, sondern aus Leidenschaft."

Schumacher wird auch schaffen, was Graf Trips leider Gottes nicht bestimmt und Stefan Bellof nicht möglich war: als erster Deutscher für Ferrari den Weltmeistertitel zu gewinnen.
Und irgendwann, frage ich Michael, leuchten dann die Silberpfeile? „Die leuchten immer."

Die deutschen Europameister

1934   Hans Stuck (Auto-Union)

1935   Rudolf Caracciola (Mercedes-Benz)

1936   Bernd Rosemeyer (Auto-Union)

1937   Rudolf Caracciola (Mercedes-Benz)

1938   Rudolf Caracciola (Mercedes-Benz)

1939   Hermann Lang (Mercedes-Benz)

Der deutsche Weltmeister

1994   Michael Schumacher (Benetton-Ford)

1995   Michael Schumacher (Benetton-Renault)

Die Chronik der „Silberpfeile"

1903 Camille Jenatzy gewinnt das Gordon-Bennett-Rennen in Irland auf Mercedes.
1908 Christian Lautenschlager gewinnt den Grand Prix von Frankreich (Dieppe) vor den Franzosen Héméry und Hanriot, alle auf Mercedes.
1914 Christian Lautenschlager gewinnt den Grand Prix von Frankreich vor zwei weiteren 4,5-Liter-Mercedes-Grand-Prix-Wagen. Ralph de Palma gewinnt das Vanderbilt-Rennen in den USA.
1915 Ralph de Palma gewinnt die 500 Meilen von Indianapolis.
1926 Rudolf Caracciola erringt den ersten Sieg für Mercedes auf der Avus in Berlin.
1927 Caracciola gewinnt das Eifelrennen auf einem Mercedes S. Mit diesem Rennen wird der Nürburgring offiziell eröffnet.
1930 Caracciola gewinnt die Sportwagen-Europameisterschaft auf einem SSK.
1931 Caracciola gewinnt die Berg-EM für Sportwagen auf einem SSKL.
1934 Manfred von Brauchitsch gewinnt das Eifelrennen auf einem W 25, der für die neue 750-kg-Formel gebaut wurde. Aus Gewichtsgründen mußte die weiße Farbe wieder abgekratzt werden, so daß das Metall zum Vorschein kam. Der erste „Silberpfeil" war geboren. Caracciola und Fagioli gewinnen die Grand Prix von Italien und Spanien.
1935 Mercedes gewinnt sieben Grand Prix. Caracciola wird Europameister.
1936 Caracciola gewinnt die Grand Prix von Monaco und Tunis.
1937 Mercedes-Fahrer gewinnen sechs Grand Prix: Hermann Lang (2), von Brauchitsch (1) und Caracciola (3). Caracciola wird Europameister.
1938 Mercedes gewinnt vier Grand Prix. Caracciola gewinnt die Europameisterschaft.
1939 Mercedes gewinnt fünf Grand Prix. Hermann Lang wird Europameister.
1952 Nach dem Krieg nimmt Mercedes seine Rennsportaktivitäten wieder auf und gewinnt die 24 Stunden von Le Mans mit Lang/Rieß und die Carrera Panamericana in Mexiko mit Karl Kling.
1954 Formel-I-Comeback von Mercedes beim Grand Prix von Frankreich endet mit einem Doppelsieg von Juan-Manuel Fangio vor Karl Kling mit dem neuen 2,5-Liter-Formel-I-Motor (ein 8-Zylinder-Reihenmotor). Fangio gewinnt drei weitere Grand Prix und wird Weltmeister.
1955 Mercedes gewinnt sechs Grand Prix durch Juan-Manuel Fangio (5) und Stirling Moss in Silverstone. Fangio wird zum zweiten Mal auf Mercedes Weltmeister.

Ende 1955 zieht sich Mercedes-Benz aus dem Rennsport zurück.

Die Chronik der „Silberpfeile"

1988 Mercedes-Benz Motorsport kehrt mit dem Schweizer Sauber-Team in der Sportprototypen-WM-Gruppe C (WSPC) und dem AMG-Team in der Deutschen Tourenwagenmeisterschaft (DTM) in den Rennsport zurück.
1989 Mercedes gewinnt mit Schiesser die Sportprototypen-WM für Konstrukteure und Fahrer. Bei den 24 Stunden von Le Mans belegen zwei C 9 die ersten beiden Plätze.
1990 Mercedes gewinnt mit Baldi/Schiesser die Sportprototypen-WM (WSPC) für Konstrukteure und Fahrer zum zweiten Mal hintereinander. Start des Juniorenprogramms mit Michael Schumacher, Heinz-Harald Frentzen und Karl Wendlinger, die von Mercedes in der WSC (Gruppe C) trainiert werden.
1991 Ein Sieg mit den Junioren Schumacher/Wendlinger auf dem C 291 beim letzten Start von Mercedes in der Sportwagen-WM in Autopolis (Japan). Mercedes zieht sich aus der WSC zurück, um sich auf die DTM zu konzentrieren. Das Sauber-Team startet ein eigenes Formel-I-Projekt.
1992 Mercedes gewinnt die DTM mit dem AMG-Team und Klaus Ludwig auf einem Mercedes 190E.
1993 Das Formel-I-Team von Sauber wird von Mercedes unter dem Logo „concept by Mercedes-Benz" unterstützt und beendet die Saison mit dem 6. Platz in der Konstrukteur-WM. Am Ende des Jahres gibt Mercedes-Benz sein internationales Rennsportprogramm für 1994 bekannt. Nach dem Erwerb von Anteilen an Ilmor Engineering wird Mercedes Motorpartner von Sauber (Formel I) und Penske (Indy-Car World Series). Mercedes erringt den 50. Sieg in der DTM und belegt den zweiten Platz in der Meisterschaft.
1994 Al Unser jr. aus dem Rennstall von Roger Penske gewinnt die 500 Meilen von Indianapolis mit dem neu entwickelten Stoßstangenmotor von Mercedes. Klaus Ludwig und das AMG-Team gewinnen die DTM auf einem Mercedes der neuen C-Klasse. Mercedes erreicht 11 Siege in 24 Rennen.

Statistik

Alle deutschen Siege 1908 bis 1939

Jahr	Rennen	Ort	Fahrer	Marke
1908	GP von Frankreich	Dieppe	Christian Lautenschlager	Mercedes-Benz
1914	GP von Frankreich	Lyon	Christian Lautenschlager	Mercedes-Benz
1926	GP von Deutschland	Avus	Rudolf Caracciola	Mercedes-Benz
1927	GP von Deutschland	Nürburgring	Otto Merz	Mercedes-Benz
1928	GP von Deutschland	Nürburgring	Rudolf Caracciola	Mercedes-Benz
1931	GP von Deutschland	Nürburgring	Rudolf Caracciola	Mercedes-Benz
1932	GP von Deutschland	Nürburgring	Rudolf Caracciola	Alfa Romeo
1934	Eifelrennen	Nürburgring	Manfred von Brauchitsch	Mercedes-Benz
	GP von Deutschland	Nürburgring	Hans Stuck	Auto-Union
	Coppa Acerbo	Pescara	Luigi Fagioli	Mercedes-Benz
	GP der Schweiz	Bremgarten	Hans Stuck	Auto-Union
	GP von Italien	Monza	Caracciola/Fagioli	Mercedes-Benz
	GP von Spanien	San Sebastian	Luigi Fagioli	Mercedes-Benz
	GP der Tschechoslowakei	Brünn	Hans Stuck	Auto-Union
1935	GP von Monaco	Monte Carlo	Luigi Fagioli	Mercedes-Benz
	GP von Tunis	Karthago	Archille Varzi	Auto-Union
	GP von Tripolis	Mellaha	Rudolf Caracciola	Mercedes-Benz
	Avusrennen	Avus	Luigi Fagioli	Mercedes-Benz
	Eifelrennen	Nürburgring	Rudolf Caracciola	Mercedes-Benz
	GP von Frankreich	Montlhery	Rudolf Caracciola	Mercedes-Benz
	GP von Penya Rhin	Barcelona	Luigi Fagioli	Mercedes-Benz
	GP von Belgien	Spa	Rudolf Caracciola	Mercedes-Benz
	GP von Deutschland	Nürburgring	Tazio Nuvolari	Alfa Romeo
	Coppa Ciano	Montenero	Tazio Nuvolari	Alfa Romeo
	Coppa Acerbo	Pescara	Archille Varzi	Auto-Union
	GP der Schweiz	Bern	Rudolf Caracciola	Mercedes-Benz
	GP von Italien	Monza	Hans Stuck	Auto-Union
	GP von Spanien	San Sebastian	Rudolf Caracciola	Mercedes-Benz
	GP der Tschechoslowakei	Brünn	Bernd Rosemeyer	Auto-Union
1936	GP von Monaco	Monte Carlo	Rudolf Caracciola	Mercedes-Benz
	GP von Tripolis	Mellaha	Archille Varzi	Auto-Union
	GP von Tunis	Karthago	Rudolf Caracciola	Mercedes-Benz
	GP von Penya Rhin	Barcelona	Tazio Nuvolari	Auto-Union
	Eifelrennen	Nürburgring	Bernd Rosemeyer	Auto-Union
	GP von Ungarn	Budapest	Tazio Nuvolari	Auto-Union
	GP von Mailand	Mailand	Tazio Nuvolari	Auto-Union
	GP von Deutschland	Nürburgring	Bernd Rosemeyer	Auto-Union
	Coppa Ciano	Livorno	Tazio Nuvolari	Auto-Union
	Coppa Acerbo	Pescara	Bernd Rosemeyer	Auto-Union
	GP der Schweiz	Bremgarten	Bernd Rosemeyer	Auto-Union

	GP von Italien	Monza	Bernd Rosemeyer	Auto-Union
	Vanderbilt Cup	New York	Tazio Nuvolari	Alfa Romeo
1937	Grosvenor GP	Kapstadt	Ernst von Delius	Auto-Union
	GP von Tripolis	Mellaha	Hermann Lang	Mercedes-Benz
	Avusrennen	Avus	Hermann Lang	Mercedes-Benz
	Eifelrennen	Nürburgring	Bernd Rosemeyer	Auto-Union
	GP von Mailand	Mailand	Tazio Nuvolari	Auto-Union
	Vanderbilt Cup	New York	Bernd Rosemeyer	Auto-Union
	GP von Belgien	Spa	Rudolf Hasse	Auto-Union
	GP von Deutschland	Nürburgring	Rudolf Caracciola	Mercedes-Benz
	GP von Monaco	Monte Carlo	Manfred von Brauchitsch	Mercedes-Benz
	Coppa Acerbo	Pescara	Bernd Rosemeyer	Auto-Union
	GP der Schweiz	Bremgarten	Rudolf Caracciola	Mercedes-Benz
	GP von Italien	Livorno	Rudolf Caracciola	Mercedes-Benz
	GP der Tschechoslowakei	Brünn	Rudolf Caracciola	Mercedes-Benz
	Donington GP	Donington	Bernd Rosemeyer	Auto-Union
1938	GP von Tripolis	Mellaha	Hermann Lang	Mercedes-Benz
	GP von Frankreich	Reims	Manfred von Brauchitsch	Mercedes-Benz
	GP von Deutschland	Nürburgring	Richard Seaman	Mercedes-Benz
	Coppa Giano	Livorno	Hermann Lang	Mercedes-Benz
	Coppa Acerbo	Pescara	Rudolf Caracciola	Mercedes-Benz
	GP der Schweiz	Bremgarten	Rudolf Caracciola	Mercedes-Benz
	GP von Italien	Monza	Tazio Nuvolari	Auto-Union
	Donington GP	Donington	Tazio Nuvolari	Auto-Union
1939	GP von Pau	Pau	Hermann Lang	Mercedes-Benz
	GP von Tripolis	Mellaha	Hermann Lang	Mercedes-Benz
	Eifelrennen	Nürburgring	Hermann Lang	Mercedes-Benz
	GP von Belgien	Spa	Hermann Lang	Mercedes Benz
	GP von Frankreich	Reims	H. P. Müller	Auto-Union
	GP von Deutschland	Nürburgring	Rudolf Caracciola	Mercedes-Benz
	GP der Schweiz	Bremgarten	Hermann Lang	Mercedes-Benz
	GP von Jugoslawien	Belgrad	Tazio Nuvolari	Auto-Union

Alle GP-Siege deutscher Fahrer

1961	GP von Europa	Zandvoort	Wolfgang Graf Berghe von Trips	Ferrari
1961	GP von England	Aintree	Wolfgang Graf Berghe von Trips	Ferrari
1975	GP von Spanien	Montjuich	Jochen Mass	McLaren-Ford
1992	GP von Belgien	Spa	Michael Schumacher	Benetton-Ford
1993	GP von Portugal	Estoril	Michael Schumacher	Benetton-Ford
1994	GP von Brasilien	Interlagos	Michael Schumacher	Benetton-Ford
	GP von Japan	Aida	Michael Schumacher	Benetton-Ford
	GP von San Marino	Imola	Michael Schumacher	Benetton-Ford
	GP von Monaco	Monte Carlo	Michael Schumacher	Benetton-Ford
	GP von Kanada	Montreal	Michael Schumacher	Benetton-Ford
	GP von Frankreich	Magny-Cours	Michael Schumacher	Benetton-Ford
	GP von Ungarn	Budapest	Michael Schumacher	Benetton-Ford
	GP von Spanien	Jerez	Michael Schumacher	Benetton-Ford
1995	GP von Brasilien	Interlagos	Michael Schumacher	Benetton-Renault
	GP von Spanien	Barcelona	Michael Schumacher	Benetton-Renault
	GP von Monaco	Monte Carlo	Michael Schumacher	Benetton-Renault
	GP von Frankreich	Magny-Cours	Michael Schumacher	Benetton-Renault
	GP von Deutschland	Hockenheim	Michael Schumacher	Benetton-Renault
	GP von Belgien	Spa	Michael Schumacher	Benetton-Renault
	GP von Europa	Nürburgring	Michael Schumacher	Benetton-Renault
	GP von Japan	Aida	Michael Schumacher	Benetton-Renault
	GP von Japan	Suzuka	Michael Schumacher	Benetton-Renault

Alle GP-Siege deutscher Autos

1954	GP von Frankreich	Reims	Juan Manuel Fangio	Mercedes
	GP von Deutschland	Nürburgring	Juan Manuel Fangio	Mercedes
	GP der Schweiz	Bremgarten	Juan Manuel Fangio	Mercedes
	GP von Italien	Monza	Juan Manuel Fangio	Mercedes
1955	GP von Argentinien	Buenos Aires	Juan Manuel Fangio	Mercedes
	GP von Belgien	Spa	Juan Manuel Fangio	Mercedes
	GP von Holland	Zandvoort	Juan Manuel Fangio	Mercedes
	GP von England	Aintree	Stirling Moss	Mercedes
	GP von Italien	Monza	Juan Manuel Fangio	Mercedes
1962	GP von Frankreich	Rouen	Dan Gurney	Porsche

Alle GP-Siege deutscher Motoren
(Siehe auch Mercedes 1954/55 und Porsche 1962)

1982	GP von Kanada	Montreal	Nelson Piquet	Brabham-BMW
1983	GP von Brasilien	Rio	Nelson Piquet	Brabham-BMW
	GP von Italien	Monza	Nelson Piquet	Brabham-BMW
	GP von Europa	Brands Hatch	Nelson Piquet	Brabham-BMW
	GP von Südafrika	Kyalami	Riccardo Patrese	Brabham-BMW
1984	GP von Brasilien	Rio	Alain Prost	McLaren-Porsche
	GP von Südafrika	Kyalami	Niki Lauda	McLaren-Porsche
	GP von San Marino	Imola	Alain Prost	McLaren-Porsche
	GP von Frankreich	Dijon	Niki Lauda	McLaren-Porsche
	GP von Monaco	Monte Carlo	Alain Prost	McLaren-Porsche
	GP von Kanada	Montreal	Nelson Piquet	Brabham-BMW
	GP von USA-Ost	Detroit	Nelson Piquet	Brabham-BMW
	GP von England	Brands Hatch	Niki Lauda	McLaren-Porsche
	GP von Deutschland	Hockenheim	Alain Prost	McLaren-Porsche
	GP von Österreich	Zeltweg	Niki Lauda	McLaren-Porsche
	GP von Holland	Zandvoort	Alain Prost	McLaren-Porsche
	GP von Italien	Monza	Niki Lauda	McLaren-Porsche
	GP von Europa	Nürburgring	Alain Prost	McLaren-Porsche
	GP von Portugal	Estoril	Alain Prost	McLaren-Porsche
1985	GP von Brasilien	Rio	Alain Prost	McLaren-Porsche
	GP von Monaco	Monte Carlo	Alain Prost	McLaren-Porsche
	GP von Frankreich	Le Castellet	Nelson Piquet	Brabham-BMW
	GP von England	Silverstone	Alain Prost	McLaren-Porsche
	GP von Österreich	Zeltweg	Alain Prost	McLaren-Porsche
	GP von Holland	Zandvoort	Niki Lauda	McLaren-Porsche
	GP von Italien	Monza	Alain Prost	McLaren-Porsche
1986	GP von San Marino	Imola	Alain Prost	McLaren-Porsche
	GP von Monaco	Monte Carlo	Alain Prost	McLaren-Porsche
	GP von Österreich	Zeltweg	Alain Prost	McLaren-Porsche
	GP von Mexiko	Mexico City	Gerhard Berger	Benetton-BMW
	GP von Australien	Adelaide	Alain Prost	McLaren-Porsche
1987	GP von Brasilien	Rio	Alain Prost	McLaren-Porsche
	GP von Belgien	Spa	Alain Prost	McLaren-Porsche
	GP von Portugal	Estoril	Alain Prost	McLaren-Porsche

Großer Preis von Deutschland: Alle Sieger

1926	Avus-Berlin	Rudolf Caracciola D	Mercedes-Benz	135,0 km/h
1927	Nürburgring	Otto Merz D	Mercedes-Benz	102,0 km/h
1928	Nürburgring	Rudolf Caracciola D	Mercedes-Benz	103,8 km/h
1929	Nürburgring	Louis Chiron MC	Bugatti	106,9 km/h
1931	Nürburgring	Rudolf Caracciola D	Mercedes-Benz	108,2 km/h
1932	Nürburgring	Rudolf Caracciola D	Alfa Romeo	119,1 km/h
1934	Nürburgring	Hans Stuck D	Auto-Union	123,0 km/h
1935	Nürburgring	Tazio Nuvolari I	Auto-Union	121,1 km/h
1936	Nürburgring	Bernd Rosemeyer D	Auto-Union	131,7 km/h
1937	Nürburgring	Rudolf Caracciola D	Mercedes-Benz	133,2 km/h
1938	Nürburgring	Dick Seaman GB	Mercedes-Benz	129,9 km/h
1939	Nürburgring	Rudolf Caracciola D	Mercedes-Benz	121,1 km/h
1950	Nürburgring	Alberto Ascari I	Ferrari	125,1 km/h
1951	Nürburgring	Alberto Ascari I	Ferrari	134,8 km/h
1952	Nürburgring	Alberto Ascari I	Ferrari	132,3 km/h
1953	Nürburgring	Nino Farina I	Ferrari	135,0 km/h
1954	Nürburgring	Juan Manuel Fangio ARG	Mercedes-Benz	133,2 km/h
1956	Nürburgring	Juan Manuel Fangio ARG	Ferrari	137,7 km/h
1957	Nürburgring	Juan Manuel Fangio ARG	Maserati	142,9 km/h
1958	Nürburgring	Tony Brooks GB	Vanwall	145,4 km/h
1959	Avus-Berlin	Tony Brooks GB	Ferrari	230,7 km/h
1960	Nürburgring-Südschleife*	Joakim Bonnier S	Porsche F-2	129,2 km/h
1961	Nürburgring	Stirling Moss GB	Lotus-Climax	148,6 km/h
1962	Nürburgring	Graham Hill GB	BRM	129,2 km/h
1963	Nürburgring	John Surtees GB	Ferrari	154,2 km/h
1964	Nürburgring	John Surtees GB	Ferrari	155,4 km/h
1965	Nürburgring	Jim Clark GB	Lotus-Climax	160,6 km/h
1966	Nürburgring	Jack Brabham AUS	Brabham-Repco	139,6 km/h
1967	Nürburgring	Denis Hulme NZ	Brabham-Repco	163,3 km/h
1968	Nürburgring	Jackie Stewart GB	Matra-Ford	139,8 km/h
1969	Nürburgring	Jacky Ickx B	Brabham-Ford	174,5 km/h
1970	Hockenheim	Jochen Rindt A	Lotus-Ford	199,4 km/h
1971	Nürburgring	Jackie Stewart GB	Tyrrell-Ford	184,2 km/h
1972	Nürburgring	Jacky Ickx B	Ferrari	187,7 km/h
1973	Nürburgring	Jackie Stewart GB	Tyrrell-Ford	188,0 km/h
1974	Nürburgring	Clay Regazzoni CH	Ferrari	188,8 km/h
1975	Nürburgring	Carlos Reutemann ARG	Brabham-Ford	189,5 km/h
1976	Nürburgring	James Hunt GB	McLaren-Ford	118,6 km/h
1977	Hockenheim	Niki Lauda A	Ferrari	208,5 km/h

1978	Hockenheim	Mario Andretti USA	Lotus-Ford	208,3 km/h
1979	Hockenheim	Alan Jones AUS	Williams-Ford	216,1 km/h
1980	Hockenheim	Jacques Laffite F	Ligier-Ford	220,8 km/h
1981	Hockenheim	Nelson Piquet BRAS	Brabham-Ford	213,3 km/h
1982	Hockenheim	Patrick Tambay F	Ferrari	209,9 km/h
1983	Hockenheim	René Arnoux F	Ferrari	210,525 km/h
1984	Hockenheim	Alain Prost F	McLaren-Porsche	211,803 km/h
1984	Nürburgring*	Alain Prost F	McLaren-Porsche	191,751 km/h
1985	Nürburgring	Michele Alboreto I	Ferrari	191,147 km/h
1986	Hockenheim	Nelson Piquet BRAS	Williams-Honda	218,463 km/h
1987	Hockenheim	Nelson Piquet BRAS	Williams-Honda	220,394 km/h
1988	Hockenheim	Ayrton Senna BRAS	McLaren-Honda	193,148 km/h
1989	Hockenheim	Ayrton Senna BRAS	McLaren-Honda	224,566 km/h
1990	Hockenheim	Ayrton Senna BRAS	McLaren-Honda	227,167 km/h
1991	Hockenheim	Nigel Mansell GB	Williams-Renault	231,028 km/h
1992	Hockenheim	Nigel Mansell GB	Williams-Renault	234,798 km/h
1993	Hockenheim	Alain Prost F	Williams-Renault	233,861 km/h
1994	Hockenheim	Gerhard Berger A	Ferrari	222,970 km/h
1995	Hockenheim	Michael Schumacher D	Benetton-Renault	222,120 km/h
1995	Nürburgring*	Michael Schumacher D	Benetton-Renault	183,180 km/h

* Rennen 1960 auf der Nürburgring-Südschleife für Formel-II-Autos. Ab 1984 Rennen auf dem neuen Nürburgring, 1984 und 1995 als „Großer Preis von Europa".

Die deutschen Fahrer

Kurt Adolf
*5. November 1921

	Trainingsergebnis/Startposition	Rennergebnis

1953
auf 2,0 Ferrari 166

Nürburgring	[27.]	ausgefallen

Erwin Bauer
*17. Juli 1912 – †2. Juni 1958

1953
auf 2,0 Veritas-RS 6

Nürburgring	[33.]	ausgefallen

Gunter Bechem
*21. Dezember 1921

1953
auf 2,0 AFM-BMW 6

Nürburgring	[30.]	ausgefallen

Adolf Brudes von Breslau
*15. Oktober 1899 – †5. November 1986

1952
auf 2,0 Veritas-BMW 6

Nürburgring	[19.]	Motor

Theo Fitzau

1953
auf 2,0 AFM-BMW 6

Nürburgring	[21.]	ausgefallen

Willi Heeks
*13. Februar 1922

1952
auf 2,0 AFM-BMW 6

Nürburgring	[9.]	ausgefallen

1953
auf 2,0 Veritas-Meteor 6

Nürburgring	[18.]	ausgefallen

Theo Helfrich
*13. Mai 1913 – †29. April 1978

1952
auf 2,0 B Veritas-RS 6

Nürburgring	[18.]	ausgefallen

1953
auf 2,0 Veritas-RS 6

Nürburgring	[28.]	12.

1954
auf 2,0 Klenk-Meteor-BMW 6

Nürburgring		Motor

Oswald Karch

1953
auf 2,0 Veritas-RS 6

Nürburgring	[34.]	ausgefallen

Hans Klenk
*18. Oktober 1919

1952
auf 2,0 Veritas-Meteor 6

Nürburgring	[8.]	nicht klassiert, 4 Runden zurück

KARL KLING
*16. September 1910

1954
auf 2,5 Mercedes-Benz W 196

Reims	[2.]	2.
Silverstone	[6.]	7.
Nürburgring	[22.]	4.
Bremgarten	[5.]	Einspritzpumpe
Monza	[4.]	Unfall, Aufhängung
Pedralbes	[12.]	5.
WM 1954: 5. (12 Punkte)		

1955

Buenos Aires	[6.]	Unfall, 4. Platz im Wagen von Moss/Herrmann
Spa	[6.]	Ölleitung
Zandvoort	[3.]	Dreher
Aintree	[4.]	3.
Monza	[3.]	Getriebe
WM 1955: 12. (5 Punkte)		

ERNST KLODWIG
*23. Mai 1903

1952
auf 2,0 BMW-Eigenbau

Nürburgring	[28.]	nicht klassiert

1953

Nürburgring	[32.]	nicht klassiert, 3 Runden zurück

RUDOLF KRAUSE
*30. März 1907

1952
auf 2,0 BMW 6

Nürburgring	[23.]	ausgefallen

1953
auf 2,0 BMW-Eigenbau

Nürburgring	[26.]	14.

HERMANN LANG
*6. April 1909 – † 19. Oktober 1987

1953
auf 2,0 Maserati

Bremgarten	[11.]	5. (fuhr statt Gonzales)
WM 1953: 15. (2 Punkte)		

1954
auf 2,5 Mercedes-Benz W 196

Nürburgring	[11.]	Dreher

ERNST LOOF
*4. Juli 1907 – † 3. März 1956

1953
auf 2,0 Veritas-Meteor 6

Nürburgring	[31.]	Benzinpumpe

BERNHARD NACKE

1952
auf 2,0 BMW-Eigenbau

Nürburgring	[29.]	Zündkerzen

HELMUT NIEDERMAYER
*29. November 1915 – † 3. April 1985

1952
auf 2,0 AFM-BMW 6

Nürburgring	[22.]	nicht klassiert, 3 Runden zurück

JOSEF PETERS
*16. September 1914

1952
auf 2,0 Veritas-RS 6 BMW

Nürburgring	[20.]	ausgefallen

PAUL PIETSCH
*20. Juni 1911

1950
auf 1,5 Maserati 4 CL T/48

Monza	[28.]	Motor, 1. Runde

1951
auf 1,5 Alfa Romeo 159-8

Nürburgring	[7.]	Dreher

1952
auf 2,0 Veritas-Meteor 6

Nürburgring	[7.]	Getriebe

Fritz Riess
*11. Juli 1922

1952
auf 2,0 Veritas-RS 6

| Nürburgring | [12.] | 7. |

Wolfgang Seidel
*4. Juli 1926 – † 1. März 1987

1953
auf 2,0 Veritas-RS 6

| Nürburgring | [29.] | 16. |

1958
auf 2,5 Maserati 250 F 6

| Spa | [17.] | Motor |

auf 1,5 Cooper T 43-Climax

| Nürburgring | [17.] | Aufhängung |

auf 2,5 Maserati 250 F 6

| Casablanca | [20.] | Unfall |

1960
auf 1,5 Cooper T 45-Climax

| Monza | [13.] | 9. |

1961
auf 1,5 Lotus 18-Climax

Spa		nicht gestartet
Aintree	[22.]	nicht klassiert, 17 Runden zurück
Nürburgring	[23.]	Lenkung
Monza	[28.]	Motor

1962
auf 1,5 Emeryson-Climax

| Zandvoort | [20.] | nicht klassiert, 28 Runden zurück |

auf 1,5 Lotus 24 BRM V 8

| Aintree | [21.] | Bremsen, Überhitzung |
| Nürburgring | | nicht qualifiziert |

Kurt Ahrens Jr.
*19. April 1940

1966
auf 1,0 Brabham BT 18-Cosworth

| Nürburgring | [21.] | Getriebe |

1967
auf 1,6 Protos-Cosworth

| Nürburgring | [23.] | Kühler zerrissen |

1968
auf 3,0 Brabham BT 24-Repco V 8

| Nürburgring | [17.] | 12. |

1969
auf 1,6 Brabham BT 30-Cosworth 4

| Nürburgring | [19.] | 7. (3. in F 2) |

Hubert Hahne
*28. März 1935

1966
auf 1,0 Matra MS 5-BRM

| Nürburgring | [27.] | 9. |

1967
auf 2,0 Lola T 100-BMW

| Nürburgring | [14.] | Aufhängung |

1968
auf 2,0 Lola T 108-BMW

| Nürburgring | [18.] | 10. |

1969
auf 1,6 BMW

| Nürburgring | | zurückgezogen nach Mitters Unfall |

1970
auf March 701-Ford

| Nürburgring | | nicht qualifiziert |

Hans Heyer
*16. März 1943

1977
auf Penske PC 4-Ford

| Hockenheim | | nicht qualifiziert, trotzdem gestartet |

GERHARD MITTER
*30. August 1935 – † 1. August 1969

1963
auf 1,5 Porsche 718 F 4

Zandvoort	[16.]	Kupplung
Nürburgring	[15.]	4.

1964
auf 1,5 Lotus 25-Climax

Nürburgring	[19.]	9.

1965

Nürburgring	[12.]	Wasserleitung

1966
auf 1,0 Lotus 44-Cosworth F 2

Nürburgring		zurückgezogen nach Unfall, nicht fit

1967
auf 1,6 Brabham BT 23-Cosworth

Nürburgring	[24.]	Motor

1969
auf BMW F 2

Nürburgring		tödlicher Trainingsunfall

TONI ULMEN
*12. Januar 1906 – † 4. November 1976

1952
auf 2,0 Veritas-Meteor 6

Bremgarten		Benzintank leck
Nürburgring	[15.]	8.

HANS HERRMANN
*23. Februar 1938

1953
auf 2,0 Veritas AS

Nürburgring	[14.]	9.

1954
auf 2,5 Mercedes-Benz W 196

Reims	[7.]	Motor
Nürburgring	[4.]	Benzinpumpe
Bremgarten	[7.]	3.
Monza	[8.]	4.
Pedralbes	[9.]	Benzineinspritzpumpe

WM 1954: 6. (8 Punkte)

1955

Buenos Aires	[10.]	4. mit Moss/Kling
Monte Carlo		Trainingsunfall

WM 1955: 22. (1 Punkt)

1957
auf Maserati 250 F 6

Monte Carlo		nicht qualifiziert
Nürburgring	[11.]	Chassis gebrochen

1958

Nürburgring	[20.]	Motor
Monza	[18.]	Motor
Casablanca	[18.]	9.

1959
auf Cooper T 151-Maserati

Aintree	[19.]	Getriebe

auf BRM P 25

Avus	[11.]	8. im 1. Lauf, Unfall wegen Bremsdefekts im 2. Lauf

1960
auf Porsche 718

Monza	[10.]	6.

WM 1960: 24. (1 Punkt)

1961

Monte Carlo	[12.]	9.
Zandvoort	[12.]	15.

Nürburgring	[11.]	13.

1966
auf Winkelmann-Brabham F 2

Nürburgring	[22.]	11.

1969
auf Winkelmann-Lotus

Nürburgring		zurückgezogen nach Mitters Unfall

18 GP-Starts, 1 schnellste Runde, 10 WM-Punkte

HANS STUCK
*27. Dezember 1900 – †9. Februar 1978

1951
auf BRM

Monza		nur trainiert

1952
auf AFM

Bremgarten	[14.]	Motor

auf Ferrari

Monza	[14.]	nicht qualifiziert

1953
auf AFM-Bristol

Nürburgring	[23.]	ausgefallen
Monza	[29.]	nicht klassiert

Einer der erfolgreichsten Fahrer nach dem Krieg: 3 GP-Starts, 0 vor dem Krieg, nach 1945 nur 3 GP-Starts.

WOLFGANG GRAF BERGHE VON TRIPS
*4. Mai 1928 – †10. September 1961

1956
auf Lancia-Ferrari D 50

Monza		Trainingsunfall

1957
auf Lancia-Ferrari D 50/801

Buenos Aires		6. mit Collins/Perdisa
Monte Carlo	[9.]	Motor

Monza	[8.]	3.

WM 1957: 14. (4 Punkte)

1958
auf 2,4 Ferrari Dino 246

Monte Carlo	[12.]	Motor
Reims	[21.]	3.
Silverstone	[11.]	Motor
Nürburgring	[5.]	4.
Oporto	[6.]	5.
Monza	[6.]	Kollision mit Schell/Bein gebrochen

WM 1958: 10. (9 Punkte)

1959
auf 1,5 Porsche 718

Monte Carlo	[12.]	Massenunfall
Avus		zurückgezogen nach Behras Unfall

auf 2,4 Ferrari 246

Sebring	[6.]	6.

1960
auf 2,4 Ferrari Dino 246

Buenos Aires	[5.]	5.
Monte Carlo	[8.]	Kupplung
Zandvoort	[15.]	5.
Spa	[10.]	Kraftübertragung
Reims	[6.]	Kraftübertragung
Silverstone	[7.]	6.
Oporto	[9.]	4.
Monza	[6.]	5.

auf Cooper-Maserati

Riverside	[16.]	9.

WM 1960: 6. (10 Punkte)

1961
auf 1,5 Ferrari 156

Monte Carlo	[6.]	4., Motorschaden, Unfall zwei Runden vor Schluß
Zandvoort	[2.]	1.
Spa	[2.]	2.
Reims	[2.]	Motor
Aintree	[4.]	1.
Nürburgring	[5.]	2.
Monza	[1.]	tödlicher Unfall nach Kollision mit Clark

WM 1961: 2. (33 Punkte)

27 GP-Starts, 2 Siege, 1 Pole-position, 56 WM-Punkte

JOCHEN RINDT

*18. April 1942 – † 5. September 1970
(Deutscher, fuhr mit österreichischer Lizenz)

1964
auf Brabham BT 11-BRM

| Zeltweg | [8.] | Bremsen, Lenkung |

1965
auf Cooper T 75-Climax

Kyalami	[10.]	Elektrik
Monte Carlo		nicht zugelassen, andere Fahrer gesetzt
Spa	[14.]	11.
Clermont-Ferrand	[11.]	Bremsen, Kollision mit Amon
Silverstone	[12.]	Motor
Zandvoort	[14.]	Öldruck, Auspuff abgerissen
Nürburgring	[8.]	4.
Monza	[7.]	8.
Watkins Glen	[13.]	6.
Mexico City	[15.]	Elektrik

1966
auf Cooper T 81-Maserati

Monte Carlo	[7.]	Motor
Spa	[2.]	2.
Reims	[5.]	4.
Brands Hatch	[7.]	5.
Zandvoort	[6.]	Unfall
Nürburgring	[9.]	3.
Monza	[8.]	4.
Watkins Glen	[9.]	2.
Mexico City	[5.]	Unfall, Rad verloren

1967
auf Cooper T 81/86-Maserati

Kyalami	[7.]	Motor
Monte Carlo	[15.]	Getriebe
Zandvoort	[4.]	Radaufhängung
Spa	[4.]	4.
Le Mans	[8.]	Kolben
Silverstone	[8.]	Motor
Nürburgring	[9.]	Motor
Mosport	[8.]	Motor
Monza	[11.]	4.
Watkins Glen	[8.]	Motor

1968
auf Brabham-Repco V 8

Kyalami	[4.]	3.
Jarama	[9.]	Zylinderkopfdichtung
Monte Carlo	[5.]	Unfall mit Surtees
Spa	[17.]	Ventilschaden
Zandvoort	[2.]	Lichtmaschine
Rouen	[1.]	Tank geplatzt, Reifen
Brands Hatch	[5.]	Benzinpumpe, Feuer
Nürburgring	[3.]	3.
Monza	[9.]	Motor
Mount Tremblant	[1.]	Motor
Watkins Glen	[6.]	Motor
Mexico City	[10.]	Zündung

1969
auf Lotus 49-Ford

Kyalami	[2.]	mechanische Benzinpumpe
Barcelona	[1.]	Unfall, Heckflügelbruch
Zandvoort	[1.]	Kreuzgelenk
Clermont-Ferrand	[3.]	aufgegeben, Doppelvision
Silverstone	[1.]	4.
Nürburgring	[3.]	Zündung
Monza	[1.]	2.
Mosport	[3.]	3.
Watkins Glen	[1.]	1.
Mexico City	[6.]	Radaufhängung

1970
auf Lotus 49/Lotus 72-Ford

Kyalami	[4.]	Motor
Jarama	[8.]	Motor
Monte Carlo	[8.]	1.
Spa	[2.]	Kolben
Zandvoort	[1.]	1.
Clermont-Ferrand	[6.]	1.
Brands Hatch	[1.]	1.
Hockenheim	[2.]	1.
Zeltweg	[1.]	Motor
Monza		während des Abschlußtrainings verunglückt

Rolf Stommelen
*11. Juli 1943 – †24. Mai 1983

1969
auf Winkelmann-Lotus F 2
Nürburgring	[21.]	8. (4. in F 2)

1970
auf Brabham BT 33-Ford
Kyalami	[15.]	Motor
Jarama	[17.]	Motor
Monte Carlo		nicht qualifiziert
Spa	[7.]	5.
Zandvoort		nicht qualifiziert
Clermont-Ferrand	[14.]	7.
Brands Hatch		Trainingsunfall, nicht gestartet
Hockenheim	[11.]	5.
Zeltweg	[17.]	3.
Monza	[17.]	5.
St. Jovite	[18.]	Lenkung
Watkins Glen	[19.]	12.
Mexico City	[17.]	Benzinsystem

WM-Ergebnis: 11. (10 Punkte)

1971
auf Surtees TS 7/9-Ford
Kyalami	[15.]	12.
Montjuich	[19.]	Benzindruck
Monte Carlo	[16.]	6.
Zandvoort	[10.]	disqualifiziert, angeschoben nach Dreher
Le Castellet	[10.]	11.
Silverstone	[12.]	5.
Nürburgring	[12.]	10.
Zeltweg	[12.]	7.
Monza		Trainingsunfalls nicht gestartet
Mosport	[23.]	Öldruck

WM 1971: 18. (3 Punkte)

1972
auf Eifelland-March 721-Ford
Kyalami	[25.]	13.
Jarama	[17.]	Dreher gegen Barriere
Monte Carlo	[25.]	10.
Nivelles	[20.]	11.
Clermont-Ferrand	[15.]	16.
Brands Hatch	[25.]	10.
Nürburgring	[14.]	Elektrik
Zeltweg	[17.]	nicht klassiert, Verkleidung

1973
auf Brabham BT 42-Ford
Nürburgring	[16.]	11.
Zeltweg	[17.]	Radlager
Monza	[9.]	12.
Mosport	[18.]	12.

1974
auf Hill-Lola T 370-Form
Zeltweg	[13.]	Reifenschaden, Unfall
Monza	[14.]	Aufhängung
Mosport	[11.]	11.
Watkins Glen	[21.]	12.

1975
Buenos Aires	[19.]	13.
Interlagos	[23.]	14.
Kyalami	[14.]	7.

auf Hill-GH 1-Ford
Montjuich	[9.]	Unfall in Führung wegen Heckflügelbruchs, Bein gebrochen
Zeltweg	[23.]	16.
Monza	[23.]	Unfall Schikane

1976
auf Brabham BT 45-Alfa Romeo
Nürburgring	[15.]	6.

auf Hesketh-308 D-Ford
Zandvoort	[25.]	12.

auf Brabham BT 45-Alfa Romeo
Monza	[11.]	Motor/Elektrik

WM 1976: 19. (1 Punkt)

1978
auf Arrows FA 1-Ford
Kyalami	[22.]	9.
Long Beach	[18.]	9.
Monte Carlo	[19.]	aufgegeben, Rippenschmerz
Zolder	[17.]	Unfall
Jarama	[19.]	14.
Anderstorp	[24.]	14.
Le Castellet	[21.]	15.
Brands Hatch		nicht qualifiziert
Hockenheim	[20.]	disqualifiziert, falsche Boxeneinfahrt
Zeltweg		nicht vorqualifiziert
Zandvoort		nicht vorqualifiziert
Monza		nicht vorqualifiziert
Watkins Glen	[22.]	16.
Montreal		nicht qualifiziert

54 GP-Starts, 14 WM-Punkte

Rikki von Opel
*14. Oktober 1947
(fuhr mit Liechtensteiner Lizenz)

1973
auf Ensign MN-Ford

Le Castellet	[24.]	**15.**
Silverstone	[21.]	**13.**
Zandvoort		Aufhängungsschaden im Training, nicht gestartet
Zeltweg	[19.]	Benzindruck
Monza	[17.]	Motor überhitzt
Mosport	[25.]	nicht klassiert, Boxenstopps, von der Strecke abge. kommen, 12 Runden zurück
Watkins Glen	[27.]	Gaszug steckte

1974
auf Ensign N 174-Ford

Buenos Aires	[26.]	Handlingprobleme, nicht gestartet

auf Brabham BT 44-Ford

Jarama	[24.]	Ölleck
Nivelles	[22.]	Öldruck
Monte Carlo		nicht qualifiziert
Anderstorp	[20.]	**9.**
Zandvoort	[24.]	**9.**
Dijon		nicht qualifiziert

10 GP-Starts, 0 WM-Punkte

Edgar Barth
*26. November 1917 – † 20. Mai 1965

1953
auf 2,0 BMW 6

Nürburgring	[24.]	Auspuff

1957
auf Porsche F 2

Nürburgring	[12.]	**12.**

1958
Nürburgring	[13.]	**6.**, Klassensieger

1960
Monza	[12.]	**7.**

1964
auf Cooper-Climax

Nürburgring	[20.]	Kupplung

5 GP-Starts, 0 WM-Punkte

Jochen Mass
*30. September 1946

1973
auf Surtees TS 144-Ford

Silverstone	[14.]	Massenfunfall, kein 2. Start
Nürburgring	[15.]	**7.**
Watkins Glen	[16.]	Motor

1974
auf Surtees TS 16-Ford

Buenos Aires	[18.]	Motor
Interlagos	[10.]	**17.**
Kyalami	[17.]	nach Unfall aus dem Rennen
Jarama	[18.]	Getriebe
Nivelles	[26.]	Radträger gebrochen
Monte Carlo	[17.]	nicht gestartet, zuwenig Aufhängungsteile
Anderstorp	[22.]	Radaufhängung
Zandvoort	[19.]	Kreuzgelenk
Dijon	[18.]	Kupplung
Brands Hatch	[17.]	**14.**
Nürburgring	[10.]	Motor

auf McLaren M 23-Ford

Mosport	[12.]	**16.** nach Dreher, Kollision mit Peterson und langem Boxenstopp
Watkins Glen	[20.]	**7.**

1975
Buenos Aires	[13.]	**14.** nach Kollision mit Scheckter
Interlagos	[10.]	**3.**
Kyalami	[16.]	**6.**
Jarama	[11.]	**1.**, Abbruchsieger, halbe Punkte
Monte Carlo	[15.]	**6.**
Zolder	[15.]	Kollision mit Watson
Anderstorp	[14.]	Wasserleck
Zandvoort	[8.]	Motoraussetzer, Unfall
Le Castellet	[7.]	**3.**
Silverstone	[10.]	**7.**, Unfall im Gewitter
Nürburgring	[6.]	Reifenschaden, Unfall
Zeltweg	[9.]	**4.**

Monza	[5.]	Unfall Schikane
Watkins Glen	[9.]	3.

WM 1975: 7. (20 Punkte)

1976

Interlagos	[6.]	6.
Kyalami	[4.]	3.
Long Beach	[14.]	5.
Jarama	[4.]	Antiebswelle
Zolder	[18.]	6.
Monte Carlo	[11.]	5.
Anderstorp	[13.]	11.
Le Castellet	[14.]	15., gerammt von Reutemann
Brands Hatch	[11.]	Kupplung
Nürburgring	[9.]	3.
Zeltweg	[12.]	7.
Zandvoort	[15.]	9.
Monza	[26.]	Zündung/Verteiler
Mosport	[11.]	5.
Watkins Glen	[17.]	4.
Fuji	[12.]	von der Strecke gerutscht

WM 1976: 9. (19 Punkte)

1977

Buenos Aires	[5.]	Motoraussetzer, Dreher
Interlagos	[4.]	Dreher
Kyalami	[13.]	5.
Long Beach	[15.]	Vibrationen im Heck
Jarama	[9.]	4.
Monte Carlo	[9.]	4.
Zolder	[6.]	Dreher
Anderstorp	[9.]	2.
Dijon	[7.]	9. nach Kollision mit Reutemann
Silverstone	[11.]	4.
Hockenheim	[13.]	Getriebe
Zeltweg	[9.]	6.
Zandvoort	[14.]	gerammt von Jones
Monza	[9.]	4.
Watkins Glen	[15.]	Benzinpumpe
Mosport	[5.]	3. nach Kollision mit Hunt
Fuji	[8.]	Motor

WM 1977: 6. (25 Punkte)

1978
auf ATS HS 1-Ford

Buenos Aires	[13.]	11.
Rio	[20.]	7.
Kyalami	[15.]	Motor
Long Beach	[16.]	Bremshauptzylinder
Monte Carlo	[16.]	nicht qualifiziert
Zolder	[16.]	11.
Jarama	[17.]	9.
Anderstorp	[19.]	13.
Le Castellet	[25.]	13.
Brands Hatch	[26.]	nicht klassiert
Hockenheim	[22.]	Aufhängung gebrochen, Unfall mit Stuck
Zeltweg		nicht qualifiziert
Zandvoort		nicht qualifiziert

1979
auf Arrows A 1-Ford

Buenos Aires	[13.]	8.
Interlagos	[19.]	7.
Kyalami	[20.]	12.
Long Beach	[11.]	9.
Jarama	[17.]	8.
Zolder	[22.]	Dreher, Motor abgestorben
Monte Carlo	[8.]	6.
Dijon	[22.]	15.
Silverstone	[20.]	Getriebe
Hockenheim	[18.]	6.
Zeltweg	[20.]	Motor
Zandvoort	[18.]	6.
Monza	[21.]	Aufhängung/Motor
Montreal		nicht qualifiziert
Watkins Glen		nicht qualifiziert

WM 1979: 15. (3 Punkte)

1980
auf Arrows A 3-Ford

Buenos Aires	[14.]	Getriebe
Interlagos	[16.]	10.
Kyalami	[19.]	6.
Long Beach	[17.]	7.
Zolder	[13.]	Dreher
Monte Carlo	[15.]	4.
Le Castellet	[15.]	10.
Brands Hatch	[24.]	13.
Hockenheim	[17.]	8.
Montreal	[22.]	11.
Watkins Glen	[24.]	Antriebswelle

WM 1980: 17. (4 Punkte)

1982
auf March 821-Ford

Kyalami	[22.]	12.
Rio	[21.]	10.
Long Beach	[21.]	8.
Zolder	[25.]	Motor
Monte Carlo		nicht qualifiziert
Detroit	[18.]	7.
Montreal	[22.]	11.
Zandvoort	[24.]	Motor
Brands Hatch	[25.]	10.
Le Castellet	[26.]	Unfall mit Baldi

105 GP-Starts, 1 Sieg, 2 schnellste Runden, 71 WM-Punkte

HARALD ERTL
*31. August 1948 – † 7. April 1982
(Österreicher, fuhr mit deutscher Lizenz)

1975
auf Hesketh 308-Ford

Nürburgring	[23.]	8.
Zeltweg	[24.]	Zündung
Monza	[17.]	9.

1976
auf Hesketh 308 D-Ford

Kyalami	[24.]	15.
Long Beach		nicht qualifiziert
Jarama		nicht qualifiziert
Zolder	[24.]	Motor
Monte Carlo		nicht qualifiziert
Anderstorp	[23.]	nach Dreher im Sand gesteckt
Le Castellet		nicht qualifiziert
Brands Hatch	[23.]	7.
Nürburgring	[22.]	Unfall 1. Start
Zeltweg	[20.]	8.
Zandvoort	[24.]	Dreher in Tarzan-Kurve
Monza	[19.]	16.
Mosport		nicht gestartet, Trainingskollision mit Amon
Watkins Glen	[21.]	13.
Fuji	[22.]	8.

1977
auf Hesketh 308 E-Ford

Jarama	[18.]	Kühler und Auspuff gebrochen
Monte Carlo		nicht qualifiziert
Zolder	[25.]	9.
Anderstorp	[23.]	16.
Dijon		nicht qualifiziert

1978
auf Ensign N 177-Ford

Hockenheim	[23.]	11.
Zeltweg	[24.]	Startkollision mit Patrese
Zandvoort		nicht vorqualifiziert

auf ATS HS 1-Ford

Monza		nicht qualifiziert

1980
auf ATS 04-Ford

Hockenheim		nicht qualifiziert

STEFAN BELLOF
*20. November 1957 – † 1. September 1985

1984
auf Tyrrell 012-Ford

Rio	[23.]	Gaszug
Kyalami	[25.]	Aufhängung
Zolder	[21.]	6., disqualifiziert
Imola	[21.]	5., disqualifiziert
Dijon	[21.]	Motorprobleme
Monte Carlo	[20.]	3., disqualifiziert
Montreal	[22.]	Antriebswelle
Detroit	[16.]	Unfall
Dallas	[17.]	Unfall, gegen Mauer
Brands Hatch	[26.]	11., disqualifiziert
Zeltweg	[28.]	ausgeschlossen vom Training wegen Untergewichts
Zandvoort	[24.]	9., disqualifiziert

Nach dem GP von Holland für alle Rennen 1984 nachträglich disqualifiziert und Startverbot für den Rest der Saison.

1985

Estoril	[21.]	6.
Imola	[24.]	Motor
Monte Carlo	[22.]	nicht qualifiziert
Montreal	[23.]	11.
Detroit	[19.]	4.
Le Castellet	[26.]	13.
Silverstone	[26.]	11.

auf Tyrrell 014-Renault Turbo

Nürburgring	[19.]	8.
Zeltweg	[22.]	7., Sprit ausgegangen
Zandvoort	[22.]	Motor

WM 1985: 15. (4 Punkte)
20 GP-Starts, 4 WM-Punkte

MANFRED WINKELHOCK
*6. Oktober 1952 – † 12. August 1985

1980
auf Arrows A 3-Ford

Imola	[26.]	nicht qualifiziert

1982
auf ATS D 5-Ford

Kyalami	[20.]	10.

Rio	[16.]	5., weil Piquet (1.) und Rosberg (2.) disqualifiziert
Long Beach	[25.]	Kollision mit Borgudd und Henton
Imola	[12.]	6., disqualifiziert wegen Untergewicht
Zolder	[12.]	Kupplung
Monte Carlo	[14.]	Differential
Detroit	[5.]	Lenkung; Unfall, Rad weggebrochen
Montreal	[27.]	nicht qualifiziert
Zandvoort	[18.]	12.
Brands Hatch	[27.]	nicht qualifiziert
Le Castellet	[18.]	11.
Hockenheim	[15.]	Schaltungsdefekt
Zeltweg	[25.]	Dreher
Dijon	[20.]	Motoraufhängung
Monza	[28.]	nicht qualifiziert
Las Vegas	[22.]	nicht klassiert, Fehlzündungen

1983
auf ATS D 6-BMW Turbo

Rio	[26.]	16.
Long Beach	[24.]	Defekt, Unfall, gegen Mauer
Le Castellet	[10.]	Motor, Auspuff
Imola	[7.]	11.
Monte Carlo	[16.]	Unfall mit Boesel
Spa	[7.]	Hinterrad verloren
Detroit	[22.]	Unfall, gegen Mauer
Montreal	[7.]	9.
Silverstone	[8.]	Motor überhitzt
Hockenheim	[29.]	nicht qualifiziert
Zeltweg	[13.]	Motor überhitzt
Zandvoort	[9.]	disqualifiziert, überholte in der Aufwärmrunde
Monza	[9.]	Auspuff gebrochen
Brands Hatch	[9.]	8.
Kyalami	[8.]	Motorschaden

1984
auf ATS 07-BMW Turbo

Rio	[15.]	disqualifiziert im Training
Kyalami	[12.]	Motor
Zolder	[6.]	Elektrik, Auspuff
Imola	[7.]	Turbo
Dijon	[8.]	Kupplung
Monte Carlo	[12.]	Dreher
Montreal	[12.]	8.
Detroit	[14.]	Unfall
Dallas	[13.]	8.
Brands Hatch	[11.]	Dreher
Hockenheim	[13.]	Ladedruck, Getriebe
Zeltweg	[14.]	Getriebeschaden in Aufwärmrunde, nicht gestartet
Zandvoort	[16.]	Dreher
Monza	[21.]	Getriebeschaden in Aufwärmrunde, nicht gestartet

auf Brabham BT 53-BMW Turbo

Estoril	[19.]	10.

1985
auf RAM 03-Hart Turbo

Rio	[16.]	13.
Estoril	[15.]	nicht klassiert, 17 Runden zurück
Imola	[23.]	Motor
Monte Carlo	[24.]	nicht qualifiziert
Montreal	[14.]	von de Cesaris gerammt, gegen Mauer
Detroit	[20.]	Turbo
Le Castellet	[20.]	12.
Silverstone	[18.]	Turbo
Nürburgring	[22.]	Motor

47 GP-Starts, 0 Siege, 2 WM-Punkte

CHRISTIAN DANNER
*4. April 1958

1985
auf Zakspeed 841 Turbo

Spa	[22.]	Getriebe
Brands Hatch	[25.]	Motor

1986
auf Osella FA 1F-Alfa Romeo Turbo

Rio	[24.]	Motor
Jerez	[23.]	Motor
Imola	[25.]	Elektrik
Monte Carlo	[24.]	nicht qualifiziert
Spa	[25.]	aus der Box gestartet, Motor
Montreal	[25.]	Turbo

auf Arrows A 8-BMW Turbo

Detroit	[19.]	Elektrik
Le Castellet	[18.]	11.
Brands Hatch	[23.]	Unfall beim 1. Start
Hockenheim	[17.]	Turbo
Budapest	[21.]	Hinterradaufhängung
Zeltweg	[22.]	6.
Monza	[16.]	8.
Estoril	[22.]	11.

Mexico City	[20.]	9.
Adelaide	[24.]	Motor

WM 1986: 18. (1 Punkt)

1987
auf Zakspeed 861/871 Turbo

Rio	[17.]	9.
Imola	[18.]	7.
Spa	[20.]	Dreher
Monte Carlo		disqualifiziert nach Training
Detroit	[16.]	8.
Le Castellet	[19.]	Motor
Silverstone	[18.]	Getriebe
Hockenheim	[20.]	Antriebswelle
Budapest	[23.]	Motoraussetzer
Zeltweg	[20.]	9., aus Box gestartet
Monza	[16.]	9.
Estoril	[16.]	Unfall beim 1. Start
Jerez	[22.]	Getriebe
Mexico City	[17.]	Kollision mit Johansson
Suzuka	[16.]	Unfall
Adelaide	[24.]	7.

1989
auf Rial ARC 2-Ford

Rio	[17.]	14., Getriebe
Imola	[29.]	nicht qualifiziert
Monte Carlo	[27.]	nicht qualifiziert
Mexico City	[23.]	nicht qualifiziert
Phönix	[26.]	4.
Montreal	[23.]	8.
Le Castellet	[29.]	nicht qualifiziert
Silverstone	[30.]	nicht qualifiziert
Hockenheim	[29.]	nicht qualifiziert
Budapest	[29.]	nicht qualifiziert
Spa	[29.]	nicht qualifiziert
Monza	[28.]	nicht qualifiziert
Estoril	[30.]	nicht qualifiziert

36 GP-Starts, 4 WM-Punkte

JOACHIM WINKELHOCK
*24. Oktober 1960

1989
auf AGS-Cosworth
In Rio, Imola, Monte Carlo, Mexico City, Phönix, Montreal, Le Castellet nie vorqualifiziert.

VOLKER WEIDLER
*18. März 1962

1989
auf Rial-Cosworth
In Rio, Imola, Monte Carlo, Mexico City, Phönix, Montreal, Le Castellet, Silverstone nie vorqualifiziert.

Hockenheim		ausgeschlossen wegen fremder Hilfe
Budapest	[30.]	nicht qualifiziert

MICHAEL BARTELS
*8. März 1968

1991
auf Lotus 102 B-Judd

Hockenheim	nicht qualifiziert
Budapest	nicht qualifiziert
Monza	nicht qualifiziert
Barcelona	nicht qualifiziert

BERND SCHNEIDER
*20. Juli 1964

1988
auf Zakspeed 881 Turbo

Rio	[30.]	nicht qualifiziert
Imola	[30.]	nicht qualifiziert
Monte Carlo	[28.]	nicht qualifiziert
Mexico City	[15.]	Motor
Montreal	[30.]	nicht qualifiziert
Detroit	[29.]	nicht qualifiziert
Le Castellet	[21.]	Getriebe
Silverstone	[30.]	nicht qualifiziert
Hockenheim	[22.]	12.
Budapest	[28.]	nicht qualifiziert
Spa	[25.]	15., Getriebe
Monza	[15.]	Motor
Estoril	[30.]	nicht qualifiziert
Jerez	[27.]	nicht qualifiziert
Suzuka	[25.]	aufgegeben nach Trainingsunfall
Adelaide	[30.]	nicht qualifiziert

1989
auf Zakspeed 891-Yamaha

Rio	[25.]	Kollision mit Cheever
Suzuka	[21.]	Motorschaden in 1. Runde

In Imola, Monte Carlo, Mexcio City, Phönix, Montreal, Le Castellet, Silverstone, Hockenheim, Budapest, Spa, Monza, Estoril, Jerez, Adelaide nicht vorqualifiziert.

1990
auf Arrows A 11-Ford

Phönix	[20.]	12.
Jerez	[29.]	nicht qualifiziert

9 GP-Starts, 0 WM-Punkte

Hans Joachim Stuck
* 1. Januar 1951

1974
auf March 741-Ford

Buenos Aires	[23.]	Kraftübertragung
Interlagos	[13.]	Kreuzgelenk
Kyalami	[7.]	5.
Jarama	[13.]	4.
Nivelles	[10.]	Kupplung
Monte Carlo	[9.]	Kollision mit Hunt
Zandvoort	[21.]	Kollision beim Anbremsen
Dijon		nicht qualifiziert
Brands Hatch	[9.]	Dreher
Nürburgring	[20.]	7.
Zeltweg	[15.]	11., Radaufhängung gebrochen
Monza	[18.]	Motoraufhängung
Mosport	[23.]	Motor
Watkins Glen		nicht qualifiziert

WM 1974: 16. (5 Punkte)

1975
auf March 751-Ford

Silverstone	[14.]	Unfall im Regen
Nürburgring	[7.]	Motor
Zeltweg	[4.]	Unfall im Regen
Monza	[16.]	Unfall Schikane, Aufhängungsschaden
Watkins Glen	[13.]	8., Reifenschaden

1976
auf March 761-Ford

Interlagos	[14.]	4.
Kyalami	[17.]	12.
Long Beach	[18.]	Kollision imt Fittipaldi
Jarama	[17.]	Getriebe
Zolder	[15.]	Aufhängung
Monte Carlo	[4.]	4.
Anderstorp	[20.]	Motor
Le Castellet	[17.]	7.
Brands Hatch	[18.]	Kollision mit Peterson/Depailer
Nürburgring	[4.]	Kupplungsschaden beim 1. Start
Zeltweg	[11.]	Benzinpumpe
Zandvoort	[18.]	Motor
Monza	[6.]	Kollision mit Andretti
Mosport	[8.]	Handling
Watkins Glen	[6.]	5.
Fuji	[18.]	Elektrik

WM 1976: 13. (8 Punkte)

1977
auf March 761 B-Ford

Kyalami	[18.]	Motor

auf Brabham BT 45-Alfa Romeo

Long Beach	[17.]	Bremsen
Jarama	[13.]	6.
Monte Carlo	[5.]	Elektrik, Feuer
Zolder	[18.]	6.
Anderstorp	[5.]	10.
Dijon	[13.]	Kollision mit Laffite
Silverstone	[7.]	5.
Hockenheim	[5.]	3.
Zeltweg	[4.]	3.
Zandvoort	[19.]	7.
Monza	[11.]	Motor
Watkins Glen	[2.]	Unfall, Kupplung
Mosport	[13.]	Motor
Fuji	[4.]	7.

WM 1977: 11. (12 Punkte)

1978
auf Shadow DN 8/9-Ford

Buenos Aires	[18.]	17.
Rio	[9.]	Benzinpumpe
Kyalami		nicht qualifiziert
Long Beach		Trainingsunfall
Monte Carlo	[17.]	Kollision mit Keegan, Lenkung
Zolder	[20.]	Dreher, Motor abgestorben
Jarama	[24.]	Hinterradaufhängung
Anderstorp	[20.]	11.
Le Castellet	[20.]	11.
Brands Hatch	[18.]	5.
Hockenheim	[21.]	Kollision mit Mass
Zeltweg	[23.]	Unfall im Regen
Zandvoort	[18.]	Differential
Monza	[17.]	Unfall beim 1. Start, Gehirnerschütterung
Watkins Glen	[14.]	Benzinpumpe
Montreal	[8.]	gerammt von Fittipaldi

WM 1978: 18. (2 Punkte)

1979
auf ATS 02/03-Ford

Buenos Aires		nicht qualifiziert
Interlagos	[24.]	Lenkrad gebrochen
Kyalami	[24.]	Dreher
Long Beach	[19.]	disqualifiziert, am Start angeschoben
Jarama	[21.]	14.
Zolder	[20.]	8.
Monte Carlo	[12.]	Rad gebrochen

Dijon		nach Training zurück-gezogen, Startverzicht
Silverstone		nicht qualifiziert
Hockenheim	[23.]	Aufhängung
Zeltweg	[18.]	Motor
Zandvoort	[15.]	Antriebswelle
Monza	[15.]	11.
Mosport	[12.]	Unfall mit Arnoux
Watkins Glen	[14.]	5.

WM 1979: 19. (2 Punkte)
74 GP-Starts, 29 WM-Punkte

MICHAEL SCHUMACHER
*3. Januar 1969

1991
auf Jordan 191-Ford V 8
Spa	[7.]	Kupplungsschaden 1. Runde

auf Benetton B 191-Ford V 8
Monza	[7.]	5.
Estoril	[10.]	5.
Barcelona	[5.]	6.
Suzuka	[9.]	Motor
Adelaide	[6.]	Kollision mit Alesi

WM 1991: 12. (4 Punkte)

1992
auf Benetton B 192-Ford V 8
Kyalami	[6.]	4.
Mexico City	[3.]	3.
Interlagos	[5.]	3.
Barcelona	[2.]	2.
Imola	[5.]	Unfall, Spurstange verbogen
Monte Carlo	[6.]	4.
Montreal	[5.]	2.
Magny-Cours	[5.]	Kollision mit Senna, dann mit Modena
Silverstone	[4.]	4.
Hockenheim	[6.]	3.
Budapest	[4.]	Unfall in 64. Runde, Heckflügel gebrochen, zuvor von Brundle gerammt
Spa	[3.]	1.
Monza	[6.]	3.
Estoril	[5.]	7.
Suzuka	[5.]	Getriebe
Adelaide	[5.]	2.

WM 1992: 3. (53 Punkte)

1993
auf Benetton B 193-Ford V 8
Kyalami	[3.]	Kollision mit Senna
Interlagos	[4.]	3.
Donington	[3.]	Unfall auf Slicks im Regen
Imola	[3.]	2.
Barcelona	[4.]	3.
Monte Carlo	[2.]	Hydraulik-Ölleck
Montreal	[3.]	2.
Magny-Cours	[7.]	3.
Silverstone	[3.]	2.
Hockenheim	[3.]	2.
Budapest	[3.]	Motor, nach 3 Drehern Steine, Schmutz im Motor
Spa	[3.]	2.
Monza	[5.]	Motor
Estoril	[6.]	1.
Suzuka	[4.]	Kollision mit Hill
Adelaide	[4.]	Motor

WM 1993: 4. (52 Punkte)

1994
auf Benetton B 194-Ford V 8
Interlagos	[2.]	1.
Aida	[2.]	1.
Imola	[2.]	1.
Monte Carlo	[1.]	1.
Barcelona	[1.]	2.
Montreal	[1.]	1.
Magny-Cours	[3.]	1.
Silverstone	[2.]	2., disqualifiziert
Hockenheim	[4.]	Motor
Budapest	[1.]	1.
Spa	[2.]	1., disqualifiziert
Jerez	[1.]	1.
Suzuka	[1.]	2.
Adelaide	[2.]	Kollision mit Hill

WM 1994: Weltmeister (92 Punkte)

1995
auf Benetton B 195-Renault V 8
Interlagos	[2.]	1.
Buenos Aires	[3.]	3.
Imola	[1.]	Unfall
Barcelona	[1.]	1.
Monte Carlo	[2.]	1.
Montreal	[1.]	5.
Magny-Cours	[2.]	1.
Silverstone	[2.]	Kollision mit Hill
Hockenheim	[2.]	1.
Budapest	[3.]	Benzinpumpe
Spa	[16.]	1.
Monza	[2.]	Kollision mit Hill
Estoril	[3.]	2.

Nürburgring	[3.]	**1.**
Aida	[3.]	**1.**
Suzuka	[1.]	**1.**
Adelaide	[3.]	Kollision mit Alesi

WM 1995: Weltmeister (103 Punkte)

Monza	[10.]	**3.**
Estoril	[5.]	**6.**
Nürburgring	[8.]	Unfall mit Diniz
Aida	[8.]	**7.**
Suzuka	[8.]	**8.**
Adelaide	[6.]	Getriebe explodiert

WM 1995: 9. (15 Punkte)

HEINZ-HARALD FRENTZEN
*18. Juni. 1967

1994
auf Sauber-Mercedes

Interlagos	[5.]	Dreher
Aida	[11.]	**5.**
Imola	[7.]	**7.**
Monte Carlo		nach Wendlinger-Unfall zurückgezogen
Barcelona	[12.]	Getriebe
Montreal	[10.]	Fahrfehler
Magny-Cours	[10.]	**4.**
Silverstone	[13.]	**7.**
Hockenheim	[9.]	Kollision mit Blundell
Budapest	[8.]	Getriebe
Spa	[9.]	Dreher
Monza	[11.]	Motor
Estoril	[9.]	Getriebe
Jerez	[4.]	**6.**
Suzuka	[3.]	**6.**
Adelaide	[10.]	**7.**

WM 1994: 13. (7 Punkte)

1995
auf Sauber-Ford

Interlagos	[14.]	Motor abgestorben, Elektrik
Buenos Aires	[9.]	**5.**
Imola	[14.]	**6.**
Barcelona	[12.]	**8.**
Monte Carlo	[14.]	**6.**
Montreal	[12.]	Motor abgestorben
Magny-Cours	[12.]	**10.**
Silverstone	[12.]	**6.**
Hockenheim	[11.]	Motor
Budapest	[11.]	**5.**
Spa	[10.]	**4.**

Die deutschen Autos

MERCEDES-BENZ

1954
Mercedes-Benz 196-8

Reims	**1. Fangio, 2. Kling,** Herrmann Motor
Silverstone	**4. Fangio, 7. Kling**
Nürburgring	**1. Fangi, 4. Kling,** Herrmann Benzinleitung, Lang Dreher
Bern	**1. Fangio, 3. Herrmann,** Kling Einspritzpumpe
Monza	**1. Fangio, 4. Herrmann,** Kling Radaufhängung
Petralbes	**3. Fangio, 5. Kling,** Herrmann Einspritzpumpe

Fahrer-WM 1954: 1. Fangio 42 (57), **5. Kling** 12, **6. Herrmann** 8 (5 beste Ergebnisse gewertet; Fangio fuhr 1954 auch Maserati)

1955

Buenos Aires	**1. Fangio, 4. Kling/Moss/Herrmann,** Kling hatte Unfall, Moss Dampfblasen im Bezinsystem
Monte Carlo	Fangio Hinterachsschaden, Moss Motorschaden, Simon trainierte nur
Spa	**1. Fangio, 2. Moss,** Kling Ölleitung
Zandvoort	**1. Fangio, 2. Moss,** King Dreher
Aintree	**1. Moss, 2. Fangio, 3. Kling, 4. Taruffi**
Monza	**1. Fangio, 2. Taruffi,** Moss Motor, Kling Getriebe, Herrmann Trainingsunfall

Fahrer-WM 1955: 1. Fangio 40 (41), **2. Moss** 23, **6. Taruffi** 9, **12. Kling** 5, **22. Herrmann** 1 (5 beste Ergebnisse gewertet)

PORSCHE

1957

Nürburgring	**14. Beaufort,** 3. der F-2-Wertung

1958

Zandvoort	**11. Beaufort**
Nürburgring	Beaufort Defekt

1959

Monte Carlo	Trips Trainingsunfall
Zandvoort	**10. Beaufort**
Avus	Trips zurückgezogen nach Behra-Unfall

1960

Monza	**6. Herrmann** im F-2-Auto

1961

Monte Carlo	**5. Gurney, 9. Herrmann,** Bonnier Benzineinspritzung
Zandvoort	**10. Gurney, 11. Bonnier, 14. Beaufort, 15. Herrmann**
Spa	**6. Gurney, 7. Bonnier, 11. Beaufort**
Reims	**2. Gurney, 7. Bonnier,** Beaufort Motor überhitzt
Aintree	**5. Bonnier, 7. Gurney, 16. Beaufort**
Nürburgring	**7. Gurney, 13. Herrmann, 14. Beaufort,** Bonnier Motor
Monza	**2. Gurney, 7. Beaufort,** Bonnier Aufhängung
Watkins Glen	**2. Gurney, 6. Bonnier**

Fahrer-WM 1961: 3. Gurney 21, **13. Bonnier** 3
Konstrukteur-WM 1961: 3. Porsche 22 (23)

1962

Zandvoort	**6. Beaufort, 7. Bonnier,** Gurney Getriebe
Monte Carlo	**5. Bonnier,** Gurney Unfall, Beaufort nicht qualifiziert
Spa	**7. Beaufort,** Gurney disqualifiziert
Rouen	**1. Gurney, 6. Beaufort,** Bonnier Benzinzufuhr
Aintree	**9. Gurney, 14. Beaufort,** Bonnier Kreuzgelenk
Nürburgring	**3. Gurney, 7. Bonnier, 13. Beaufort**

Monza	6. Bonnier, 10. Beaufort, 13. Gurney Kreuzgelenk
Watkins Glen	5. Gurney, 13. Bonnier, Beaufort Unfall
East London	11. Beaufort

Fahrer-WM 1962: 5. Gurney 15, 14. Bonnier 3, 16. Beaufort 2
Konstrukteur-WM 1962: 5. Porsche 18 (19)

1963

Spa	6. Beaufort
Zandvoort	9. Beaufort, Mitter Kupplung
Silverstone	10. Beaufort
Nürburgring	4. Mitter, Beaufort verlor Rad
Monza	Beaufort nicht qualifiziert
Watkins Glen	6. Beaufort
Mexico City	10. Beaufort
East London	10. Beaufort

Fahrer-WM 1963: 12. Mitter 3, 14. Beaufort 2
Konstrukteur-WM 1963: 6. Porsche 5

1964

Zandvoort	Beaufort Ventilschaden
Nürburgring	Beaufort tödlicher Unfall

ATS

1977
ATS-Ford

Long Beach	6. Jarier
Jarama	Jarier nicht qualifiziert, krank
Monte Carlo	11. Jarier
Spa	11. Jarier
Anderstorp	8. Jarier
Dijon	Jarier Getriebe, Dreher
Silverstone	9. Jarier
Hockenheim	Jarier Startunfall
Zeltweg	14. Jarier
Zandvoort	Jarier Motor
Monza	Jarier Motor

Fahrer-WM 1977: 19. Jarier 1
Marken-WM 1977: 12. ATS-Ford 1

1978

Buenos Aires	11. Mass, 12. Jarier
Rio	7. Mass, Jarier nicht gestartet
Kyalami	8. Jarier, Mass Motor
Long Beach	11. Jarier, Mass Hauptbremszylinder
Monte Carlo	Mass nicht qualifiziert, Jarier nicht qualifiziert
Zolder	11. Mass
Jarama	9. Mass
Anderstorp	13. Mass, 15. Rosberg
Le Castellet	13. Mass, 16. Rosberg
Brands Hatch	Mass nicht klassiert, Rosberg Vorderradaufhängung
Hockenheim	Mass Aufhängung, Unfall mit Stuck, Jarier nicht qualifiziert
Zeltweg	Mass nicht qualifiziert
Zandvoort	Mass nicht qualifiziert
Watkins Glen	Rosberg Schaltung
Montreal	Rosberg nicht klassiert

1979
siehe Hans-Joachim Stuck
Fahrer-WM 1979: 19. Stuck 2
Konstrukteur-WM 1979: 11. ATS-Ford 2

1980

Buenos Aires	Surer Bremsdefekt, Lammers nicht qualifiziert
Rio	7. Surer, Lammers nicht qualifiziert
Kyalami	Surer Trainingsunfall, Lammers nicht qualifiziert
Long Beach	12. Lammers Halbachse
Zolder	Lammers Motor
Monte Carlo	10. Lammers
Le Castellet	Surer Getriebe
Brands Hatch	Surer Motor
Hockenheim	12. Surer
Zeltweg	12. Surer
Zandvoort	10. Surer
Monza	Surer Motor
Montreal	Surer nicht qualifiziert
Watkins Glen	8. Surer

1981

Long Beach	12. Borgudd, Lammers Kollision mit Giacomelli
Rio	Lammers nicht qualifiziert
Buenos Aires	12. Lammers
Imola	13. Borgudd, Lammers nicht qualifiziert
Zolder	Borgudd nicht qualifiziert
Monte Carlo	Borgudd nicht vorqualifiziert
Jarama	Borgudd nicht qualifiziert
Dijon	Borgudd nicht qualifiziert
Silverstone	6. Borgudd
Hockenheim	Borgudd Motor
Zeltweg	Borgudd Bremsen
Zandvoort	10. Borgudd
Monza	Borgudd Dreher
Montreal	Borgudd Dreher
Las Vegas	Borgudd nicht qualifiziert

Fahrer-WM 1981: 18. Borgudd 1
Konstrukteur-WM 1981: 12. ATS-Ford 1

1982

Kyalami	9. Salazar, 10. Winkelhock
Rio	5. Winkelhock, Salazar Motor
Long Bech	Winkelhock Kollision mit Borgudd, Salazar Unfall
Imola	5. Salazar, Winkelhock disqualifiziert als 5. (zu leicht)
Zolder	Winkelhock Kupplung, Salazar Startunfall
Monte Carlo	Winkelhock Differential, Salazar Feuerlöscher explodiert

Detroit	Winkelhock Lenkung, Salazar Unfall
Montreal	Winkelhock nicht qualifiziert, Salazar Kraftübertragung
Zandvoort	**12. Winkelhock, 13. Salazar**
Brands Hatch	Winkelhock nicht qualifiziert, Salazar nicht qualifiziert
Le Castellet	**11. Winkelhock,** Salazar Unfall
Hockenheim	Winkelhock Kupplung/Getriebe, Salazar Kollision mit Piquet
Zeltweg	Winkelhock Dreher, Salazar nicht qualifiziert
Dijon	**14. Salazar,** Winkelhock Motoraufhängung
Monza	**9. Salazar,** Winkelhock nicht qualifiziert
Las Vegas	Winkelhock nicht klassiert, Salazar nicht qualifiziert

Fahrer-WM 1982: 22. Winkelhock, Salazar (je 2)
Konstrukteur-WM 1982: 11. ATS-Ford 4

1983
ATS-BMW
siehe Manfred Winkelhock

1984
siehe Manfred Winkelhock, außerdem:

Zeltweg	**12. Berger**
Monza	**6. Berger**
Nürburgring	Berger Unfall mit Surer
Estoril	**13. Berger**

Fahrer-WM 1984: 20. Berger 1
Konstrukteur-WM 1984: 12. ATS-BMW 1

ZAKSPEED

1985

Estoril	Palmer Radaufhängung
Imola	Palmer nicht gestartet, Motoraussetzer
Monte Carlo	**11. Palmer**
Le Castellet	Palmer Motor
Silverstone	Palmer Motor
Nürburgring	Palmer Lichtmaschine
Zeltweg	Palmer Motor
Zandvoort	Palmer Motor/Öldruck
Spa	Danner Getriebe
Brands Hatch	Danner Motor

1986

Rio	Palmer Getriebe
Jerez	Palmer Kollision mit Jones
Imola	Palmer Bremsen, Rothengatter Turbo
Monte Carlo	**12. Palmer,** Rothengatter disqualifiziert
Spa	**13. Palmer,** Rothengatter Lichtmaschine/Batterie
Montreal	**12. Rothengatter,** Palmer Motor
Detroit	**8. Palmer,** Rothengatter nicht gestarter, Elektrik
Le Castellet	Palmer Motor, Rothengatter von Dumfries gerammt
Brands Hatch	**9. Palmer,** Rothengatter Motor
Hockenheim	Palmer Motor, Rothengatter Getriebe
Budapest	**10. Palmer,** Rothengatter Ölkühler
Zeltweg	**8. Rothengatter,** Palmer Motor
Monza	Palmer Motor, Rothengatter Motor
Estoril	**12. Palmer,** Rothengatter Kraftübertragung
Mexico City	**10. Palmer** Sprit ausgegangen, Rothengatter nicht gestartet/ Trainingsunfall
Adelaide	**9. Palmer,** Rothengatter Hinterradaufhängung

1987

Rio	**9. Danner,** Brundle Turbo
Imola	**5. Brundle, 7. Danner**
Spa	Danner Dreher, Brundle Motor
Monte Carlo	**7. Brundle,** Danner disqualifiziert wegen Trainingsunfall von Alboreto
Detroit	**8. Danner,** Brundle Turbo
Le Castellet	Danner Motor, Brundle verlor Hinterrad
Silverstone	Danner Getriebe, Bundle nicht klassiert/Elektrik
Hockenheim	Danner Halbwelle, Brundle nicht klassiert/Elektrik
Budapest	Danner Motor abgestorben, Brundle Turbo
Zeltweg	**9. Danner,** Brundle 13. disqualifiziert/Verkleidung
Monza	**9. Danner,** Brundle Getriebe
Estoril	Danner Unfall beim 1. Start, Brundle Getriebe
Jerez	**11. Brundle,** Danner Getriebe
Mexico City	Danner Kollision mit Johansson, Brundle Turbo
Suzuka	Danner Unfall, Brundle Motor
Adelaide	**7. Danner,** Brundle Turbo

Fahrer-WM 1987: 18. Brundle 2
Konstrukteur-WM 1987: 10. Zakspeed 2

1988

Rio	Schneider nicht qualifiziert
Imola	Schneider nicht qualifiziert, Ghinzani Elektrik
Monte Carlo	Schneider nicht qualifiziert, Ghinzani Getriebe
Mexico City	**15. Ghinzani,** Schneider Motor
Montreal	**14. Ghinzani,** Schneider nicht qualifiziert
Detroit	Schneider nicht qualifiziert, Ghinzani nicht qualifiziert
Le Castellet	Schneider Getriebe, Ghinzani ausgeschlossen, weil nicht zur Gewichtskontrolle
Silverstone	Schneider nicht qualifiziert, Ghinzani nicht qualifiziert

Hockenheim	**12. Schneider, 14. Ghinzani**
Budapest	Schneider nicht qualifiziert, Ghinzani nicht qualifiziert
Spa	**15. Schneider,** Ghinzani Ölleck
Monza	Schneider Motor, Ghinzani Motor
Estoril	Schneider nicht qualifiziert, Ghinzani nicht qualifiziert
Jerez	Schneider nicht qualifiziert, Ghinzani nicht qualifiziert
Suzuka	Schneider out nach Trainingsunfall, Ghinzani nicht qualifiziert
Adelaide	Schneider nicht qualifziert, Ghinzani Benzinpunpe

Zakspeed-Yamaha

1989

Rio	Schneider Kollision mit Cheever
Suzuka	Schneider Motor

Suzuki das ganze Jahr in keinem Rennen vorqualifiziert

Rial-Ford

1988

Rio	de Cesaris Motor
Imola	de Cesaris Chassis
Monte Carlo	de Cesaris Öldruck
Mexico City	de Cesaris Getriebe
Montreal	**9. de Cesaris** Sprit ausgegangen
Detroit	**4. de Cesaris**
Le Castellet	**10. de Cesaris**
Silverstone	de Cesaris Kupplung
Hockenheim	**13. de Cesaris**
Budapest	de Cesaris Halbachse/Antriebswelle
Spa	de Cesaris Kollision mit Arnoux
Monza	de Cesaris Kollision mit Martini
Estoril	de Cesaris Halbachse/Antriebswelle
Jerez	de Cesaris Motor
Suzuka	de Cesaris Motor überhitzt
Adelaide	**8. de Cesaris** Sprit ausgegangen

Fahrer-WM 1988: 15. de Cesaris 3
Konstrukteur-WM 1988: 9. Rial-Ford 3

1989

Rio	**14. Danner**
Mexico City	**12. Danner**
Phönix	**4. Danner**
Montreal	**8. Danner**

In allen anderen Rennen 1989: Danner, Weidler, Raphanel, Foitek und Gachot nie qualifiziert.

Fahrer-WM 1989: 21. Danner 3
Konstrukteur-WM 1989: 13. Rial-Ford 3

Die deutschen Motoren

BMW

1982
Brabham-BMW Turbo

Piquet und Patrese fuhren in der ersten Saisonhälfte 2 bzw. 3 Rennen mit Ford-Motoren

Kyalami	Piquet Dreher, Patrese Turbolager
Zolder	5. Piquet, Patrese Dreher
Monte Carlo	1. Patrese (mit Ford-Motor), Piquet Getriebe
Detroit	Piquet nicht qualifiziert, Patrese Unfall (mit Ford-Motor)
Montreal	1. Piquet, 2. Patrese (mit Ford-Motor)
Zandvoort	2. Piquet, 15. Patrese
Brands Hatch	Piquet Benzinsystem, Patrese Kollision mit Arnoux
Le Castellet	Piquet Motor, Patrese Motor
Hockenheim	Piquet Unfall mit Salazar, Patrese Motor
Zeltweg	Piquet Motor, Patrese Motor
Dijon	4. Piquet, 5. Patrese
Monza	Piquet Kupplung, Patrese Kupplung
Las Vegas	Piquet Zündkerzen, Patrese Kupplung

Fahrer-WM 1982: 10. Patrese 21, 11. Piquet 20
Konstrukteur-WM 1982: 5. Brabham-Ford/BMW 41

1983

Rio	1. Piquet, Patrese Auspuff
Long Beach	10. Patrese, Piquet Gaszug
Le Castellet	2. Piquet, Patrese Motor überhitzt
Imola	Piquet Motor, Patrese Dreher
Monte Carlo	2. Piquet, Patrese Elektrik
Spa	4. Piquet, Patrese Motor
Detroit	4. Piquet, Patrese Bremsen
Montreal	Piquet Gaszug, Patrese Getriebe
Silverstone	2. Piquet, Patrese Turbo
Hockenheim	3. Patrese, Piquet Benzinleck/Feuer
Zeltweg	3. Piquet, Patrese Motor überhitzt
Zandvoort	9. Patrese, Piquet Kollision mit Prost
Monza	1. Piquet, Patrese Elektrik/Motor
Brands Hatch	1. Piquet, 7. Patrese
Kyalami	1. Patrese, 3. Piquet

Fahrer-WM 1983: 1. Piquet 59, 9. Patrese 13
Konstrukteur-WM 1983: 3. Brabham-BMW 72

1984

Rio	Piquet Motor, Teo Fabi Turbo
Kyalami	Piquet Turbo, Teo Fabi Turbo-Kompressor
Zolder	9. Piquet Motor, Teo Fabi Dreher
Imola	Piquet Turbo, Teo Fabi Turbo
Dijon	9. Teo Fabi, Piquet Turbo
Monte Carlo	Piquet und Corrado Fabi Wasser in der Elektrik
Montreal	1. Piquet, Corrado Fabi verlor Ladedruck
Detroit	1. Piquet, 3. Teo Fabi
Dallas	7. Corrado Fabi, Piquet Gaszug klemmte/Unfall
Brands Hatch	7. Piquet, Teo Fabi Elektrik
Hockenheim	Piquet Getriebe, Teo Fabi Ladedruck
Zeltweg	2. Piquet, 4. Teo Fabi
Zandvoort	5. Teo Fabi, Piquet Öldruck
Monza	Piquet Motor, Teo Fabi Motor am Start
Nürburgring	3. Piquet, Teo Fabi Getriebe
Estoril	6. Piquet

Fahrer-WM 1984: 5. Piquet 29, 12. Teo Fabi 9
Konstrukteur WM 1984: 4. Brabham-BMW 38

1985

Rio	Piquet Kraftübertragung, Hesnault Unfall
Estoril	Piquet Reifen/Handling, Hesnault Elektrik
Imola	8. Piquet, Hesnault Motor
Monte Carlo	Piquet Unfall mit Patrese, Hesnault nicht qualifiziert
Montreal	15. Surer, Piquet Kraftübertragung
Detroit	6. Piquet, 8. Surer
Le Castellet	1. Piquet, 8. Surer
Silverstone	4. Piquet, 6. Surer
Nürburgring	Piquet Turbo, Surer Motor
Zeltweg	6. Surer, Piquet Auspuff
Zandvoort	8. Piquet, 10. Surer
Monza	2. Piquet, 4. Surer
Spa	5. Piquet, 8. Surer
Brands Hatch	Piquet Kollision mit Rosberg, Surer Turbo
Kyalami	Piquet Motor, Surer Motor
Adelaide	Piquet Elektrik, Surer Motor

Fahrer-WM 1985: 8. Piquet 21, 13. Surer (5)
Konstrukteur-WM: 5. Brabham-BMW 26

1986

Rio	**8. de Angelis,** Patrese Wasserschlauch
Jerez	de Angelis und Patrese Getriebe
Imola	6. Patrese, de Angelis Motor
Monte Carlo	de Angelis Motor, Patrese Benzinpumpe
Spa	**8. Patrese**
Montreal	Patrese Turbo, Warwick Motor
Detroit	**6. Patrese, 10. Warwick**
Le Castellet	**7. Patrese, 9. Warwick**
Brands Hatch	**8. Warwick,** Patrese Motor
Hockenheim	**7. Warwick,** Patrese Turbo
Budapest	Patrese Dreher, Warwick Unfall mit Alboreto
Zeltweg	Patrese Motor, Warwick nicht gestartet
Monza	Patrese Unfall mit Tambay, Warwick Dreher
Estoril	Patrese Motor, Warwick Elektrik
Mexico City	Patrese Dreher, Warwick Motor
Adelaide	Patrese Motor/Elektrik, Warwick Bremsen

Fahrer-WM 1986: 18. Patrese 2
Konstrukteur-WM 1986: 9. Brabham-BMW 2

1987

Rio	Patrese lose Batterie, de Cesaris Getriebe
Imola	**9. Patrese,** de Cesaris Dreher
Spa	**3. de Cesaris** ohne Sprit, Patrese Kupplung
Monte Carlo	Patrese Elektrik, de Cesaris Aufhängung
Detroit	**9. Patrese,** de Cesaris Getriebe
Le Castellet	Patrese Kraftübertragung, de Cesaris Turbo
Silverstone	Patrese Motor, de Cesaris Benzinleitung/Feuer
Hockenheim	Patrese Turbo, de Cesaris Motor
Budapest	**5. Patrese,** de Cesaris Getriebe
Zeltweg	Patrese Motor, de Cesaris Turbo
Monza	Patrese Motor, de Cesaris Aufhängung
Estoril	Patrese Motor, de Cesaris Motor
Jerez	**15. Patrese,** de Cesaris Getriebe
Suzuka	**11. Patrese,** de Cesaris Turbo
Adelaide	**8. de Cesaris,** Modena erschöpft aufgegeben

Fahrer-WM 1987: 13. Patrese 6, **16. de Cesaris** 4
Konstrukteur-WM 1987: 8. Brabham-BMW 10

1986
Benetton-BMW Turbo

Rio	**6. Berger, 10. Teo Fabi**
Jerez	**5. Fabi, 6. Berger**
Imola	**3. Berger,** Fabi Motor
Monte Carlo	Fabi Bremsen, Berger Radbolzen
Spa	**7. Fabi, 10. Berger**
Montreal	Fabi Batterie, Berger Turbo
Detroit	Fabi Getriebe, Berger Motoraussetzer
Le Castellet	Fabi Motoraussetzer, Berger Getriebe
Brands Hatch	Fabi Benzinsystem, Berger Elektrik
Hockenheim	**10. Berger,** Fabi Startunfall
Budapest	Fabi Kraftübertragung, Berger Tankleck
Zeltweg	**7. Berger,** Fabi Motor
Monza	**5. Berger,** Fabi Reifenplatzer
Estoril	**8. Fabi,** Berger Unfall mit Johansson
Mexico City	**1. Berger,** Fabi Motor
Adelaide	**10. Fabi,** Berger Kupplung/Motor

Fahrer-WM 1986: 7. Berger 17, **15. Fabi** 2
Konstrukteur-WM 1987: 6. Benetton-BMW 19

1984
Arrows-BMW Turbo

Boutsen fuhr 4, Surer 7 Rennen mit Cosworth-Motor

Zolder	Boutsen Fehlzündungen
Imola	Surer Turbo
Dijon	**11. Boutsen**
Monte Carlo	Boutsen nicht qualifiziert
Montreal	Boutsen Motor

Detroit	Boutsen Motor
Dallas	Boutsen und Surer gegen Mauer
Brands Hatch	11. **Surer,** Boutsen Elektrik
Hockenheim	Boutsen Öldruck, Surer Turbo
Zeltweg	5. **Boutsen,** 6. **Surer**
Zandvoort	Boutsen Unfall mit Arnoux, Surer Radlager
Monza	10. **Boutsen,** Surer Motor
Nürburgring	9. **Boutsen,** Surer Massenkollision
Estoril	Boutsen Halbachse, Surer Elektrik

Fahrer-WM 1984: 14. Boutsen 5, **20. Surer** 1
Konstrukteur-WM 1984: 9. Arrows-BMW 6

1985

Rio	11. **Boutsen,** Berger Aufhängung
Estoril	Boutsen Unfall, Berger Dreher
Imola	2. **Boutsen,** Berger Elektrik/Motor
Monte Carlo	9. **Boutsen,** Berger Unfall
Montreal	9. **Boutsen,** 13. **Berger**
Detroit	7. **Boutsen,** 11. **Berger**
Le Castellet	9. **Boutsen,** Berger Unfall mit Martini
Silverstone	8. **Berger,** Boutsen Dreher
Nürburgring	4. **Boutsen,** 7. **Berger**
Zeltweg	8. **Boutsen,** Berger Turbo
Zandvoort	9. **Berger,** Boutsen Aufhängung
Monza	9. **Boutsen,** Berger Motor
Spa	7. **Berger,** Boutsen Getriebe
Brands Hatch	6. **Boutsen,** 10. **Berger**
Kyalami	5. **Berger,** 6. **Boutsen**
Adelaide	6. **Berger,** Boutsen Öldruck

Fahrer-WM 1985: 11. Boutsen 11, **17. Berger** 3
Konstrukteur-WM 1985: 8. Arrows-BMW 14

1986
Danner ab Montreal für Surer

Rio	Surer Motor, Boutsen Auspuff
Jerez	7. **Boutsen,** Surer Benzinsystem
Imola	7. **Boutsen,** 9. **Surer**
Monte Carlo	8. **Boutsen,** 9. **Surer**
Spa	9. **Surer,** Boutsen Elektrik
Montreal	Boutsen Elektrik, Danner nur trainiert/Vertragsproblem
Detroit	11. **Danner,** Boutsen Unfall mit Arnoux
Le Castellet	11. **Danner,** Boutsen nicht klassiert
Brands Hatch	Danner Startunfall, Boutsen nicht klassiert
Hockenheim	Boutsen Turbo, Danner Turbo
Budapest	Boutsen Elektrik, Danner Hinterradaufhängung
Zeltweg	6. **Danner,** Boutsen Turbo
Monza	7. **Boutsen,** 8. **Danner**
Estoril	10. **Boutsen,** 11. **Danner**
Mexico City	7. **Boutsen,** 9. **Danner**
Adelaide	Boutsen Gaszug, Danner Motor

Fahrer-WM 1986: 18. Danner 1
Konstrukteur-WM 1986: 10. Arrows-BMW 1

PORSCHE

1983
McLaren-TAG-Porsche Turbo

Zandvoort	Lauda Bremsen
Monza	Lauda Elektrik, Watson Motor
Brands Hatch	Lauda Motor, Watson Unfall/ Heckflügel gebrochen
Kyalami	11. **Lauda,** Watson disqualifiziert, überholte in der Aufwärmrunde

Fahrer-WM 1983: 10. Lauda 12, **6. Watson** 22
Konstrukteur-WM 1983: 5. McLaren-Ford/Porsche 34 (Motorwechsel erst ab August)

1984

Rio	1. **Prost,** Lauda Elektrik
Kyalami	1. **Lauda,** 2. **Prost**
Zolder	Lauda Wasserpumpe, Prost Verteiler
Imola	1. **Prost,** Lauda Motor
Dijon	1. **Lauda,** 7. **Prost**
Monte Carlo	1. **Prost,** Lauda Dreher im Regen
Montreal	2. **Lauda,** 3. **Prost**
Detroit	4. **Prost,** Lauda Elektrik
Dallas	Lauda und Prost Unfälle gegen Mauer
Brands Hatch	1. **Lauda,** Prost Getriebe
Hockenheim	1. **Prost,** 2. **Lauda**
Zeltweg	1. **Lauda,** Prost Unfall auf Öl
Zandvoort	1. **Prost,** 2. **Lauda**
Monza	1. **Lauda,** Prost Motor
Nürburgring	1. **Prost,** 4. **Lauda**

Estoril	**1. Prost, 2. Lauda**

Fahrer-WM 1987: 1. Lauda 72, **2. Prost** 71,5
Konstrukteur-WM 1987: 1. McLaren-TAGg-Porsche Turbo 143,5

1985

Rio	**1. Prost,** Lauda Benzinsystem
Estoril	Lauda Motor, Prost Unfall
Imola	**4. Lauda,** Prost disqualifiziert wegen Untergewichts
Monte Carlo	**1. Prost,** Lauda Dreher, Motor abgestorben
Montreal	**3. Prost,** Lauda Motor
Detroit	Lauda Bremsen, Prost Unfall wegen Bremsen
Le Castellet	**3. Prost,** Lauda Getriebe
Silverstone	**1. Prost,** Lauda Elektrik
Nürburgring	**2. Prost, 4. Lauda**
Zeltweg	**1. Prost,** Lauda Motor
Zandvoort	**1. Lauda, 2. Prost**
Monza	**1. Prost,** Lauda Kraftübertragung
Spa	**3. Prost,** Lauda nicht gestartet nach Trainingsunfall
Brands Hatch	**4. Prost, 7. Watson**
Kyalami	**3. Prost,** Lauda Turbo
Adelaide	Lauda Bremsen/Unfall, Prost Motor

Fahrer-WM 1985: 1. Prost 73 (76), **10. Lauda** 14
Konstrukteur-WM 1985: 1. McLaren-TAGg-Porsche Turbo 90

1986

Rio	Prost Motor, Rosberg Motor
Jerez	**3. Prost, 4. Rosberg**
Imola	**1. Prost, 5. Rosberg** Sprit ausgegangen
Monte Carlo	**1. Prost, 2. Rosberg**
Spa	**6. Prost,** Rosberg Motor
Montreal	**2. Prost, 4. Rosberg**
Detroit	**3. Prost,** Rosberg Kraftübertragung
Le Castellet	**2. Prost, 4. Rosberg**
Brands Hatch	**3. Prost,** Rosberg Getriebe
Hockenheim	**5. Rosberg, 6. Prost,** beiden Sprit ausgegangen
Budapest	Prost Kollision mit Arnoux, Rosberg Hinterradaufhängung
Zeltweg	**1. Prost, 9. Rosberg** Elektrik
Monza	**4. Rosberg,** Prost disqualifiziert wegen Wagenwechsels nach grüner Flagge
Estoril	**2. Prost,** Rosberg Motor
Mexico City	**2. Prost,** Rosberg Reifenplatzer
Adelaide	**1. Prost,** Rosberg Reifenschaden

Fahrer-WM 1986: 1. Prost 72 (74), **6. Rosberg** 22
Konstrukteur-WM 1986: 2. McLaren-TAGg-Porsche Turbo 96

1987

Rio	**1. Prost, 3. Johansson**
Imola	**4. Johansson,** Prost Lichtmaschine
Spa	**1. Prost, 2. Johansson**
Monte Carlo	**9. Prost** Motor, Johansson Motor
Detroit	**3. Prost, 7. Johansson**
Le Castellet	**3. Prost, 8. Johansson** Lichtmaschine
Silverstone	Prost Kupplungslager/Elektrik, Johansson Motor
Hockenheim	**2. Johansson, 7. Prost** Lichtmaschine
Budapest	**3. Prost,** Johansson Kraftübertragung
Zeltweg	**6. Prost, 7. Johansson**
Monza	**6. Johansson, 15. Prost**
Estoril	**1. Prost, 5. Johansson**
Jerez	**2. Prost, 3. Johansson**
Mexico City	Prost Kollision mit Piquet, Johansson Dreher
Suzuka	**3. Johansson, 7. Prost**
Adelaide	Prost Bremsen/Unfall, Johansson Bremsen

Fahrer-WM 1987: 4. Prost 46, **6. Johansson** 30
Konstrukteur-WM 1987: 2. McLaren-TAGg-Porsche Turbo 78

1991
Arrows-Porsche

Phönix	Alboreto Getriebe, Caffi nicht qualifiziert
Interlagos	Alboreto nicht qualifiziert, Caffi nicht qualifiziert
Imola	Alboreto nicht qualifiziert, Caffi nicht qualifiziert
Monte Carlo	Alboreto Motorschaden, Caffi Trainingsunfall
Montreal	Alboreto und Johansson Motor
Mexico City	Alboreto Öldruck, Johansson nicht qualifiziert

MERCEDES

1994
Sauber-Mercedes

Interlagos	**6. Wendlinger,** Frentzen Dreher
Aida	**5. Frentzen,** Wendlinger Unfall mit Alboreto
Imola	**4. Wendlinger, 7. Frentzen**
Monte Carlo	Wendlinger Trainingsunfall, Frentzen zurückgezogen
Barcelona	Frentzen Getriebe
Montreal	Frentzen Fahrfehler, de Cesaris Getriebe
Magny-Cours	**4. Frentzen, 6. de Cesaris**
Silverstone	**7. Frentzen,** de Cesaris Motor
Hockenheim	Frentzen Kollision mit Blundell, de Cesaris Kollision mit Martini und Alboreto
Budapest	Frentzen Getriebe, de Cesaris Dreher
Spa	Frentzen Dreher, de Cesaris Gaszug
Monza	Frentzen und de Cesaris Motor

Estoril	Frentzen Getriebe, de Cesaris Dreher
Jerez	**6. Frentzen,** de Cesaris Gaszug
Suzuka	**6. Frentzen,** Lehto Motor
Adelaide	**7. Frentzen, 10. Lehto**

Fahrer-WM 1994: 12. Frentzen 7, 18. Wendlinger und de Cesaris je 4, **24. Lehto** 1

Konstrukteur-WM 1994: 8. Sauber-Mercedes 12

1995
McLaren-Mercedes

Interlagos	**4. Hakkinen, 6. Blundell**
Buenos Aires	Hakkinen Kollision, Blundell Loch im Ölkühler/Motor überhitzt
Imola	**5. Hakkinen, 10. Mansell**
Barcelona	Hakkinen Benzinleck, Mansell aufgegeben
Monte Carlo	**5. Blundel,** Hakkinen Ölpumpe
Montreal	Hakkinen Unfall mit Herbert, Blundell Antrieb
Magny-Cours	**7. Hakkinen, 11. Blundell**
Silverstone	**5. Blundell,** Hakkinen Elektronik/ Getriebehydraulik
Hockenheim	Hakkinen und Blundell Motor
Budapest	Hakkinen Motor, Blundell Benzindruck
Spa	**5. Blundell,** Hakkinen Dreher/ Motor abgestorben
Monza	**2. Hakkinen, 4. Blundell**
Estoril	**9. Blundell,** Hakkinen Motor
Nürburgring	**8. Hakkinen,** Blundell Dreher
Aida	**9. Blundell, 10. Magnussen**
Suzuka	**2. Hakkinen, 7. Blundell**
Adelaide	**4. Blundell,** Hakkinen Trainingsunfall

Fahrer-WM 1995: 7. Hakkinen 17, **10. Blundell** 13

Konstrukteur-WM 1995: 4. McLaren-Mercedes 30

Der Weltmeister: sein Leben, seine Strategien, seine Pläne

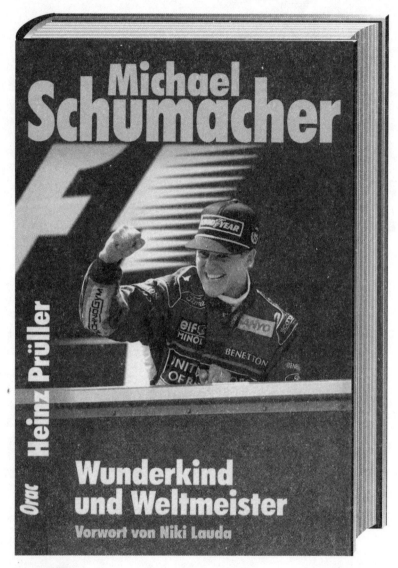

Heinz Prüller
Michael Schumacher – Wunderkind und Weltmeister
224 Seiten, 32 Bildseiten
ISBN 3-7015-0341-9

In jeder Buchhandlung!

Zum 25. Mal der jährliche Bestseller der Formel I

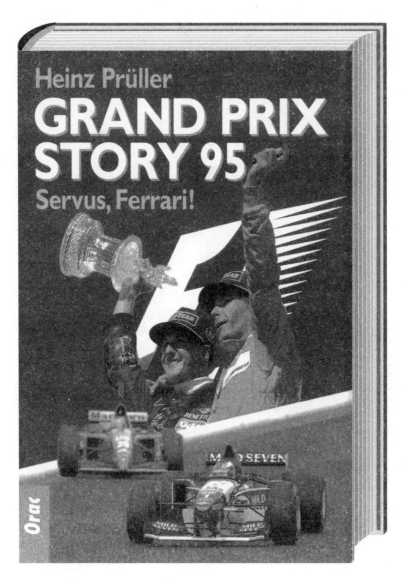

Heinz Prüller
Grand Prix Story 95
320 Seiten, 32 Bildseiten
ISBN 3-7015-0348

In jeder Buchhandlung!

Der James Dean der Formel I

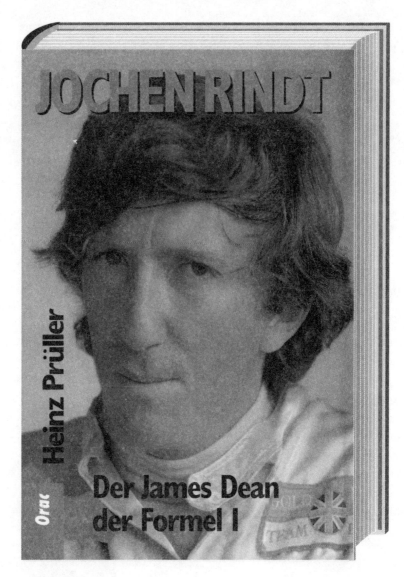

Heinz Prüller
Jochen Rindt
256 Seiten, 32 Bildseiten
ISBN 3-7015-0351-6

In jeder Buchhandlung!